2022年度湖北省教育科学规划一般课题
《"互联网+"背景下的大学英语混合式教学模式研究》，
(项目编号：2022GB150)
《疫情常态化背景下的"双线"教学模式研究》2021年
汉口学院科学研究项目资助（项目编号：2021047）

英语教学理论与实践研究

胡丽娟　杨　欢　王艳萍　著

东北林业大学出版社
Northeast Forestry University Press
·哈尔滨·

版权专有　侵权必究

图书在版编目（CIP）数据

英语教学理论与实践研究 / 胡丽娟, 杨欢, 王艳萍著. -- 哈尔滨：东北林业大学出版社, 2023.7

ISBN 978-7-5674-3281-9

Ⅰ.①英… Ⅱ.①胡… ②杨… ③王… Ⅲ.①英语—教学研究—高等学校 Ⅳ.①H319.3

中国国家版本馆 CIP 数据核字(2023) 第 039521 号

责任编辑：刘天杰
封面设计：郭　婷
出版发行：东北林业大学出版社
　　　　　（哈尔滨市香坊区哈平六道街 6 号　邮编：150040）
印　　装：北京四海锦诚印刷技术有限公司
开　　本：787 mm×1092 mm　1/16
印　　张：11.75
字　　数：266千字
版　　次：2023 年 7 月第 1 版
印　　次：2024 年 4 月第 1 次印刷
书　　号：ISBN 978-7-5674-3281-9
定　　价：78.00 元

如发现印装质量问题，请与出版社联系调换。

前　　言

改革开放以来,我国逐步确立了走出去的发展战略,时至今日也在国际舞台上取得了相应的话语权。然而,与其他国家交流势必要运用英语这一国际通用语言,学好英语因此成为我国实行走出去战略的重要一步。作为国家未来的希望,高校学生承担着社会各方面的殷切期望,将来也会代表国家走出国门,所以让高校学生加强英语学习提高语言应用能力迫在眉睫,而改革高校英语教学则是实现这一目标的重要举措。教学改革既要考虑本国实际,也要借鉴国外一些成功的先进做法。英语是国际通用语言之一,除了我国,其他非英语国家如果想要与其他国家交流,也会存在类似的问题。因此,我们广泛查阅了其他国家的一些英语教学改革的成功做法,发现在教学改革中将理论和实践相结合,可以取得令人满意的效果。它既是他国在英语教学上得出的成功经验,也是我国教育者不断探索得出的良方。理论与实践相结合的方法能够让学生在重视基础知识的基础上,加强语言实践,提高口语和写作能力。

高校学生在理论与实践相结合当中学习英语,能够切实提高他们对于英语这一语言的掌握力和感悟力,帮助他们将英语运用到实践中去。为此,教师在教学中应该认识到理论与实践相结合是时代发展的需要,也是教学改革和学生成长的需要。本书就英语教学理论与实践展开讨论,书中首先介绍了高校英语教学的理论、课堂环境与教学模式构建、教学方法与信息化教学,并论述了听力与口语教学、阅读与写作教学、语法与翻译教学,最后研究了高校英语教学理论与实践的创新,全书内容充实,重点突出,特色鲜明,以循序渐进、深入浅出的方式研究了英语教学理论与实践。

本书由汉口学院胡丽娟、云南特殊教育职业学院杨欢、锦州医科大学王艳萍著。具体编写分工如下:胡丽娟负责第一章至第三章、第五章的编写(共计11.7万字),杨欢负责第四章、第六章、第七章的编写(共计8.3万字),王艳萍负责第八章和第九章的编写(共计6.6万字)。胡丽娟负责全书的统稿和修改。

在本书写作过程中,参考和借鉴了一些知名学者和专家的观点及论著,在此向他们表示深深的感谢。由于水平和时间所限,书中难免会出现不足之处,希望各位读者和专家能够提出宝贵意见,以待进一步修改,使之更加完善。

目 录

第一章 高校英语教学的理论概述 ……………………………………………（ 1 ）
　　第一节 英语教学与图式理论 ………………………………………（ 1 ）
　　第二节 英语教学与支架理论 ………………………………………（ 5 ）
　　第三节 英语教学与人本主义学习理论 ……………………………（ 9 ）
　　第四节 英语教学与多元智能理论 …………………………………（ 13 ）
第二章 高校英语课堂环境构建 ………………………………………………（ 15 ）
　　第一节 高校英语课堂环境概述 ……………………………………（ 15 ）
　　第二节 高校英语课堂的分类与构建 ………………………………（ 18 ）
　　第三节 基于交互环境的英语互动课堂的构建 ……………………（ 28 ）
第三章 高校英语教学模式构建 ………………………………………………（ 36 ）
　　第一节 高校英语教学内容 …………………………………………（ 36 ）
　　第二节 高校英语教学策略 …………………………………………（ 48 ）
　　第三节 高校英语教学反馈 …………………………………………（ 49 ）
第四章 高校英语教学的方法 …………………………………………………（ 55 ）
　　第一节 高校英语传统教学法 ………………………………………（ 55 ）
　　第二节 高校英语非传统教学法 ……………………………………（ 61 ）
　　第三节 高校英语交际法教学 ………………………………………（ 66 ）
　　第四节 高校英语内容型与任务型教学 ……………………………（ 68 ）
第五章 高校英语信息化教学 …………………………………………………（ 74 ）
　　第一节 信息技术与英语课程整合概述 ……………………………（ 74 ）
　　第二节 现代教育技术下的新型高校英语教学模式 ………………（ 79 ）
　　第三节 信息网络下高校英语自主学习 ……………………………（ 82 ）
　　第四节 翻转课堂、微课与慕课 ……………………………………（ 89 ）
第六章 高校英语听力与口语教学实践 ………………………………………（ 98 ）
　　第一节 高校英语听力教学实践 ……………………………………（ 98 ）
　　第二节 高校英语口语教学实践 ……………………………………（109）
第七章 高校英语阅读与写作教学实践 ………………………………………（118）
　　第一节 高校英语阅读教学实践 ……………………………………（118）
　　第二节 高校英语写作教学实践 ……………………………………（127）

第八章　高校英语语法与翻译教学实践 …………………………………（135）
　　第一节　高校英语语法教学实践 ………………………………………（135）
　　第二节　高校英语翻译教学实践 ………………………………………（141）
第九章　高校英语教学理论与实践的创新 …………………………………（155）
　　第一节　个性化教学与实践 ……………………………………………（155）
　　第二节　ESL 和 EFL 教学与实践 ………………………………………（165）
　　第三节　ESP 教学与实践 ………………………………………………（172）
参考文献 ………………………………………………………………………（179）

第一章 高校英语教学的理论概述

第一节 英语教学与图式理论

一、图式理论的概述

(一)图式的概念及发展

图式一词原为古希腊文,意为"形象、外观",最早出现在1781年康德的著作中。康德清楚论述了在感性直观和知识性概念之间建立联系的是人类的知性过程,在这个过程中,起主要作用的就是图式,图式是连接直观和概念所需要的中介。

图式概念进入心理学领域后得到了高度重视,英国实验心理学家巴特利特用重复回忆的手段研究记忆的过程,提出记忆是积极地把新信息同图式表征的旧知识加以联系加工,是反复推敲的构造。图式即过去经验和知识的主动性组织结构,新知识的构成即图式的激活和空档的填充,任何信息加工的过程都离不开图式。

瑞士著名的心理学家皮亚杰从认知发展的角度将图式看作认知的起点和核心,是认识事物的基础。当图式发生改变时,认知会通过同化、顺应和平衡这三种方式跟着变化。在遇到新图式时,利用已有图式去理解接受,即同化。同化成功就达到认知平衡状态,如果不能理解新的信息,就会对已有图式加以修正调整去顺应新图式,达到认知平衡的状态。

20世纪70年代后期随着计算机科学、信息论等现代化理论的渗透,现代图式理论逐渐完善成熟。美国人工智能专家罗姆尔哈特、安德森、加内尔等为完善这一理论做出了重要贡献。在现代图式理论中,图式被解释为一种受先前经验的影响的记忆结构,图式在人脑中构成的一切知识都可以被划分为细小的单元组块和系统,除了包含知识本身之外,还包含这些知识如何被运用的信息。对新信息的理解即是将其对号放入已有经验构成的图式中,正确地激活已有图式。

研究还发现,图式形成后,会随着时间、既有经验、实践、情境等很多因素发生变化,需要不断巩固正确图式和修改错误图式,形成较为稳定的长时图式立体结构,在运用时才能快速准确达到理解的目的。具有较多学科图式的学习者能运用较完备的已有图式理解和整合新知识,更好地实现新旧图式同化,达到认知结构发展的目的。

(二)图式的主要分类

从对某些特殊个体或团体产生认知结构的个人图式或团体图式,到评价自己的自我图式,从在特定情境中对某些社会活动产生预期看法的事件图式到对特定身份者所持有的角色图式认知,图式的分类多种多样且具有较强的稳定性,决定和影响着人们几乎一切社会活动。图式一般分为语言图式、内容图式和形式图式三种形式,这三者在阅读过程中互相作用,共同决定了读者对文本的理解程度。

语言图式指语言知识及运用语言的能力,在阅读过程中发挥最基本的作用,是读者有效运用语言进行阅读的前提。只有掌握了一定的语言图式,具备良好的语言基本功,才有可能实现对文本信息解码或编码的可能性,才能实现文本线索的检索和已有图式的激活。内容图式指对文本材料主题的熟悉程度,内容图式包含丰富的文化色彩,词汇作为语言的基本构成,在特定文化背景或情境中会形成不同的含义。

在学生无法根据字面意思来掌握语言词汇时,就需要通过语言文化背景来掌握文章的主旨。假如缺少了背景知识,即便对语言图式有着充分了解,也不能有效关联文章,无法抽取和其相对应的内容图式,阅读理解就会存在片面性。

形式图式是读者对文本结构、体裁和形式的熟悉情况,形式图式的建立有助于读者从结构和逻辑性上分析文章的布局和脉络,揣摩作者的意图和思路,补充其他图式不足时缺少的图式信息,做出正确的预测和理解。在日常生活中接触到的书面资料格式较为丰富,主要包括各种应用文,比如信函、请柬、备忘录、行程计划等。阅读过程中读者需要掌握各种文体的特征与规律,通过阅读资料获取对应的信息,开启头脑中对应的图式,进而达到迅速理解的目的。

二、图式阅读对英语教学的意义

(一)对提升高校学生英语阅读理解水平提供指导

如果对阅读本质和过程缺少科学系统的认识,就很难对阅读学习进行有效自我监控和评估,也很难发现阅读理解过程中出现的问题并提出解决方法。图式英语阅读策略教学和词汇策略教学干预能够帮助学生从宏观上重新审视阅读理解过程,解决阅读障碍,增强图式策略意识,对不同水平高校学生均具有启发和指导的作用。

(二)对英语阅读教学有一定参考价值

英语图式阅读教学策略有完整的理论支撑和科学体系,在实践中有明确的思路和流程,改变了枯燥单一的传统阅读教学模式。以学生为本体,设计有效教学活动,将图式理论具化在阅读教学实践中,并根据实际效果不断反馈总结修正,增强了阅读教学的有效性,为以后的教育教学工作提供更多的实证支持和理论的补充。

(三)对高校生课外英语阅读学习有一定的指导意义

阅读学习绝不仅仅是课堂教学,保持阅读兴趣、加强科学课后阅读、培养良好的阅读习惯同样不可缺。可以帮助学习者建立科学阅读学习观,从图式理论的视角加强全局观和系统意识,为学生多渠道、多角度构建立体化图式知识体系提供指导和方向,有助于英语阅读的长效自主学习。

三、图式理论在英语教学中的应用

自 20 世纪 60 年代以来,各国学者将图式理论应用到英语阅读教学中,分别从各个视角分析并探索了图式理论在英语阅读教学中的作用,对改善学生阅读效果、提高学生阅读能力起到了积极的作用。

阅读者的基本语法词汇知识能有效筛选阅读中的材料信息,帮助开启相关内容图式与形式图式。对于二外学习者来说,基础语言图式的匮乏必然会影响到阅读和理解的准确度。各种词汇句法构成了阅读文本,唯有展开"意义支持",才可以实现"意义构建",才能理解来自作者要传达的信息。因此,在语言图式教学方面,大学生更多采用具有意义倾向的词汇学习策略,且词汇的学习和理解与个体英语熟练程度有显著相关。语篇理解是词义理解的一个重要影响因素,只有当部分词汇被记忆吸收后,猜词的准确率和对词义的记忆才会提高。从语言图式的角度去理解和学习词汇、语法、句法,将词汇学习和阅读学习结合起来,比直接学习和记忆单词、语法更加有效。

内容图式教学研究成果比较丰富。阅读材料语言隐晦难懂,学生不能灵活应用"自下而上"的信息处理手段时,只能通过"自上而下"的模式来解决,如果学生已经具备良好的形式、内容图式,即使出现有难度的字、词、句及语法问题,内容图式也可以弥补语言图式上的不足,因此就产生了"内容图式对语言能力较低读者的影响更深刻"的观点。文化背景知识作为理解所必须掌握的课外知识,有时远远超过语言基础知识。因此,唯有将应用语言知识系统与非语言知识系统的过程有效整合,才可以充分理解文本信息,掌握知识内容。

有学者尝试了不同故事体裁的图式对阅读的效果并发现,熟悉故事性图式结构能够帮助学生进行有效理解并转化为长时记忆。20世纪80年代末,学者王初明在国内首先用实证研究的方法,揭示了背景知识与文章的语言难度与英语阅读理解的关系,表明图式理论能够提高学生的英语阅读理解水平。学者崔雅萍通过对图式类别、功能及图式理论和英语阅读关系的阐述,结合阅读过程中相关图式的激活过程揭示了图式理论在提高学生阅读理解能力的过程中所起的积极促动作用。

阅读的目的是理解,当阅读者理解失败时,有学者提出了三种可能性:第一,读者缺乏适当的图式,无法理解文本的意思。第二,读者脑中存有适当的图式,只是未能找到激活的条件,无法和新图式发生作用。第三,读者坚持一种图式,没有灵活修改适应新图式,所以不能理解作者意图。由此可见,两种图式在阅读中相互补偿、相互作用,缺少任何一种图式都可能造成阅读理解的障碍。

图式理论强调阅读理解过程中三种图式的相互作用,其中对语言图式和内容图式的研究相对较多。语言水平是影响理解的重要因素,如果文本或教学材料难度太高,即便是查字典也无法帮助正常阅读和正确理解。在激活和导入既有图式方面,一些学者通过实验证明了补缺和激活阅读前导都能提高阅读效果且后者的辅助作用更为显著。由阅读前导引出的背景知识与语言能力共同对阅读理解产生影响,且背景知识的作用更大。

近年来,图式理论的研究更加深入细致,涉及材料选择、阅读前导、阅读思维模式等外语阅读教学各个方面,在广度上也涉及中等教育和高等教育各个层次。学生不仅要理解阅读材料,积极思考更有利于图式的完善和系统性,学者陆亚丽倡导英语阅读中要培养学生的"立体思维"模式,培养阅读思维主动性、完整性、发散性、逻辑力。

语言图式是阅读理解的基础,是理解的传承载体,无论对于哪个水平的学生来说,教师都应从实际出发,传授适合的、有针对性的策略和方法帮助学生充实语言图式,消除理解障碍。其中,中高水平学习者因为既有语言图式比较丰富,再加上图式词汇策略,对其巩固拓展新图式有很好的效果。但对于低水平学生来说,已有图式的不全需要花费更多的时间去建构基础,因此图式词汇策略的效果在阅读理解中并没有体现出来。

在实际教学中,教师应考虑到不同水平学生词汇的不同要求,从图式角度出发,多设计相应教学任务,比如学唱英文歌、关键词编故事、词汇接龙等,既能激发学生的学习兴趣,又能通过互动快速丰富语言图式。

对阅读教学中的另一重要角色——教师,教师对阅读策略的理念更新更有助于策略训练的实施,培训质量直接影响培训效果。当文本信息和已有图式不能匹配时,需要一位"组织者"来补充缺失图式,缩小消除差距,帮助学生进行有效阅读。教师应发挥作用,帮助学生利用已有知识背景并学会处理母语和英语思维在阅读中的关系等。因此,要将理论研究与教学实际相结合,需要策略训练者提高理论学习素养,在实际训练过程中根据学生行为和课堂反馈不断改进,发现问题并采取有效措施。

在实际教学过程中,学生个体的水平必然存在种种差异,国内外对不同水平学生阅读差异及干预教学的研究不多。图式理论对高、中、低不同水平学生阅读水平提高有促进作用,且图式对阅读理解的效果更大地体现在低水平的学生身上。

阅读理解是一个复杂的心理过程,单凭一个理论很难解释彻底,图式理论在阅读理解的运用中存在语言知识、母语思维和文化差异、阅读策略、情感因素、学习者个人因素以及文本难易程度等六个因素的影响。

四、对高校学生英语学习应用图式理论的建议

(一)扎实语言基础,灵活运用阅读策略

对于低水平学生来说,应该从高频词等基础词汇着手,应加大对应级别的文章阅读量,避免错误语言图式造成的影响。低水平学生更倾向于将词汇、语法等语言图式独立出来学习,客观上讲有一定效果,但更应该把语言图式放到篇章中去领悟理解,才能更好地激活巩固图式。

对于中等水平和高水平学生来说,在了解策略目的、使用方法和注意点的基础上,开展阅读训练并及时调整学习策略,力求灵活高效。同时,将词汇的学习与篇章阅读相结合,充分利用思维导图、构词法、篇章理解、拼读等方式丰富语言图式。

(二)兼顾元认知意识的培养和训练

很多高校生的元认知意识不强,导致在阅读学习中对教师依赖度高,很少监控、反思和评价自己的阅读学习情况,在策略使用上也仅停留在理解和解决眼前问题的层面上。而低水平学习者在阅读学习的过程中更容易出现消极和放弃的情绪,应根据阅读目的和任务灵活调整自我状态和情感,及时寻求老师或同学的帮助。中高水平学习者在阅读学习过程中应学会总结,每篇文章读完之后,静心反思理解过程,发现不足并寻求解决方法,逐步实现有效的自主学习。

(三)转变局限的英语阅读课内学习观

个案访谈中,不同水平学生都把英语阅读学习局限于课堂之内,课外阅读情况均不理

想,不止阅读量不够,阅读的材料大多为应试文章,种类也非常狭窄局限,英语阅读学习模式大多是课堂学习+试卷练习,从侧面说明在大多数学生眼中,英语阅读等同于阅读理解考试,既没有享受到阅读的乐趣,更缺乏对英语阅读学习的整体科学的概念。

应从图式角度将阅读学习细化,从语言、内容和形式三个角度选择不同难度阅读材料,将阅读看作建构知识体系的途径。反之,立体完备的图式知识体系也有助于阅读水平的提高。

第二节 英语教学与支架理论

一、支架理论简介

支架本来是指建筑房屋过程中搭建的脚手架。作为一种隐喻,支架理论是由美国著名心理学家与教育学家布鲁纳等人在吸收并发展俄国心理学家维果茨基"最近发展区"理论的基础上提出的。"最近发展区"是由独立解决问题所决定的实际发展水平与在成人指导下或者在与能力较强的同伴合作过程中,通过解决问题所决定的潜在发展水平之间的距离。成人的指导或同伴的帮助发生在学习者的实际发展水平与潜在的发展水平之间,即学习者自己无法独立完成某项任务的水平与经过他人的帮助可以完成任务的水平之间的距离。因此,成人不仅需要了解学习者现有的发展水平,还要了解学习者潜在的发展水平,并明确两者之间的距离,从而向学习者提供帮助。

支架最重要的作用是帮助学习者向"最近发展区"迈进,支架是创设情境的过程,使学生容易进入或获得预期结果,随着学生技能的娴熟,逐渐撤回并将职责交给学生。这种观点表明了支架式教学的要素包括三个方面,一是创设情境,即将学习者引入问题情境;二是探索,即学习者在教师或同伴的帮助下获得预期结果,随着其学习水平的逐步提升,他人的指导成分一步一步减少;三是再探索,即教师最后完全撤回支架,让学习者独立地探索。支架式教学的特点是根据学生的需要为他们提供帮助,并在他们能力增长时撤去帮助。支架式教学主要表现为当学生面临新的或较难的学习任务但是自己无法独立解决时,教师要为他们提供帮助,随着学生能力的逐步提升,教师的帮助逐渐减少,以便把学习的责任从教师转到学生身上。这种教学模式与我国高校培养学生自主学习的教育目标是一致的。

二、支架理论在高校英语课程教学中的应用

知识的建构是在一定的情境下,借助他人(教师或同伴)的帮助即通过人际间的协作交流活动而实现的意义建构过程。支架式教学主要包括创设情境、探索、再探索、协作和效果评价五个环节。现以教师指导学生探索学习"莎士比亚"为例,探讨支架式教学模式的五个环节在高校英语文学课程教学中的具体应用过程。

(一)创设情境

教师通过创设问题任务把学生引入一定的问题情境。问题任务主要是指新的学习内

容或有难度的任务。在创设问题任务时,教师应明确学生当前的知识水平,根据学生将要学习的概念框架提出适中的任务,难度不能过高,否则学生容易产生挫败感,不利于学生的进一步学习。"控制问题解决过程中的挫折感"是支架式教学的特征之一,因此教师要根据学生实际认知水平布置预习任务。

学生对莎士比亚了解不多,之前只对"英国文艺复兴时期的特征"有大概的了解,因此布置的问题难度要适中,教师应先要求学生通过课本了解莎士比亚的生平和创作特征。虽然"莎士比亚"这个学习主题对于学生来说有一定的难度,但学生只要在掌握背景知识的基础上借助课本就可以掌握。也就是说,教师捕捉到了学生的"最近发展区"。

通过创设问题任务,学生对"文艺复兴"这个已有的认知进行更深层的思考,即探索英国文艺复兴时期伟大的作家莎士比亚。在课堂上,教师应在把握学生现有的认知水平及我国文学教学现状的基础上创设问题任务,并将学生引入"莎士比亚的创作主题"的问题情境。教师在创设问题任务时,应激发学生的学习兴趣,让学生积极主动地参与到教学活动中。"激发对学习任务的兴趣"是支架式教学的另一特征。同时,教师也掌握了学生的现有水平,即学生在上节课学习了"英国文艺复兴时期的特征",在此基础上,教师可以先从学生感兴趣的话题导入问题。例如,英国文艺复兴时期的特征是什么,代表人物有哪些,师生共同讨论之后,得出结论:和欧洲文艺复兴时期一样,英国文艺复兴时期的主要特征是人文主义,莎士比亚是英国文艺复兴时期最重要的作家,由此让学生明确"人文主义"是莎士比亚重要的创作主题,把学生引入"莎士比亚的创作主题"的问题情境。通过设置问题,教师让学生在实际的认知水平"英国文艺复兴时期的人文主义"的基础上对"莎士比亚的人文主义"进行深入的思考。

(二)探索

将学生引入"莎士比亚的创作主题"后,教师要引导学生进行探索。在探索环节,教师向学生指示有价值的资源,提供清楚的方向,明晰学习目标。探索环节是师生共同解决问题的过程,教师需要与学生进行互动性交流。支架必须是互动的、协作的。学生与教师进行了两次互动性会话,表明学生在教师的"支架"作用下,其发展水平逐渐得到提升,最终可以进行独立探索。学生与教师的第一次交流表明,通过与教师的会话性互动,师生共同解决问题,学生的能力得到了提升,穿越了第一个"最近发展区",这时教师的指导成分较大;通过师生的第二次交流,学生的能力会再次得到提升,迈向了下一个"最近发展区",并能独立解决问题,这时教师的指导成分逐渐减小。

学生在阅读课本的基础上与教师进行第一次互动:"我对莎士比亚的生平及其创作主题有了比较清晰的认识,但我不知道他的作品如何体现了其人文主义的创作主题。"在教师的指导下,学生达到了"最近发展区",掌握了莎士比亚的创作主题,但也引出了下一个问题,学生此时就需要教师的帮助:"你可以突破课本,阅读莎士比亚的《哈姆雷特》,并探讨人文主义的具体体现。"学生在阅读《哈姆雷特》之后,与教师再次进行了交流:"《哈姆雷特》不仅体现了人文主义,而且是人性的体现。"在教师的支架作用下,学生再次达到了"最近发展区",即《哈姆雷特》体现了莎士比亚的人文主义的创作主题。

教师首先要对学生进行鼓励,让其看到成功的希望,同时要让其明确努力的目标:"你是否阅读莎士比亚的其他剧作来证实这一主题呢?"学生可以沿着这样的思路再进行探索。通过教师的支架作用和一次次的探索,学生的能力就会得到逐步提升,最终教师完全撤回支架,由学生进行独立探索。通过着眼于学生的"最近发展区",教师为学生提供带有难度的内容,有利于调动学生的积极性,发挥其自身的潜能,超越其"最近发展区"而达到下一发展阶段的水平,然后在此基础上进行下一个"最近发展区"。学生通过积极主动的探索以及与教师的互动,能够独立建构意义。教师与学生的对话性交流,可以为学习者提供足够的指导和支持。通过师生交流,学生可以形成总体的学习思路,而教师为学习者提供了一种概念框架,即事先把复杂的学习任务加以分解,以便把学习者的理解逐步引向深入。

(三) 再探索

随着学生学习能力的提高,教师的指导逐步减少,最终完全撤回支架,由学生自己选择方法,进行独立探索,决定探索的方向和问题。在这个环节中,教师让学生完全积极主动地展开学习,并通过学习建构出自己所理解与探索到的、真正属于自己的知识,从而跨越"最近发展区"。

在阅读莎士比亚其他剧作的基础上,学生明确了自己的见解,莎士比亚的剧作不仅是人文主义的体现,更是人性的体现。学生可以通过阅读莎士比亚的其他剧作,来证实莎士比亚人文主义的创作主题,也可以通过阅读英国文艺复兴时期其他作家的作品来证实人文主义是英国文艺复兴的创作主题,这些都需要学生通过独立探索来进行。通过阅读莎士比亚的原著,学生对英语文学原著产生了极大的兴趣,从而让学生阅读、欣赏及理解英语文学作品的能力得到了提高;再探索莎士比亚的创作以及文艺复兴时期其他作家的人文主义创作主题,就可以培养学生对文学作品的理解能力,使其人文素质得以提高。但是,教师要提示学生,其观点需要在协商、讨论的基础上才能完成建构。

(四) 协作

再探索结束后,教师需要及时组织学生进行分组协商、讨论,便于学生深化并拓宽当前所学知识,完成意义建构。在英语文学课上,教师组织学生讨论"莎士比亚的剧作是人文主义的体现"。教师根据学生的不同知识基础和性格特征把学生进行分组,并开展讨论,每组推选一名学生发言。在多人合作解决问题时,参与者积极参与,共同合作,这种不同主体间互动的必然结果是参与者对会话和所要解决问题的不同理解。

在小组讨论时,学生在小组内各抒己见,表达自己的看法,从而互相学习;小组代表发言时,他们听取其他小组的观点,共同协商,相互促进,全班学生之间互为支架。学生在教师与同伴的帮助下完成了意义建构,他们对英语文学的审美和鉴赏能力得到提高。

(五) 效果评价

支架理论认为,评价要与学生在一个新的具有挑战性的语境中运用和组合多种能力相契合。支架式教学要求确立多种评价模式。英语文学课程的学习评价包括平时成绩(学生的探索学习过程)和期末考试成绩(学生的卷面成绩)两部分,平时成绩和期末考试成绩按照比例构成总成绩。在培养学生能力、提高学生素质的同时,仍要让学生奠定扎实的基础。

支架式教学的效果评价主要发生在学生的探索学习过程中,包括共同评价、协作评价和自我反思。在英语文学课程教学中,全体学生共同评价学习者探索学习的过程仍以探索和学习"莎士比亚"为例。教师以学生的探索学习过程为例说明了其能力逐步提升的过程,学生的表现获得了自我价值感。同时,学生也向其他同学表达了其未来计划继续探索莎士比亚的其他剧作中所体现的"人文主义",其他学生可以督促他进一步探索学习。在课堂上,全体学生思考教学内容,看是否达到了既定的学习效果,是否完成了对所学知识的意义建构。全体学生对"莎士比亚"所学内容进行反思,通过探索学习,学生不仅可以掌握课本知识,还能学到许多课本以外的知识,更重要的是,他们的自主学习能力与研究能力等都会得到提升。另外,学生通过反思其探索过程,认为自己要多与其他同学合作,多与教师进行交流,学习效果会有明显提升。

英语文学属于开放的学科,文学作品不存在唯一绝对的阐释。支架式教学可以让学生最大限度地参与学习的全过程,不仅可以激发学生的学习兴趣,培养学生阅读、欣赏及理解英语文学原著的能力,提高学生语言基本功和人文素质,还可以着重培养学生的学习能力和研究能力,有利于其综合素质的提高。同时,支架式教学也对教师提出了更高的要求,教师需要熟悉学生的"最近发展区",在搭建支架时要适度,既不能包办太多,又不可放手太晚。总之,教师应合理地搭建支架,使学生沿着支架逐步攀升,成功跨越"最近发展区",从而使学生的学习能力得到最大限度的提高。

三、支架理论在教师课堂反馈中的应用

随着英语教学的发展,目前我国有很大一部分高校英语教师已经开始注意转变以教师为中心的传统教学方式,并且有意识通过教师提问等方式去提高课堂互动性,但是教师对课堂反馈重要性的认识,仍需提高。

第一,有利于调动学生学习积极性。将支架理论运用于教师课堂反馈中,使教师可以从学生可接受的合理的范围内促进学生独立思考,并协助学生提高独立解决问题的能力。相对于类似"好、还有待提高、不错、继续努力"等仅带有评判性的表面反馈,带有引导性的或启发性的反馈,更能够有效引导学生发现问题、解决问题,使学生能够自主地去探索知识,意识到自己才是学习的主体,从而调动学生的学习积极性和主动性,提高独立解决问题的能力,从而有效解决学生在英语课上没有积极性、缺乏主动性等问题。

第二,有利于增强教学针对性。在支架理论指导下的教师课堂反馈话语更合理、有效,更容易被学生接受。支架理论要求教师的课堂反馈需要针对不同的学生,根据每个学生个体的认知发展水平给予有层次且在该学生可接受范围内的反馈,由此引导学生发现自己对学习的兴趣并体会取得进步的成就感。针对基础较好的学生,教师可以在反馈的时候对其进行适当的拔高,使学生在原有认知基础之上有所提高,使学生的学习热情和积极性高涨;针对基础较弱的学生,教师的反馈可以提高基础知识为出发点,及时纠正语音、语法错误,使这一部分学生不因反馈要求提升难度过大而丧失学习兴趣;对于介于二者之间的学生,教师在评估其基础掌握程度之上,进行有伸缩的难度提升,使学生两方面的认知可以得到有效兼顾。

第三,有利于提高课堂教学效果。支架性反馈将原本被动地问答问题转变为主动探究,积极思考。学生在教师有层次和针对性的引导下,积极纠正错误,从易到难,提高自身发现问题、解决问题的能力。学生从知识的被动接受者转变为问题的探究者和解决者,而

不是在接受教师的问题后,随意给出一个答案,然后等待教师审判正确与否,自己全然身在状况之外。有条理、有针对性的反馈使得学生更加愿意参与到师生课堂互动中,在接收到有效反馈之后,学生更加能够自觉自愿地投入到问题的探索解决过程中去,真正实现以教师为主导、学生为主体的教学模式。

第四,有利于促进学生的语言输出。支架理论指导下的教师反馈更能够有效促进学生的输出。学习过程中,语言的输出环节至关重要,单纯的语言输入还不足以使学生真正掌握一门语言。但目前在一些中国英语学习课堂上,还是有学生不愿意主动地进行语言输出,这可能是由于传统的授课模式或是地域文化的影响。针对这一现象,大多数教师的对策是用过多提问来促进学生的输出,然而仅仅通过提问的输出,大多数情况下都是被动的。因此,针对学生回答的反馈就显得尤为关键。当教师给出在学生能力可以接受范围内且能激发学生思考的反馈时,学生们会更加大胆、主动地进行有思维的高效输出,从而激发学生积极主动地学习语言,也使他们的发现和解决问题的能力和认知水平都得到相应提升。此外,师生的高效互动还有助于营造一个和谐、健康的课堂环境,而这对于班级的每一位学生来说都是十分有利的。

第三节 英语教学与人本主义学习理论

一、人本主义的理论基础

(一)马斯洛的学习理论

马斯洛是美国心理学家、人本主义心理学的主要创立者。他提出了人的需求金字塔式梯级等级表,包括基本生理需求、安全需要、归属的需要、尊重需要、认知需要、美的需要和自我实现的需要,上述需求是由低级向高级逐级递增的,人在低级需要获得满足后开始追求高级需要的满足。

自我实现是马斯洛人格理论的核心。他认为,个体之所以存在,之所以有生命意义,就是为了实现人的内在价值。在教育领域,受教育者首先是人,然后才是学习者,这是解决学习问题的前提和关键。在他看来,学习者要充分挖掘自身潜能,不断超越自我,是学习者个体价值实现的必然选择,教师应当对学习者加以积极引导,为学习者创造出应好的学习环境,而不是利用外界力量来胁迫和压制学习者学习。

基于人的自我实现的需要,马斯洛提出关于教育的五个原则。一是自我同一性原则。教育应该减少或消除学习者内心的矛盾和精神上的分裂,帮助学习者认识到自我与非我的统一,即个人与社会和自然的统一。二是启发性原则。为了激发和培养学习者的创造性思维,不仅要培养学习者的逻辑思维能力,更重要的是激发学习者的非智力因素。三是美育原则。重视音乐舞蹈、美术等艺术教育对人格的教育塑造。四是超越性原则。实现对自我的超越和对文化的超越,培养具有批判精神的人。五是价值原则。通过激发学习者的内在价值,使学习者获得生存的意义。

(二) 罗杰斯的学习理论

罗杰斯是美国心理学家、人本主义心理学的主要代表人物之一,他认为教育的最终目的是要培养全面发展的人,他主张以学习者为中心来组织各种教学实践活动,认为只有以学习者为中心才能促进学习者自我学习、自我实现、自我发展,才能培养学习者的独立性、自主性和创造性。

罗杰斯在《学习的自由》一书中详细解释了他的观点。一是教师要帮助学习者增强对自我的理解,积极为学习者创立轻松和谐的学习氛围和学习环境,激发学习者的学习潜能。二是教材应当反映学习者的实际生活,能够反映目的语言的社会文化特征,切合学习者的能力水平,教材的选择应当由学习者自主决定。三是教师要尊重学习者的内心感受,建立有效的沟通交流渠道,帮助学习者积极调节和疏导由于各种因素引起的心理问题,给予每个学习者展现自我的机会。四是努力激励学习者积极主动地自主探究新知识,使其培养浓厚的学习兴趣,才能取得良好的教学效果。五是学习者不应是被动地接受教师灌输的知识内容,而是主动地探索、建构知识,注重培养自主学习能力,学会自我管理、自我评价和自我提高。六是鼓励学习者多参与社会活动,培养自我求知能力。

(三) 康布斯的学习理论

康布斯认为,想要了解一个人首先要了解他是如何对自己和周围世界进行感觉和知觉的,这些具体的感觉和知觉汇聚起来就构成了一个人的信念系统,而一个人的信念直接决定和影响了他的具体行为方式。比如,教师认为某一个学习者行为怪异,不能仅仅去矫正学习者的某一具体行为,而是要了解他产生怪异行为的原因。康布斯认为学习者的怪异行为很可能只是为了博得教师的注意而已。

康布斯认为,学习活动的目的不仅仅是使学习者获得某一学科专业领域的具体知识和专业技能,更重要的是培养学习者的认知能力,即在已有知识的基础上探索、建构新知识的能力。所以,并不是教师将编写好的教学资料提供给学习者以后,学习者就会自然地真正地习得知识,因为知识的真正含义并不是直接显示于教学资料的表面,而是巧妙地隐藏其中。这就要求学习者善于从教学资料中发现问题、探索问题并解决问题,才能领悟到教学资料所蕴含的意义。康布斯强调人的发展应当是全面的发展,教育要满足学习者在知识技能、情感表达、意志品质等多方面的需求使学习者各方面的能力素质得到全面、均衡的发展和提高,以培养学习者健康、健全的人格,而不能只是机械教授学习者具体的知识或谋生的技能。这样学习者就会在社会工作和生活中正确地处理好人与人、人与社会的复杂关系,为自己的发展创造良好的外部环境,这是教育的根本目的,也是语言教学的重要内容。所以,教师应当结合学习者的基础条件、性格特征、能力水平、成长需求等各方面因素,创设一个活泼自由、充满挑战、互助合作、学会自我尊重和尊重他人的、善于调节个人生活的学习情境,为学习者的全面健康发展创造基础条件。

二、人本主义学习理论主要观点

从以上介绍的内容可以看出,不同的人本主义学习理论由于形成条件和研究背景的差异侧重于强调学习的不同侧面,但都是基于人本主义的自然人性论,各种理论观点存在的联系,主要有以下几点:

第一，人本主义认为，人们在理解探讨、建构关于自然界、人类社会和思维方式的概念体系时要基于一个基本的出发点，那就是关于人的概念和意义。人本主义心理学强调天赋人性，关注学习者的内心世界，把个人的思想、意愿与情感等因素放在所有人发展的最为重要的中心地位，要求从人的主观意识出发，从整体上研究人的动机、人格。它对行为主义理论提出批判，反对把从动物研究实验中得出的结论简单移植到人类身上用以解释人的行为方式，强调既要研究人的外在行为方式更要注重研究人的内在思维特征。它对弗洛伊德的精神分析学说提出批判，反对把研究精神病人这一特殊群体所得出的结论推理到正常人身上，强调应当把人的内在心理活动的特征规律作为研究的重点。

第二，人本主义认为，在学习过程中尤其要强调学习者自主的思想，以学习者为学习主体，以学习者能力素质的全面发展为核心，以学习者自主学习能力培养为目标。鼓励学习者要充分发挥主观能动性，根据自己的需求制订合适的学习计划，选择合适的学习方法，管理分配自己的学习时间，跟踪监控自己的学习进度，反馈调整自己的学习要求，评价反思自己的学习效果，在知识的探索建构过程中追求个性发展，提高能力素质，实现自我价值。

第三，人本主义理论认为，每个学习者都有潜在的能力，教育的任务就是试图挖掘并释放每一个学习者的潜在能力。这就要求教师在教学过程中要充分了解和分析每个学习者的基础条件、能力水平、个性差异智力结构等因素，针对不同学习者的个性化学习需求创设有针对性的、多层次的、可选择的、顺序递进的教学情境系统，这样才能真正做到因人施策、因材施教，实现学习者的自我发展和自我实现。

现代教育技术、信息网络技术等迅速发展及其在教学过程的广泛应用，极大方便了学习者的学习，为学习者呈现了更加丰富多彩的学习资源和更加多样化的学习渠道。知识信息的呈现展示方式、收集整理过程不再受到学习者所处的时间条件和空间条件的制约，学习者可以在任何时间和任何地点以任何方式进行学习，使得人本主义学习理论的主要思想观点得到最大限度的实现，有效更新了学习者的思维方式，极大丰富了学习者的学习策略选择，理论上为学习者自主学习能力的培养、发展提供了无限可能。

第五，人本主义学习理论既重视学习者自主学习能力的培养，也重视学习者自我修养的形成，提倡学习者的全面发展。通过建立沟通交流、合作互动、协作分享的学习方式，通过设计一系列丰富多彩、形式多样的学习活动，使学习者的个体学习有效融入群体学习中去，以个体学习成效影响推动群体学习发展，以群体学习氛围感染带动个体学习进步，从而营造出和谐、平等、民主的学习氛围，能够对于塑造学习者的人格特质发挥积极的作用。同伴教学或者分组学习是群体学习经常采用的有效方法，一些高校还采取了设置学习者自主学习中心的方式将个体学习与群体学习有机结合起来。

三、人本主义教学观在高校的英语教学改革

(一)高校英语课程性质、目标、教学改革中的人本主义

高校英语教学是我国高等教育的重要组成部分之一。高校英语教学在教学过程中，主要是以英语教学理论为基础，对学生的英语知识应用技能、跨文化交际等各方面能力进行综合培养，以达到促进学生综合素质稳步提升的目的。由于高校英语教学加强了针对

学生听说能力培养的力度,不仅实现了促进学生学习、工作、社会交往等相关活动中英语应用交际能力的提升,同时也为学生自主学习能力以及综合文化素养的提升奠定了良好的基础,满足了社会经济发展的要求。而这也进一步说明了,在进行高校英语教学改革时,不能只是将英语教学简单地看作一种技能的培训,而是应该在帮助学生掌握语言知识的同时,引导学生加深对民族历史和文化的理解,才能确保学生树立正确的文化和社会价值观念,为其自身的全面发展奠定良好的基础,而这也是人本之一——教学观的核心所在。

(二)高校英语课程教学模式中的人本主义

根据教育体制改革的要求,高校英语教学模式必须在充分体现其实用性、知识性、趣味性特点的基础上,对于学生在整个教学过程中的主体地位给予充分的尊重。这就要求教师必须充分发挥其教学主导作用,引导和帮助学生进行高校英语知识的学习,才能满足人本主义教学观念的要求。而这种以充分体现学生教学主体的教学模式改革措施对于学生的成长与发展具有极为重要的意义。随着高校英语教学中人本主义教学观念的推广和应用,不仅为学生选择适合自身学习需要的学习资料和方法提供了全面的支持和帮助,同时也促进了学生自主学习能力的稳步提升。而高校英语教学过程中要求的学生自主学习和个性化学习也正是人本主义教学观念中鼓励学生自主学习最直接的体现。这就要求高校在实施英语课程教学改革时,必须确保现阶段采用的英语教学模式实现两个根本性的转变,才能确保高校英语教学改革目标的顺利实现。

人本主义主要表现在从以往的以教师为中心逐步地向以学生为中心转变、由以往的教师简单地进行英语知识和技能传授的教学模式向既传授英语知识与技能,同时加强针对学生语言运用能力与自主学习能力的培养转变。由于高校英语课程教学改革在实施的过程中,对现代教育背景下的大小英语教学中学生的地位进行了重新定位,学生已经不再是以往被动接受知识的学习者,而是要求教师必须积极的引导和帮助学生通过自身的思考,掌握如何学习英语的方法。在充分体现学生主体地位的同时,给予学生全方位的服务和帮助,才能达到促进高校英语教学质量与效率全面提升的目的。虽然在这种教学模式下学生是整个教学活动的主体,但是教师在教学活动中仍然担负着引导、解惑的重要角色。而教师作为整个教学活动的组织者,必须将教学重点放在如何加强与学生之间的互动上,才能将人本主义教学观在高校英语教学中应用的价值充分地体现出来。

(三)高校英语教学评估改革中的人本主义

高校以往采取的教学评价体系,主要是以教师统一制定考试内容的方式对学生的英语学习情况进行测试,而对于高校英语教学而言,学生不仅要应对教师日常组织的英语测试,同时还要应对全国性的英语四、六级考试,由于这种忽略学生学习主体地位的评估体系,错误地将教师作为评估的唯一主体,再加上传统英语测试的重点主要集中于学生词汇的掌握,而忽略了学生英语听、说、读、写能力的综合考核,所以不仅对学生的学习积极性和自主性造成了严重的挫伤,同时也影响了高校英语教学效率和质量的提升。而根据新教育体制改革的要求,针对学生英语学习效果的评价应该采取形成性评价与终结性评价等几种方式。在这其中形成性评价主要涉及学生的自我评价、学生之间的相互评价、教师对学生的评价、教务部门对学生的评价等几方面。而终结性评价则是教师针对教学过程所进行的总结性评价,其主要是设计期末课程考试与水平考试等几方面的内容。这种以评价学生英语综合应用能力为主的教学评价方式,对于学生创造性、独立性、自主性等各方面能力的发展具有极为重要的意义。另外,高校采取的这种以人本主义教学观为核心的综合性评价体系,不仅充分体现出了学生的自我价值,同时也为人本主义教学观在高校英语教学中的推广和应用奠定了坚实的基础。

第四节 英语教学与多元智能理论

一、多元智能理论的概念

多元智能理论主要是强调个体在特定的环境下解决问题和创造的能力,而且它强调的智能并非是传统的语言能力或者逻辑能力,而是多个独立的且以多元形式存在的整合型智能。从该理论的分类来看,人的智能分为八个方面,即语言智能、数学逻辑智能、空间智能、身体运动智能、音乐智能、人际智能、自我认知智能、自然认知智能,他们分别代表着不同的特点。受教育环境和个人能力的影响,不同个体的智能表现存在明显的差异,因此在进行教育的过程中要关注不同个体的智能特点。除此之外,多元智能理论认为不同的智能有着同等的价值,指出教育者应该在八种智能上赋予同等的关注。最后,多元智能理论也强调实践性和开发性,关注受教育个体综合能力,提出教育者要重点开发,这是决定个体多元智能水平高低的关键。

二、多元智能理论在高校英语文学课程教学中的应用

(一)更新教学理念

教师应树立正确的教学理念,英语文学教学与实用英语教学同等重要,相辅相成。教师还应该深入研究多元智能理论,并将其纳入实践教学活动中,使教师不仅能充分发现自己的智力优势和缺陷,而且能理解学生的个体智力差异,从而提高教师的专业能力和学生的多元化发展。另外,教师应熟悉英语文学课程的特点,英美文学具有强烈的文学品格。它主要反映了英美国家的风俗习惯、文化习俗和人文精神。

(二)优化教学资源

文学史与文学作品相结合的教学原则应充分体现在英语文学课程的教学中,以优化教学资源。教学内容的设计应尊重学生个体智力的差异性和完整性。目前,中英文学教材在网上有多种教学资源,如何设计适合地方高校英语课程的教学内容是关键。教师要熟悉教材,也要充分利用教材。根据多元智能理论,每一个学生都会在各种智力中表现出卓越的智力,而优秀的智力被称为"智力优势"。因此,教师应考虑每个学生的智力需求,合理选择和优化教学资源。

(三)丰富教学模式

多元智能理论强调"以个人为中心"的重要性,尊重学生。学生是课堂参与的主体,教师教文学阅读的时候,应在要求学生阅读原英文书的前提下,让学生思考作者的创作风

格、作品的意义,并在课堂上讨论它。它不仅培养了学生的逻辑——数学智能,而且提高了学生的语言智能。在文学传统、文化背景和文学术语的教学中,教师应将教学方法与教学技巧相结合,使学生既能兼顾不同的智力,又能系统地吸收教师所灌输的知识。

(四)关注学生的个体智能差异

由于生活环境、家庭背景和遗传因素的影响,学生的认知能力、兴趣、性格、智力等方面都是有差异的。因此,他们的学习方式、方法、习惯和能力也有较大的差异。这就要求教师要对学生进行全面的认识,尊重学生的差异,灵活运用教学方法和手段,使教师的教学方法与学生的学习风格紧密结合,使学生通过多渠道学习相同的知识点。

(五)加强英语自主学习平台建设

加强英语自主学习平台建设不仅需要依靠课堂学习,更依赖于课外自主学习,因此加强自主学习计划的建设是十分必要的。教师可以利用网络资源和书籍资源来构建学生自主学习平台。教师建立交流平台(如QQ、微信、微博),学生可以在平台上独立学习,也可以与他人交流,向他人推荐优秀作品,这不仅体现了学习的灵活性和人文性,而且弥补了课时的不足。

(六)丰富评价方式

传统的评价方法主要基于考试,强调学生的语言智能和逻辑测量,往往忽视学生的其他智力测试。目前,许多地方高校仍然采用这种评价方法,评价的内容过于依赖教材。根据加德纳的多元智能理论,英语文学课程评价应考虑学生智力的差异性,多角度理解学生的智力。因此,教师应丰富评价方式,给予学生公正、客观、全面的评价。

第二章 高校英语课堂环境构建

第一节 高校英语课堂环境概述

一、课堂环境的含义

本书关注的是在特定学科课堂环境背景下学生发展与课堂环境之间的关系。课堂环境受到教师、学生、课程标准以及其他诸多内外因素影响,其资料的获取主要以"主观"的方法,即通过师生的感受来了解课堂环境。综合国内外相关文献,本书比较认同范春林对课堂环境概念的分析,认为课堂环境从内容构成来说,可以包含物理环境、社会环境和心理环境,可以说这是一种广义上的课堂环境概念,本书主要关注课堂环境第一层级,即课堂心理环境。

二、课堂环境的影响因素

影响课堂环境的因素很多,其中最主要的就是教师、学生、师生关系以及教学的内容等。大部分教师认为,教师自己就应该具有调节课堂环境的能力,教师的投入、引导,教师的经验和个人的魅力都对课堂环境有直接的影响;同时,教师们也承认,学生的学习习惯、家庭环境等个人经验对课堂环境也有影响。本节就对课堂环境的影响因素进行论述。

(一)师生关系

一些教师对学生付出了很多的爱,他们早早来上班,很晚才回家,回去以后还常常要批改作业,他们不仅仅关心学生的学习,也关心学生的生活,他们对学生所付出的时间和辛苦常常令学生感动,而这种由爱而连接的师生关系是影响课堂气氛的一个重要因素。

当然,并不是每位教师都很有耐心,也有的教师很没有耐心,不愿意回答学生的问题,而这就造成了另外一种冷淡的课堂环境,师生之间的互动不多,学生的热情也都不高。

很多教师都意识到师生关系对课堂环境、对学生学习状态的影响。有的教师说:"老师真心的沟通,关心学生,根据一些事情对学生进行教育,对学生的触动也会很大。"因此,当课堂环境不好或者学生学习投入不积极的时候,一些教师会在师生关系上尝试做一些改变,以建立更紧密的师生关系,让学生更喜欢自己,也能更喜欢自己所教的内容。

(二)教师

不但师生关系对课堂环境有重要影响,教师本身对教学的投入,在教学和学生学习、生活中的一些引导和鼓励,都会对学生有影响。

1. 教师的鼓励和引导

通过教师的鼓励和引导,学生可以逐渐接受教师所教授的学科,他们更是学会了如何在课堂上积极思考,表达自己的意见。

2. 教师的教学设计和教学手段

很多教师通过创设有趣的教学情境,组织小组讨论、让学生动手操作等来改善课堂气氛,调动学生的学习热情。

每位教师都有自己不同的教学策略和多年积累的教学经验,他们会根据班级学生的情况来调整自己的教学,也给学生更多空间让他们主动学习。

教师的个性特点也是一个影响课堂气氛的重要因素,有的教师善于言谈,有的教师善于交际,有的教师很沉稳,有的教师很情绪化,有的教师很认真,有的教师则更自由,不同的教师会对同一个班级的课堂环境有不同的影响。而不论这个教师的个性如何,他内在的人格魅力都会对学生有很强的感染力,让学生可能会欣赏他,效法他。

(三)学生

学生作为课堂活动的主体,他们的学习习惯、参与热情、家庭背景等都对课堂气氛有显著的影响。

一般教师认为,学生是否进行课前准备或者预习会影响课堂环境。学生在课堂上是否积极参与,也会影响课堂环境。

学生之间的个别差异是教师关注的另外一个影响课堂环境的因素。每个班级的学生之间都有很大的差异,一部分反应较快的学生对知识的接受能力很强,很快就明白教师所讲的了。而另外一部分学生却需要教师进行详细的讲解。这样,反应快的学生很快地说出了问题的答案,而反应慢的学生则需要更多的时间。

家庭教育对学生的课堂表现有很大影响。有的家长根本不过问学生在学校的事情,而有的家长则包办一切,这对学生都不好。良好的家庭教育对学生的表现有积极的影响。有时候,家里发生的一些事情也影响学生在课堂上集中思想。而家庭提供给孩子的生活环境也影响了其视野和课堂表现,从而对课堂环境造成一定影响。

(四)学校环境

一所学校的物理环境和人文环境都对班级的课堂环境有所影响。一些学校的地理位置不好,在市场附近,影响课堂秩序。而不同水平的学校,计算机等硬件设施的配备也对教师的课堂教学有影响。

二、课堂环境研究的理论基础

(一)符号互动理论

符号互动论认为,互动贯穿于人的社会生活的每一个时空单位,构成人类社会生活的基础。符号作为互动的媒介,是一种能够有意义地代表某种事物的东西,包括示意、动作、手势、共同遵守的规定以及最为主要的书面和口头语言。人与动物的区别,就在于人具有运用语言符号的能力,并有心智(mind,亦译为精神)。人的心智活动是人在互动过程中掌握和运用符号并通过符号相互作用而产生与发展起来的。心智活动对客观现实具有标示作用。布鲁默认为,标示某一事物就是面对该事物并且把自己置身于对其积极反应的位置,而不是机械地做出反应。人通过对面临的东西做出解释并据此解释组织行动来对世界做出反应。通过心智活动的标示作用,外界世界便转变为一个定义的世界,人就不是对客体做出反应,而是对客体的解释做出反应。

自我,是个体在社会环境中,通过和他人的互动而形成的。在没有学会语言的孩子那里,自我以原始的形式出现。随着儿童的成熟,对语言的掌握和社会化的进行,儿童逐渐能从重要他人和类化他人的角度看待自我和观察思考问题,这样,自我的发展便日臻成熟。

自主学习的现象学派认为,自我系统在指导个体的学习行为中占据着首要的地位;它强调自我系统的结构和过程在自主学习中的作用,强调个人动因和学习能力的自我评价在自我调节学习行为、认知和情感的发展与执行中的重要性。它认为自主学习能力是自我系统发展的结果。自我系统对学习动机的激发和学习的坚持性起着关键的作用,而且在生成假设、解释、预测和信息的加工与组织过程中也发挥着极其重要的影响。而从符号互动论来看,自我系统本身又是在个体与他人的互动过程中形成和发展起来的。

本书认为,课堂环境实质上就是师生之间和生生之间互动而形成的一个微观社会系统。对学生的教育过程,无论是宏观的教育原则、教育目标,还是微观的教学计划、教学方案和教学内容,无一不是在师生互动和生生互动的过程中实现的。根据符号互动论的基本观点,实际上,学生在学校环境里的互动,是其知识掌握、技能获得、个性与品德形成以及自我意识发展的必要途径。因此,研究课堂环境对学生学习的影响,也应通过课堂环境里的人际互动和人际关系来加以考察。

(二)建构主义学习理论

建构主义学习理论是认知主义学习理论的再发展,从认识论的高度提示了认识的建构性原则,强调了认识的能动性。

建构主义作为一种认识论思潮,具有多种理论流派。依据知识由个体单独建构还是通过个体间协商建构,可以把建构主义划分为个人建构主义和社会建构主义。高文认为,社会建构主义主要是以维果茨基的理论为基础的。学习是一种"社会建构",认知过程中学习者所处的社会文化历史背景的作用,重视"活动"和"社会交往"在人的高级心理机能发展中的地位。受历史文化学派影响的社会建构主义认为,只有当个人建构的、独有的主观意义和理论与社会和物理世界"相适应"时,才有可能得到发展,因为发展的主要媒介是通过交互作用导致的意义的社会协商。

建构主义,尤其是社会建构主义,特别强调社会性相互作用在学习中的重要意义,关注社会化的学习。它认为,知识不仅是个体在与物理环境的相互作用中建构起来的,社会性的相互作用同样重要,甚至更加重要。人的高级心理机能的发展是社会性相互作用内化的结果。此外,每个学习者都有自己的经验世界,不同的学习者可以对某种问题形成不同的假设和推论,而学习者通过相互沟通和交流、争辩和讨论,合作完成一定任务,共同解决问题,从而形成更丰富、更灵活的理解。这种社会性相互作用可以为知识建构创设一个广泛的学习共同体(learning community),从而为知识建构提供丰富的资源和积极的支持。因此,建构主义指导下的教学组织形式有小组学习、协作学习等。

建构主义学习观为教师创设有效的课堂学习环境提供了重要的理论指导。设计支持性学习环境应成为建构主义学习理论在教学中应用的重要研究课题。建构主义学习环境应该:①提供使学生在真实情境中活动的复杂学习环境;②使社会协商成为学习的不可分割的组成部分,通过小组协商过程获得别的方式不能获得的理解;③选取多种表征模式使学习者从不同角度探究学习内容;④培养反思能力或对自己的思维与学习过程的意识;⑤强调以学生为中心的教学,使学生积极参与决定自己的学习需要和实现这些需要的方式。建构主义学习环境设计的相关研究为进一步研究课堂环境创设提供了有益的启示。

第二节　高校英语课堂的分类与构建

一、室内物理环境的构建策略

(一) 室内物理环境的组成

教室是班级的重要物质载体,它不仅是一个地理空间,也是班级日常生活的制度化空间。从物质载体看,教室人均面积、采光系数、课桌面平均照度、黑板照度、黑板反射系数、教室二氧化碳含量和噪声、教室室温、课桌椅符合率、黑板尺寸、教室玻地比、墙壁反射系数、教室照明灯、灯桌间距等指标无不与班级生态密切相关。由此看来,教育学意义上的教室并不仅仅是一个物理场所,而是有着教育学意义的班级制度化空间。

1. 讲台

教室中的讲台有着丰富的教育学意蕴,可以从不同教室讲台的安放,读出该教室折射出的教育理念和文化气息。中国大多数教室讲台往往都在教室的正前方,讲台的地板比学生课桌的地板要高,讲台也比学生的课桌更高、更大;西方许多国家教室的讲台一般不在正前方,而是靠在教室的一侧安放,讲台的地板与学生课桌的地板一般在同一平面上,讲台与学生课桌高度也相差无几,也许桌面大一些。讲台的安放,实际上可能是一种"集体表象",当成人担当教师的社会角色时,他会发现,一种特定的前台已经为他搭设好了。当自己处于前台时,需要维持前台的"常规性秩序",收敛自己不合时宜的语言、动作和表情。另外,讲台也是一种重要的教室隐喻:当讲台出现在教室的正前方时,教室可能被隐喻为教师宣讲知识的场所,教师地位比学生高,教师具有一种知识权威……

2. 摆设

教室除了讲台和课桌,还有一些摆设,摆设更显现出教室的文化差异。"摆设"在这里不是贬义词,它是教室中的一些设施,这些设施是为教育教学服务的,只是在不同的文化氛围里,这些设施使用率和摆放会有所不同。"摆设"是一个充满象征和意义的世界,具有丰富的教育内涵和符号特性,蕴涵着极其丰富的教室生活信息。其实,教室中的每件摆设不仅具有使用价值,而且都具有符号价值,因为它们都是按照某种目的来设计的,一开始就被赋予某种"目的"和"意义",成为人们交流的符号和工具。教室中所选择陈列的各种摆设,可以理解为一种操纵符号的系统性行为,它不仅要遵照物理场所摆放的规律,而且要按照教育和文化的逻辑来进行,物的体系和意义体系之间能够建立有意义联结,物的体系能够充当意义体系的符号和载体。

(1) 教具

西方教室既像图书馆,又像文具店,学生所需各种参考书(如词典)、各种文具和教学器材,有序地摆放在教室四周,师生可随时使用,有的还摆放有学生"自产"的教具。中国教室更多地体现为个人化空间,参考书、文具等基本都是每个人准备自己的,个人意识比较强,当学生没有或忘记带来时,往往需要向其他同学借,在教室公共场所中很少有共用品或备用品。教具也往往看成是教师的东西,一般学生是不敢动用的,至少需要得到老师允许,似乎"所有权"归老师所有。这种差异往往凸现出对教室理解的不同,西方国家似乎更强调教室的公共性,而中国式教室更多的还是寓意个人生活空间。然而,从个人集体主义(individualism-collectivism)文化维度上看,"在个人主义文化中,个人倾向于区分自己与他人,个人所体验到的情感是自己独特的体验;而集体主义取向的文化中,个人的主要目的并非区分自己与他人,而是与他人保持和谐一致,个人的情绪不被看作行为的决定因素"。有人认为中国应该属于集体主义文化,而西方才是个人主义文化传统,在教室里却出现另一番景象,确实值得深思。

(2) 黑板

中国教室里的黑板通常由一块大平面组成,因此,坐在教室两边的学生看黑板有些困难,不仅影响视力,也影响学习。西方国家的黑板有的是由中间一个静态的主黑板和两侧活动的副黑板组成,副黑板可以旋转180度,方便了坐在不同角度的学生。有的教室还有多块黑板,方便学生个体练习,便于小组合作展示。另外,在信息化社会,黑板已越来越成为真正意义上的摆设。黑板是学生学习工具的教育学意蕴基本被遮蔽了,逐渐被演化为教师展示自我的舞台(用多媒体代替),学生往往只是多媒体课件的"观赏者",那种学生去黑板前演板的情况已经很少见了。中国的许多教室,除了正前方有一块由老师主宰的黑板外(因为在老师的地盘,前面就是讲台),教室正后面还有一块黑板,这块黑板的作用主要是用于班级黑板报,如学习园地、新闻介绍等等。一般一段时间出一期,起教室美化的作用,当然不可能让学生在上面涂鸦的。像杜郎口中学那样,三面的墙壁上都装有黑板的,就比较少了。可以认为,杜郎口中学教室的教育学意蕴是不一样的,它不仅是一场教学方式的变革,也是对教室本来面目的回归。

3. 墙壁

中外教室几乎都没有放弃墙壁的装饰。西方国家的教室或许比中国的教室色彩还更丰富一些。中国教室的墙壁上更多地明示,如名人名言、名人画像、学习园地、行为规范要求等,目的在于营造一个良好环境。有学者这样描述美国小学教室的墙壁,四周墙壁从上到下井然有序地贴着一年或一星期所要学的主要知识和已学的重要知识。

4. 座位

课堂座位的编排调整对课堂教学管理和班级管理及学生的发展有重要的意义,通过课桌椅的不同摆设将教学空间划分为不同的活动区域,以满足教学活动对教学空间的不同需要。不同的教学空间组合形式直接影响着课堂中的交往和人际关系,影响学生的学习动机和学习态度,并最终影响教学效果。课堂座位的编排调整会对学生的课堂行为、学习态度、学习效果、社会交往、人际关系、个性形成以及整个教育活动有着直接或间接的影响。

(二)室内物理环境的设计

1.室内物理环境的采光设计

教室内的光线适当与否,不仅影响学生的学习效率,还直接影响学生的视力。眼睛近视,是困扰现代中小学生的一个严重问题。科学合理地设计学习环境光线,是教学环境建设中一项重要而艰巨的任务。室内光线设计与布置是一件非常复杂的工作,它要涉及多方面知识和多方面因素。

对教室自然采光的一般设计要求是:能使各课桌面和黑板面上得到足够的照度,光线分布均匀,避免直射光和强烈的眩光照射。具体的设计要求主要有:

(1)采光光线方向

教室单侧采光时,光线应来自学生坐向的左侧,以免产生手部阴影。平房教室可以双侧采光,优点是室内照度比较充足且均匀,而且双侧开窗后可以形成穿堂风,对于加强室内通风也有良好作用。

(2)采光窗

教室采光窗应该大些,窗上缘愈接近天棚愈好,窗上缘与天棚距离不宜大于30厘米。窗下缘高度(窗台高)不超过学生坐下时的眼水平高度,以80~90厘米为宜。标准的采光窗为窗宽1.8米,窗高2.1米,窗间墙1米。

(3)采光的均匀性

采光的均匀性受多种因素的影响,如窗间墙的宽度、窗口的形状、窗外的阻挡物及采光的形式等等。研究发现,在窗口采光面积及窗下缘高度相同的情况下,正方形的窗口采光最高,竖长方形次之,横长方形最小。从采光均匀性的角度来看,竖长方形窗在墙间的进深方向均匀性好,横长方形窗口在房间的宽度方向较均匀,而正方形窗则居中。教室窗间墙最好不超过窗宽的1/2,窗间墙过宽,产生的室内暗区也较宽,影响靠墙部分座位的光线。

因此,教室窗户最好设计成方形,窗间墙的宽度应尽可能小些,同时教室内的课桌椅最好集中布置在窗户范围内,以使各桌面得到较均匀的光线。如果有条件的话,最好采取双侧采光,双侧采光比单侧采光产生的室内阴影面积小,光线比较均匀。另外,为了保证教室内光线的均匀性,窗口附近不应有阻挡物,如高大楼房或树木等。一般教学建筑之间的距离不应小于25m,占地面积小的学校,建筑物间距不小于建筑物高度的1.3倍。

(4)眩光

不适当的光线刺激人眼,容易引起炫目、耀眼现象,使人产生视觉的不适感,这种光一般被称为眩光。由于眩光对学生正常的视觉功能发育和学习活动会有一定危害,教室采光设计应特别注意消除眩光。国外的有关研究将眩光分为三种:

①直接眩光,直接暴露在人们视野中的任何光源都会产生这种眩光。

消除直接眩光的有效方法是消除学生视野中的直接光源,教室窗户在夏天应有挡光设施(如浅色窗帘或遮阳板),以防阳光直射学生,产生眩光。

②反射眩光或称"镜面眩光",它主要是由视野中的各种反射光造成的,如光滑的黑板面、桌面在阳光照射下都会发出反射眩光。

消除反射眩光的有效措施是对黑板面、课桌面等进行不反光处理,同时避免用色泽过于光亮的漆涂刷教室内设施,以减少室内用具对光的反射。

③对比眩光,一个非常明亮的物体衬托在黑暗背景上时就会产生对比眩光。

消除对比眩光的关键是避免在教室中安置高强度的光源,特别要避免用高强度光源集中照射室内某个部分,由此来防止因室内光线过度不均匀和明暗对比强烈产生对比眩光。

2. 室内物理环境的通风换气设计

(1)室内物理环境的通风换气的必要性

教室内的空气状况能直接影响学生的学习和健康,这已是被实践反复证明的事实。人在正常的呼吸过程中要消耗氧气,并排出一定量的二氧化碳、水蒸气和热量。与此同时,人的身体及人们的服装也会散发出各种气味,形成对空气的不同程度的污染。当教室中的这些废气、异味聚集到一定程度时,教室的空气会变得污浊不堪,学生的学习效率和身体健康会受到严重影响。因此,为保证学生的学习与健康,教室内必须有一定的通风换气设施,以便教室内经常有流动的新鲜空气,保持室内良好的空气状况。国外的有关研究还表明,教室的通风换气的意义不仅在于减少空气污染,提高空气质量,它还表现在能有效帮助学生散发身体热量,提高学习效率。空气流动在教室环境中的主要作用是促进对流与蒸发。而对流与蒸发是两种能有效帮助学生散发在学习活动中产生的过量的身体热量的自然散热方式。如果这种在学习活动中产生的身体热量得不到散发,学生的学习和身体健康都会受到影响。

事实上,一些专家已经做了这方面的研究并且宣布,人们在拥挤、通风不良的房屋中产生的头痛、疲倦、头晕目眩以及恶心等感觉,不是由高温、高湿度引起的,甚至也不是较高的二氧化碳浓度引起的,而是由屋内空气不流通而导致的身体散热不良引起的。姑且不论这个结论是否科学,但它揭示的一个基本事实却是值得人们重视的,即室内的通风对人的工作与健康均有重要影响,在学校环境设计中,人们不能忽视这一点。

(2)室内物理环境的通风换气的目的

通风排气的主要目的是通过空气的流动,排出室内的污浊空气,送进室外的新鲜空气,同时要保证有适合学生身体健康的微小气候(气温、湿度和气流),为学生创造一个空气清新的学习环境。

(3)室内物理环境的通风换气的方式

通风的方式有两种,即自然通风和人工通风。

①自然通风:自然通风是最普通、最常用的一种通风方式,它主要通过建筑物外壁的气孔、门窗和特设的通风孔及通风管道进行。其通风原理是依靠自然风力和室内外气温差引起的空气流动,风力和室外的温差愈大,通风的速度也愈大,而所需的通风时间则愈少。

中国目前绝大多数学校主要采用自然通风调节教室内的空气状况,欧美国家的中小学则多采用人工通风的方式调节空气,特别是二十世纪六七十年代以来建造的开放式学校更是如此。

由于人工通风方式所需费用昂贵,在中国目前的教育投资水平下,绝大部分学校是难以负担的。据研究,一名7~10岁学生每小时所需的空气量为17立方米,如果采用自然通风,就必须设计足够的通风口面积,否则,很难满足学生对空气的需求。

自然通风的设计:一般来说,教室应有侧设窗(如外墙窗、门上窗、走廊窗及内墙高窗等),以便空气对流,加速室内换气。平房教室可在屋顶加设遮蔽式小气窗,楼房建筑则可在外墙中设自然抽出式通风管道,或在天花板、地板下设通气孔。据调查,有通气孔的建筑物,冬季上课时室内二氧化碳蓄积较低,空气质量较好。寒冷地区的建筑物可以在教室的大窗上部安装风斗式小窗,小窗底部为轴,可向室内开放,回转角度为30度,窗框左右两侧有铁制或木质夹板。室外气流经风斗小窗流向天花板,呈弧形下降,这样,冷风不会直接吹向学生,也不致使室内气温骤降。小窗设有开关,可以根据需要随时开启或关闭。通风小窗口的总面积应为室内地面积的1/50~1/40。一些门窗较小或因人数太多而导致通风状况不良的教室,可加设一两个双向式排气扇,用人工通风的手段弥补自然通风的不足。

②人工通风:人工通风又有多种具体方式,如比较简单的方式是在每间教室中装置排气扇,复杂的方法则是在密闭式的整座建筑中安装中央通风设施,其原理是用动力设施(通风机)将室外新鲜空气输入各教室,同时将室内的污浊空气不断排出。

3. 室内温度的设计

要使教室温度达到一定的适宜标准,就必须对温度进行一定的控制。一般说来,控制室内温度的方法主要有以下几种。

(1)空调控制

①空调控制的利弊:如前所述,空调控制是欧美发达国家中小学目前普遍采用的教室温度控制方法。由于空调可以自由调节控制室内温度,大型中央空调冷气装置还可以对室内空气进行加湿、除尘或去湿等过滤处理,因而可以在教室内创造一个良好的内部微型气候,对教学活动及师生健康起到积极的促进作用。在空调控制室温的环境中学习的学生的学习结果的正确率和学习速度,都要高于在普通教室中学习的学生。

②空调控制的弊端:空调能否在中小学中得到广泛应用,主要还是取决于一个国家的经济实力和教育投资水平。因为空调设施价格昂贵,安装和管理比较复杂,耗电量很大,而且对教学建筑的设计也有特殊要求,如密封式结构,尽可能小的窗户面积等。另外,有关研究也发现,空调对人的健康并不是完全没有消极影响的。长期生活于密闭的装有空调的房间的人们,容易产生头晕、乏力等身体方面的不适感,这种不适感即人们常说的"办公室病"或"现代文明病"。然而,不管怎么说,空调在控制室内温度方面所显示出的灵巧与精确,仍是其他控制方法所无法达到的。因此,空调在中小学教室温度控制方面,仍将是最有前途的一种温控方式。

(2)自然控制

在没有空调的情况下,人们仍可采取其他的一些办法对教室温度进行一定的控制。实际生活中人们常用的自然温控方法有以下几种。

①利用遮蔽物:国外学者的有关研究发现,在教室的南面种植一些落叶树,可以有效调节教室四季的温度。在炎热的夏季,树木的阔叶可以为教室挡去一部分阳光,从而起到降温的作用。冬季树叶全部落去,教室可以最大限度地获得充足的阳光,室内温度得以保持在一定水平。另外。根据需要在窗户上安装遮阳伞、百叶窗、窗帘等遮蔽物,也都可以

起到控制温度的作用。

②减少热传递:研究发现,在炎热的夏季,教室中的很大一部分热量是通过教室的四壁和屋顶由外面传递进来的。因此,设计教学建筑时,应在四壁及屋顶中填充一定的隔热材料,并将楼顶涂成反光较强的白色,以此来减少热传递对教室温度的影响。

③利用自然通风:通风不仅可以改善室内的空气状况,也可以调节室内温度。经常打开门窗通风,可以有效驱散室内因人多而逐渐聚集起来的热量。除此以外,国外一些学者还建议,可以将学校建成地下式建筑,通过地温来调节教室温度,使室内冬暖夏凉,温度适宜。他们认为,只要设计得当,地下式教学建筑同样很美观、舒适和有效。

(3)人工供暖

冬季,中国北方地区气候比较寒冷,气温较低,为保证教学活动顺利进行,防止学生冻伤,中小学教室应采取人工供暖措施。人工供暖的主要方式有两种:一种是集中式供暖,一种是局部式供暖。

①集中式供暖:集中式供暖是在锅炉中燃烧燃料,将水加温成热水或蒸汽,经管道和散热片将热能分配到各教室去。

蒸汽式供暖:蒸汽式供暖,散热片表面温度高,室温增加快,但停止供气很快冷却,室温波动也大。

热水式采暖:经锅炉加热后水温约90 ℃,散热片表面温度约为70 ℃,在停止供水后热水逐渐冷却,室温变化较小。因此,热水式供暖更适合于中小学。

平铺式供暖:此外,近年来又兴起一种平铺式供暖方式,即是将散热片改为迂回管道,平铺在室内地板下、内墙中或天花板上,这种方式容易调节室温,室内各处温差不大,又节省室内使用面积,并可防止烫伤事故的发生。

②局部式供暖:局部式供暖是利用铁炉、火墙、火地以及电加热器等方式供暖。局部式供暖方法多用于旧式建筑和较小规模的学校,这种供暖方法虽能使教室内保持一定的温度,但缺点很多。如室内各处温差较大,空气干燥,空气中烟尘和一氧化碳等有害气体增加,容易引起烫伤和煤气中毒,等等。因此,采用这种供暖方法时,一定要有排烟除尘设施,要注意防烟尘、烫伤和火灾。

4. 室内物理环境的色彩设计

环境色彩可以影响人的情绪、思维、美感和学习、工作效率,这早已被生活实践所证实。生理学和心理学的基本常识告诉人们,颜色是人们视感觉的基本特征之一,不同的色彩,可以引起人们不同的心理感觉。这是由于不同波长的可见光会引起人的眼睛对不同颜色的反应,并进而引起大脑的相应反应,产生不同的心理感觉和情绪,如兴奋、激动、沉闷、抑郁、疲倦、宁静、平和、稳定等等。按色彩学的一般原则,红色使人兴奋,蓝色使人冷静,黄色使人愉快,黑色使人沉闷。因此,人们一般将蓝、绿、青系统的色彩称为冷色调,把红、橙、黄系统的色彩称为暖色调,把灰、白、黑等称为中性色调。不同的色调会给人以不同的距离感、温差感和重量感。从距离感来看,高明度的色彩使人感觉扩大,觉得视野会更加开阔。低明度的色彩则使人感觉缩小,产生一种紧缩、压迫感。暖色调使人感觉物体凸出、膨大,冷色调则令人感觉物体拉远和缩小。从温差感来看,红、黄、橙等暖色调会给人以温暖、亲切和热烈的感觉,青、绿、蓝等冷色调则给人以平和、宁静和凉爽的感觉。此外,色彩还可以影响人对重量的判断,明快的色调使物体显得较轻,暗色调则无形中使物体在人的感觉中加重了几分。

室内环境(包括教室、图书室、活动室、体育馆等)的色彩设计与一般环境的色彩设计有共同之处,即二者都必须遵循色彩学的一般原理。但与此同时,室内环境的色彩设计又有自身的独特之处,即这种设计必须考虑教学的实际需要、学生身心发展的特点,以及学校所具备的具体的物质、时空条件。

(1)依据教学活动的需要设计

研究表明,学校室内色彩的设计首先应考虑教学活动的需要,以开展各种活动为主的场所如体操房、舞蹈教室等,应当设计成暖色调(红、黄、橙色)。这样,学生可以保持一定的兴奋性,有助于活动的开展。

需要进行安静学习活动的场所如教室、图书室等,应设计成冷色调(淡蓝、浅绿等)。这样设计,可使学生情绪稳定,心境平和,有利于学生集中注意力,提高学习效率。另外,教室、阅览室一般都是人员多而集中的场所,运用淡蓝、浅绿等色彩做室内基调,还可以有效地减少室内的拥挤感、喧闹感和动感,为学生创造一个宁静的学习环境。

根据教室的大小巧妙运用色彩,还可以减轻学生在比较低矮、窄小教室中容易产生的拥挤感。例如,运用亮度比较高的淡色涂刷比较窄小的教室四壁及天花板,可以使空间显得更开阔、明远。运用浅冷色(如淡蓝、淡青等)装饰室内,可以增加教室内的景深,改变空间的压迫感。

(2)颜色设计与教室的朝向相配合

教室内的基调用色应与教室的朝向相配合。一般来说,朝南的教室由于经常有阳光照射,温度较高,室内基色以浅冷色为宜,如浅蓝、浅绿、淡青等色彩,这样可使学生感到凉爽、舒适、安静。朝北的教室由于射入的阳光少,温度较低,若再使用冷色做室内基色,就会显得更阴冷,给学生以压抑和阴森感。在这样的教室内,宜用浅红、浅橘黄、米黄及浅褐色做基色,这样,可以增加教室内的生气和活泼感,使学生产生温暖、快乐的感觉。

(3)与装饰物及家具色彩相协调

当然,无论用什么样的色彩做教室的基色,都必须注意室内各空间部位和室内各种装饰物及家具色彩的协调配合。教室内课桌椅、各种装饰性的宣传画、窗帘等的色彩应与四壁的基色协调,围绕基色形成一种主旋律,切忌色调反差过大。

另外,教室内具体使用色彩时,要尽可能使用醒目的大色块,不要轻易使用细小的花点、花纹和杂乱的色彩装饰,更不能随意涂红漆绿漆,用过分缤纷鲜艳的色彩装饰普通教室。

二、课堂座位编排策略

(一)传统课堂座位排列的负面影响

1. 束缚学生创造力

随着科技的发展和社会的进步,社会对创新性人才的需求也越来越强烈。创造力的培养,关键的因素是:保持孩子原有的好奇心、求知欲;提高思维能力,增强问题意识、批判意识、创造意识。作为培养人才的最大机构—学校,是培养创造型人才的摇篮,责无旁贷地担负着激发学生创造潜力,提高学生创造才能的重任。在对学生创造力的培养过程中,课堂教学是一个重要的环节,而传统课堂座位排列却不利于学生创造力的培养。

传统的"秧田式"座位排列,带有象征意义的教师的领地——讲台,高出学生所在地面一尺左右以高姿耸立在学生的前面、教室的"前面"。学生们被排成一行行、一列列,面向教师,面向"前面"。这种座位排列隐含着师生之间的不平等,暗含着教师是知识的化身。教师高高在上,垄断着话语权,学生需要"仰视"前面的教师,无形中强化了学生遵从或顺从教师言行的心理认同,使教室形成了一个特殊的教化空间。师生之间是一种"支配"与"从属""规训"与"被规训"的管理关系。学生变成被规训的对象,面对"高高在上"的教师,学生学会了服从、听话、接受,而不是自主、思想、批判;学会了只认识不生成,只掌握不创造。

2. 教育过程不均等

教育过程均等是指获得教育资源的机会均等以及课堂交往机会均等两个方面。教育过程均等的实质是在教育教学过程中,使参与活动的每个学生都能有机会均等地获得教育资源和参与各个学习环节的活动。近些年,人们普遍把焦点集中在入学机会的均等上,却忽视了教育过程的均等,因为教育过程均等与否的隐蔽性很强,不易被人察觉。但是过程的不均等会直接影响教育结果的不均等。心理学上认为,感知效果对整个认知过程具有重要影响。感知过程是视觉认知活动的基础,不同座位的学生对感知效果有不同程度的差异。因为在传统课堂教学中,学生在不同座位所接受到的信息、老师的关注程度及学生的课堂参与度都有所不同。尤其在传统大班环境下,老师不能完全照顾到每个学生,常常是心有余而力不足,不能使教学真正地面向全体学生。座位安排是教学环境的重要组成部分,面对大班额的教学环境,更不能顾此失彼。为保证学生的受教育过程均等,应该在可行的前提下,尽可能地使座位适应每一个学生的不同学习要求,减少负面影响。

3. 传统课堂座位排列束缚学生交往

学生交往影响班集体的形成和发展。积极的交往能形成学生之间稳定的心理联系,增强对班集体的凝聚力和向心力,是个人在社会生活中得以生存和发展的基本条件。

传统课堂座位排列——秧田式:一行行、一列列座位整齐地固定在那里。在这种模式下,座位的固定蕴涵着学生身体位置的固定,而学生身体位置的固定必然会造成远距离学生之间的交往不便。教师为了便于课堂控制,极少让学生走动和大声讲话,自然就限制了学生的课堂交往范围。因此,在传统课堂座位排列模式下,学生与学生的交往范围极其狭窄,仅局限于前后左右几个邻桌。一旦邻桌几个同学缺乏交流的基础,就连这种范围极窄的交往也难以保证,致使学生个体与群体的交往以及学生群体之间的交往只能流于表面。

4. 影响教学质量和学生发展

传统课堂座位安排影响教学的不利因素大概有两方面。

①教师面对那么多的学生,师生交流互动的频率相对较低,教师难以全面掌握学生的情况,也很难准确和及时地对他们的情况进行反馈,难以实施差异性教学。

②五六十个学生"挤"在一起,课堂环境恶化,给课堂管理增加了难度。这些教学不利因素,会令教师把课堂上的大把时间用于维持纪律。

甚至在一些学校,对于座位没有统筹的安排,两三个学生在一张长桌子上学习,这样看来,学习效率无从谈起。

在中国,班级授课制仍是主要的教学组织形式,在传统的课堂环境中,学生在教室中所处的位置是影响学生学习质量的主要因素。目前一些研究显示,座位的不同,对学生的生理健康、课堂纪律和学习效率会造成不同的影响。因为座位对于每位学生来说都有标签性的作用,会影响他们各方面的认识,例如影响学生的整体感知过程和思维活动过程。同时座位还会影响个性的形成和个人的社会化进程。对于教育工作者来说,需要正确认识大班教学环境下不同座位的价值,也是实现教育公平的具体要求。但是目前许多教师对座位给学生的发展造成的影响缺乏正确、清晰的认识。在教育行为上随意扩大座位的价值差异,导致学生在认知和自我价值等方面受到了不良的影响,有些甚至是终身的。

(二)课堂座位编排方式

就目前这方面的研究进展及实际状况来看,一般的课堂座位编排方式主要有以下几种。

1. 秧田式排列法

秧田式排列法是最普遍、最常见的一种传统的座位编排方法。自班级授课制创立以来,这种座位模式就一直主导着中小学的课堂座位安排,直到二十世纪三四十年代,一些新的课堂座位编排方式才逐渐引起人们的注意。秧田式排列法是伴随着班级授课制产生的,因而它最适合于大班教学。研究表明,在这种座位模式下,所有的学生都面向教师,教师容易控制学生,容易发挥自己在教学活动中的主导作用,因而传授知识的效果比较理想。亚克塞罗德等人的研究发现,按排就座的学生比围桌而坐者显示出更理想的学习行为。但这种座位模式的不足之处是,学生之间几乎没什么交往活动,不利于学生的社会化成长。另外,这种座位模式从空间特点上突出了教师居高临下的地位,客观上造成了师生在空间位置上的不平等,因而不利于平等民主的师生人际关系的建立。

2. 圆形排列法

圆形排列法也是目前比较常见的一种座位编排方式。按照这种座位模式,教师可以根据需要将课桌椅布置成一个或数个圆圈,让学生围坐在一起参与学习和讨论。这种编排方式特别适合于各种课堂讨论,它可以大大增加学生之间、师生之间的言语和非言语交流,最大限度地促进课堂中的社会交往活动,并且,由于圆形座位从空间特性上消除了座位的主次之分,因而有利于师生之间形成平等融洽的人际关系。

3. 会议式排列法

会议式排列法类似于一般会议室的布置,它是将课桌椅面对面地摆成两列,学生分坐两边进行交流活动。在人数较多的班级,也可将课桌椅摆成四列。这种排列法的优点与圆形排列法相似,即特别适合于课堂讨论,有利于课堂中的社会交往活动,有利于增进学生间的相互影响。

4. 小组式排列法

小组式排列法是将课桌椅分成若干组,每组由四到六张桌椅构成。小组式排列法在美国、加拿大等国的中小学中非常流行,小学、初中的课堂座位编排多采用这种模式。这种排列法比较适合于讨论、作业课,它能最大限度地促进学生之间的相互交往和相互影响,加强学生之间的关系,促进小组活动。

5.U形排列法

U形排列法又称马蹄形排列法,它是将课桌椅排列成U形,教师居于U形开口处。这种排列法兼有秧田形和圆形排列法的某些特点,它既可以充分增进师生之间的交流,有助于问题讨论和实验演示,同时又可以突出教师对课堂的控制,发挥教师的主导作用。其不足之处是所需空间较多,不适合于人数较多的大班。

三、教学设施设计策略

古代学校运用的教学手段非常简单,教学活动对之也没有提出设计规格上的特殊要求。但是,随着社会生产力的不断提高和科学技术的迅猛发展,现代学校运用的教学手段日益丰富,教学活动对各种教学手段也有了愈来愈特殊精确的设计要求。在实践中,设计精确合理的教学手段在教学中的应用,大大提高了教学的速度,节省了教学时间,降低了教学难度。例如,视听教学手段可以通过化快为慢、化动为静、化小为大等特殊技巧表现一般教学手段无法表现的事物和现象,从而使教学内容得以化繁为简、化难为易。另外,设计良好的教学手段在教学中的应用,还可以对学生的学习方式、学习兴趣及学习质量产生积极的影响。由此看来,教学设施的设计在教学实践中具有重要意义,这项工作的好坏,直接关系着学校物质环境建设的整体水平。

(一)课桌椅的设计

课桌椅是影响学生学习作业能力及身体机能状况的一个重要物质环境因素。因此,课桌椅的设计规格要服从教学和卫生的需要。一般说来,对课桌椅的基本设计要求是:

①课桌椅要充分满足教学活动的需要,如写字、看书、听课等,课桌椅应有足够的面积,邻座同学不致相互妨碍,学生回答教师提出的问题时,可即席站立起来。

②课桌椅要适合就座学生的身材,提供维持良好姿势的客观条件,少产生疲劳,不妨碍学生的正常发育生长。

③课桌椅应坚固、安全、美观、实用,可以随意搬动(指普通教室),不妨碍教室的彻底清扫。

课桌椅的设计要求是以学生良好的坐姿为依据提出来的,良好的就座姿势应该是:上体正直,脊柱靠在椅背上,大腿端平,全脚掌着地。当书写时,上体保持正直并稍前倾10度左右,双肘轻放在桌面上,上臂与躯干的夹角约为45度,头不过分前倾,不耸肩、不歪头,两肩的连线与桌面后缘平行,躯干与桌后缘成直角,相距约3厘米,躯干与大腿夹角近似90度,小腿稍前伸,大小腿之间夹角约100度。两脚撑平放于地面,整个上体重力落在髋臼处,使身体处于不紧张的轻松状态。看书写字时,眼与桌面及书本的距离保持在30厘米左右,以使呼吸自如,内脏器官不受挤压。要保证学生养成这种良好的就座姿势,课桌椅必须严格按照科学的设计规范设计制作。

1.课椅的设计标准

课椅的设计标准主要包括三方面:即椅子的高度、椅子的深度和椅子的靠背。椅子的高度指椅座上面前缘的最高点距地面的高度。合适的椅子高度与小腿高度相适应,比腓骨小头稍低,这主要是为了使下肢着力于整个足掌,并便于两脚前后移动位置,形成自然的舒适体位,有助于减缓就座时的疲劳。如果椅面太高,双脚就不能平放于地面而呈悬吊式,这会使大腿后部下端的血管和神经受到挤压。影响下肢血液循环和神经功能,小腿容易麻木。如果椅面太低,大腿的前部就会抬起,减少了身体的支撑作用,使得臀部的支撑面过小。因此,椅面高度应适宜,过高过低都容易造成身体疲劳。

2. 课桌的设计标准

课桌的设计标准主要包括桌高、桌面和桌子的屉箱三个方面。

学生在这个高度上书写时,会两肩端平、不耸、不垂、不偏,并能保持上体正直,并且与书本距离能保持在 30 厘米。若桌面太高,学生书写时会右臂高抬,右肩上耸。若桌面太低,在书写时会造成右肩下垂。因此,桌面太高或太低,久而久之都容易造成学生的脊柱向侧弯曲。桌面有平面和斜面两种,平面桌有利于珠算、手工、绘画、毛笔书法及其他方面的用途。斜面桌有利于阅读和书写两项主要学习活动。采用斜面的主要目的,是避免学生学习时头部过度前倾,但斜面过大又容易使书本滑落,因而适宜的设计规格是桌面坡度为 10~12 度,并在桌面远侧有一约 9 厘米宽的水平部分。桌面的前后宽度不得小于前臂加手长或不小于书本长度的 1.5 倍,左右长度不得小于两拳相对时两肘之间的距离。

(二)教学用品的设计

这里所谓的教学用品,主要指日常教学活动中最常用的一些用具、用品,如黑板、粉笔、书本、书包等。实践表明,这些用品尽管非常普通,但它们对师生的身体健康及教学活动仍具有一定的影响,是不可忽视的重要的环境因素。

1. 黑板设计

黑板与学生的视觉活动密切联系在一起,在正常的课堂教学活动中,学生须花费相当多的时间注视黑板内容,以获取必要信息。因此,为保护学生的视力,黑板设计的基本要求就是平坦,不反光。国内外中小学常用的黑板颜色为黑色或墨绿色,究竟采用哪种颜色,学校可根据实际情况而定。教室黑板应定期刷黑,平时不要用水擦。黑板宽一般为 4 米,高 1 米左右,黑板下缘高应相当于学生就座时的眼高,即小学为 8 厘米,中学为 100~110 厘米。长期以来,粉笔灰一直是威胁教师和学生身体健康的一个重要污染源。因此,粉笔设计的关键是无尘。目前,一些教学设备厂已生产出了各种无尘粉笔,中小学应普及使用这种粉笔,以减少教室中粉尘的污染,为师生创造一个无尘的环境。

2. 书籍设计

书籍是学生最主要的学习用品,书上的文字、插图、符号等都是视觉刺激物。在阅读过程中,视网膜不断接受大量文字形象的刺激,而对每个文字的感觉时间又是非常短暂的。因此,书籍质量对于保护学生视力具有重要意义。书籍的文字、插图、符号应清晰,文字和纸张之间在色调上要有较大的反差度,纸张要洁白、光滑、结实而不反光。另外,排版的格式应以横列为宜,书籍的封面应设计得美观、耐用。

第三节 基于交互环境的英语互动课堂的构建

众所周知,白板作为目前非常流行的一种现代教学媒体,为现代课堂环境融入了新的元素,它的介入丰富了课堂教学互动的概念。无论是智慧教室、翻转课堂,都离不开交互式电子白板、平板等交互设备,而这些设备的核心功能就是交互。

一、交互式电子白板的教学应用

(一)交互式电子白板的工作原理

交互式电子白板是一种教育或会议辅助人机交互设备,它可以配合投影机、计算机等工具,实现无尘书写、随意书写、远程交流等功能。从硬件原理上来说,交互式电子白板融合了大屏幕投影技术、精确定位的测试技术等。下面主要从实现技术角度对目前不同的电子白板精确定位测试技术进行详解。

1. 红外感应技术

红外技术的原理是密布在板面显示区四周的红外接收和发射对管形成水平和垂直方向的扫描网格,形成一个扫描平面网。当有阻挡红外光的物体阻挡住网格中的某对水平和垂直红外扫描线时,就可以通过被阻挡的水平和垂直方向的红外线位置确定X、Y坐标。

红外感应技术有以下优点:红外感应技术定位准确、精度较高,无须专用笔、可用手指、教鞭等进行书写或触摸操作,不怕划伤,即便板中有任何划伤也不影响操作使用,使用寿命较长,反应速度较快。

2. 电磁感应技术

采用电磁感应技术原理的交互式电子白板是利用电磁波可以通过空气和绝缘物体进行传播的原理设计的。电磁感应式白板的板面下方布满了水平和垂直两个方向排列的接收线圈膜,形成一个巨大的电磁接收场。使用时用一支可以发射电磁波的笔,当笔靠近接收线圈的膜时,线圈上会感应到笔发射的电磁波。离笔最近的线圈组感应到的电动势最高,根据水平方向和垂直方向感应到的电动势,通过计算可以获得笔所在的X、Y坐标位置。

电磁感应技术有以下优点:电磁感应技术定位相对准确;书写过程中有压感,即根据书写的轻重不同,笔迹的粗细会不同;显示区域的均匀度较好。

3. 电阻膜感应技术

采用电阻膜感应技术的交互式电子白板的板面基本结构是由多层膜组成,包括水平线电阻膜、绝缘网格、导电膜、垂直电阻膜等,组合膜与板面使用区域大小相同。使用时在电阻膜上加一个固定的电压,在没有外力作用下,导电膜不接触电阻膜,没有电压被测得,不会有定位的信息反应。当用硬物压在电阻膜的某一点时,电流通过导电膜被测试电路读取,这个电压与触摸点的位置有关,根据从水平和垂直方向读取的电压,可以换算为触摸点的X、Y方向位置。电阻式触摸屏是一种网格扫描实现方式,特点是有物体压住膜的表面时,可以反映出物体压住的位置。

电阻膜感应技术有以下优点:定位相对准确,无须专用笔,可做触摸操作。

(二)交互式电子白板在教学中应用的原则

电子白板作为一种新兴的教学媒介,不论其科技含量有多高,效果有多好,其实质仍然是一种教学工具。在教学过程中,其应用定位应该是为提高"教"与"学"的有效性、优化教学环节、提高"教"与"学"的质量与效益服务,而不是展示先进技术及其功能。所以,在课堂上运用交互式电子白板时必须遵循以下原则。

1. 运用的目的要注重科学性

在教学中选用交互式电子白板必须针对教材的特点和学生的年龄特征,有的放矢。有些教师在运用电子白板技术进行教学时,过分夸大其功用,从生字词到提问,从每一节课文对应的画面到练习解答,全由电子白板技术显现。教师几乎不用课本,学生几乎不接触教材,一切都跟着电子白板技术转,这显然是违背教学规律的。

在教学过程中,教师首先要明确教学目标,不能迷失方向,为用白板而用白板,为教学丰富多彩而用白板,全然不考虑教学的目的。事实上,有效的教学目标不是课堂是不是活跃了,也不是教师是不是努力使用电子白板了,而是能不能促进学生的进步和发展。为学而教,为学生而教才是使用交互式电子白板的出发点。

2. 运用的过程要注意协调性

使用交互式电子白板的课堂应该是处在动态和谐与平衡之中的流畅过程。势必要考虑到交互式电子白板与其他教学要素之间的协调性。因此,创设的教学情境应该是以教学目标为依据,以交互式电子白板为支持,教学各要素与电子白板等相互协调、贯通一气的生动场景。

教学目标上,要突出育人目的,而不能过分抬高交互式电子白板的作用,防止喧宾夺主,哗众取宠。在教学内容上,不同的教学内容要采用交互式电子白板不同的功能,创设不同的交互情境。在教学过程中,教师尤其要注重以生为本,协调好生生、师生、人机之间的关系。在进行教学设计时,要始终摆正教师的主导和学生的主体位置。只有当学生思维缺乏凭借、学习内容过于抽象时,才应该审时度势地运用电子白板技术进行支持,从而使问题迎刃而解。即使在呈现电子白板技术时,教师也不能袖手旁观,教师"旁敲侧击"式的点拨、引领、评述仍很重要。

3. 运用的效果要追求发展性

白板不仅是教师展示教学内容的工具,更应该是学生认知的工具,应以促进学生的发展为中心。具体实践中,要把握交互式电子白板的最佳作用点和最佳作用时机。

白板教学的重点不在于演示,而在于互动。它所创设的交互式教学情景,要有利于学生在情景中进行问题探究、信息交流和自主学习。

在学生的发展过程中,有两个发展是最重要的。一个是学会学习。这是发展的基础和加油站,不会学习的人是不能得到持续发展的。另一个就是思维的发展。人在认识事物时会想象这些事物的内外部规律,这种认识要靠思维过程来进行,它是在脑中对事物进行分析、综合、比较、抽象、概括的过程。

交互式电子白板要为教师和学生架设起一个多方参与的交流平台,在课堂教学中教师根据需要可以随时在原有的课件中添加新的页面,针对学生在课堂中出现的困惑进行补充讲解;学生可以将个人的想法或小组讨论的结果及时地传递到白板上,各种想法都得到充分的尊重。借助交互式电子白板可以让学生得到更多的表达与交流的机会,学生的参与面也更广。这也正体现了交互、参与的新课程理念。

二、基于交互环境的英语互动课堂的建构

(一) 互动课堂的系统模型

信息技术对教育的发展具有革命性的影响,信息技术使教学结构发生深刻的变革,那么,技术对教学的深刻变革应该如何实现?

1. 互动课堂的样式

随着交互式电子白板进入课堂并逐渐占领课堂空间,要实现未来课堂、智慧课堂,交互式电子白板始终是一个绕不过的技术工具,如何用好这一工具,在教学中充分运用其交互功能?必须从教学角度选择技术,遵循技术为教学服务、人在技术之上的理念,才能引发教与学的变革,实现技术与教育深度融合。

(1) 深刻理解技术内涵,寻求与教育的融合点

交互式电子白板作为目前比较流行的一种现代教学媒体,为现代课堂环境融入了新的元素,它的介入丰富了课堂教学互动的概念。无论是智慧教室、翻转课堂,都离不开交互式电子白板、平板等交互设备,而这些设备的核心功能就是交互。

从教育的角度理解交互,信息技术无疑丰富了课堂交互的内涵和外延,交互不仅仅局限于人机交互,而是基于学生、发展的更为深入的交互。这样的交互指师生在具有白板、平板等交互设备的教学环境中,运用一定的技术和方法,在教学中有目的、有组织地运用人与人、人与机器等双向或多向的信息传递方式,相互交流思想和情感、传递信息并相互影响的过程。

课堂互动教学是在课堂教学环境中,师生之间、学生之间及人与媒体、环境之间,在教学传播过程中通过对信息的交换、沟通与分享、创造而产生的相互影响、相互作用的方式和过程。依据互动对象的不同,交互课堂的教学互动类型可以分为师生互动、生生互动、人机交互、认知交互。技术创设了课堂交互的氛围,创设了一种强交互的教学活动,交互与课堂联姻,交互课堂出现了。

(2) 精准把握教育本质,构建教学应用新样式

①课堂交互的类型:具体说来,交互课堂主要有以下四类交互:基于问题学习的师生交互、基于合作学习的生生交互、基于探究学习的人机交互、基于思维发展的认知交互,其中师生交互和生生交互统称为人际交互。

基于问题学习的师生交互是指教师和学生个体之间或与学生群体间的相互作用和影响,主要是通过师生相互问答、相互评价、反馈、激励及合作等活动形式实现的互动。

基于合作学习的生生交互是指学生个人与个人、个人与群体、群体与群体之间的相互作用和影响,主要是通过小组讨论、互相评价、相互反馈、互相激励、互帮互学、互为师生等合作学习的活动形式实现的互动。

基于探究学习的人机交互是指教师、学生运用白板功能进行知识构建、探究的过程,是师生、生生通过白板操作学习新知、解决新问题的教学活动。

基于思维发展的认知交互,指学生个体内部的信息交流活动,主要包括感知、记忆、思维、想象、情感等心理活动。学生个体大脑信息库内储存信息的多少在很大程度上取决于其内互动的活跃程度,表现在人的意识和思维活动具有生产性和创造性,是在已知的基础

上不断发现未知,创造新知识、新观念和新思想的活动。

②互动课堂的操作程序:任何一种教学模式都具有可操作的程序,在构建模式的过程中确定了启动阶段—互动阶段—自动阶段的基本操作流程,使教师有可操作的依据和参照。

启动阶段——创设教学情境,设疑激趣,引导学生进入学习情境,做好铺垫、引导工作。

互动阶段——外互动,获得信息;内互动,意义建构,是互动的主体和关键。学生在教师创设的情境中,通过问答、讨论、协作、评定反馈等外互动获得大量信息,并积极进行内互动,使外互动得来的信息成功转化为自身的内在信息,为实践创新做基础。

自动阶段——实践创新,是以互动为目的,学生通过充分参与学习,发展以创新和实践能力为核心的素质。

交互课堂在实施过程中,需要找准学科整合点;抓准白板适用点;把准情景设疑点;定准思维发展点,创设师生互动网络,调动学生的积极性、主动性,实现以学生为本的课堂。

③互动课堂的模式特征:运用现代教育技术构建的互动课堂,主要特征表现在:强调学生积极参与;强调运用媒体创设情景;强调教师多重角色;强调教学灵活多样;强调师生平等交往等。

④互动课堂的特点:互动课堂具有师一生一媒体(环境)的多向互动性、教学氛围的和谐性、课堂互动的动态性、注重个体差异性、传统与创新的叠加整合性等特点。

2. 互动课堂助力教育回归本原

让教育回归本原,要实现这个初衷,教育工作者必须从教育出发,设计、思考、践行技术的教育应用。

从用技术教转为用设计教。改变技术与教育生硬的整合,把技术融入教学目标、教学策略、教学活动、学习活动的设计中,通过技术改变教与学的方式,提高教学效率。

从技术辅助到优化结构。用技术改变教学结构和流程,让技术成为学习者学习的有力助手、帮手及学习内容。从教育的角度系统设计技术运用,优化学习过程。

新技术层出不穷,学校的教育信息化建设也与时俱进,交互式电子白板几乎成了教室的标配,未来课堂、智慧教室等先进的学习场所不断涌现,如何应用好这些新技术、新设施、新理念,当务之急是不断强化教学实践,以教育互联网的思维,探索技术与教育的融合点之路,拥抱互联网*给教育带来的大好机遇,形成以人为本、关注个性、高效、便捷、永续的教与学方式。

(二)互动课堂教学设计原则

1. 个性化原则

高校英语课程的学习者由于前期英语学习的不同经历,英语水平参差不齐,这对教师设计教学活动是一个很大的挑战,教师要根据学生的不同层次,设计不同的任务活动,使每个学生都能参与到课堂互动中,在互动中不断地积累语言知识,提高言语交际能力。

2. 真实性原则

真实的语言输入和输出才能真正提高语言的交际运用能力,英语课堂教学活动设计时需要贴近生活,设置真实社会中发生的话题和任务,再现社会的真实情境,进行真实语境有意义的语言练习,才能快速提高学生的语言能力。

3. 互动性原则

语言学习的目的是用于交流、与人互动,在英语课堂教学中,教师要注重课堂的互动性,扩大教学活动的学生参与范围,调动学生参与学习的积极性,提高英语课堂的互动氛围,活跃课堂气氛,这样能大大提高课堂的教学效率。一堂好的英语互动课,学生参与度会很高,课堂氛围也会十分融洽,课堂效率也会提高,学生对课程的满意度也会提升,自然语言的掌握运用能力也会增强。

(三)互动课堂教学策略

1. 教学策略概述

一般所说的策略,是指计策谋略,每一个行业都有自身的发展策略,教育也不例外。要高效地提高教学效果,需要在教学活动实施之前,制定好合适的教学策略,教学策略应该是在教育学、心理学理论指导下拟定的,是一些能使教学活动的参与者们在规定的时间内达到教学效果的原则和方式方法。在微观上,教学策略可以分为四类:主动性策略、社会性策略、协作性策略和情境性策略。不同的教学模式应该采取不同的教学策略,才能更好地完成教学,在互动课堂的教学模式下注重的是"互动"的实施。本书根据高校英语教学的特点和互动课堂的特性,提出了三种适宜高校英语互动课堂模式的教学策略,分别是情境教学策略、小组协作策略和个性化互动策略。

2. 基于互动白板的情境教学策略

注意是我们心灵的唯一门户,意识中的一切必然都要经过它才能进来。情境教学策略利用多媒体教学设备,根据课程内容,创设一定的学习情境,吸引学生的注意,让学生有意识地参与到课堂的交往互动中,在情境学习的过程中掌握英语的学习。教师可以创设多种形式的情境教学。

(1)视频、图片等多媒体素材搭建情境

教师可以利用互动白板展示与课文主体相关的动画、图片、音乐等直观形象的资源,把学生带入到课文的话题情境中,把简单的知识形象化,降低难点突出重点。

在情境化的学习过程中,学生对原有的知识和现有的知识进行了内在的整合,这样学生可以更好地对新的知识点进行理解,更有信心参与到课堂的互动中来。

(2)利用表演创设情境

如果课文内容具有较强的故事或者主题性,教师可以安排学生对话题进行课堂辩论或者对故事进行课堂表演,教师对话题或者故事进行初步的整理分析,激发学生设计深入的知识扩散探究,用互动白板演示提供一些课外的信息资源,让学生用英语设计对话,并上前表演,使得尽量多的学生参与到表演中来,即使只有一两句话,这样可以给学生的课堂参与度带来更大的动力,增强课堂互动。

(3)设计问题引入情境

教师可借助学生的好奇心,在课堂互动教学中,根据课文主题设计疑问和悬念,带领学生进入问题情境,在一步步教学互动中逐步解开疑团,通过在教学进程中设置悬念,紧抓学生的注意力,吸引学生全身心地参与并完成全部课堂教学互动。

3. 基于互动白板的小组协作策略

小组协作学习是通过小组的形式组织学生进行学习的一种策略。在学习过程中,不同学生对知识的掌握程度和知识的拥有量是不同的,通过小组协作的策略,让学生之间提供支持和帮助,既有利于学生情感的交流,也有利于语言的运用和掌握。

(1)合作答疑

根据教师在课堂上抛出的问题,小组成员将自己的想法通过头脑风暴一一罗列出来,然后所有成员对罗列的答案进行分析讨论,最后得出小组的一致解决方案。选出代表表达本组的讨论结果,保证每个小组成员都能发表自己的观点,都能参与到学习中来。

白板功能使用范例:

教师使用白板软件的拉幕工具,抛出问题,拉幕工具可以帮助教师遮盖全部教学内容,教师可以利用手写笔从上下左右四个方向拉开教学内容,根据给出的人物描述猜人名,学生可以相互合作解决问题,教师可以根据教学现状依次提供给学生更多的人物信息。

(2)组际合作

教师分成若干个小组进行学习后,组织各个小组之间进行学习结果和学习心得的交流,这样可以在更大的范围内开展合作学习。组际交流不能保证所有同学都有发言机会,学生要在这种合作交流中,积极主动地表达自己的观点和意见,这种方式不仅有利于同学彼此之间的了解和学习,还能培养学生的竞争意识。

白板功能使用范例:

互动白板提供英语单词取词功能,可以将句子中的每个单词单独取出,进行英语词性练习,当然也可以在其他练习中使用该功能。合作学习将师生之间单向或双向交流变为师生之间、学生与学生之间的多向交流,这种学习方式,不仅提高了学生学习的主动性,提高了教学效率,也促进了学生间良好的人际合作关系,提升了学生心理品质的发展和社会技能。

4.基于互动白板的个性化互动策略

学生是课堂学习的主体,教师在教学过程中要有意识地引导学生主动参与到学习中,使其由"我会学"向"我学会"转化,在英语课堂的教学中,根据学生的个体差异,设计个性化的互动策略,扩大课堂互动的学生受众。

(1)对子互动

一个学生与另一个学生组成固定的搭档练习对话,共同完成练习。教师设计好对话的话题和材料,组织学生进行对子练习,在学生进行对子练习的过程中,教师需要在各个对子中给学生提供帮助和指导,纠正学生的语法和发音,启发学生尽可能多的进行英语对话,教师也可以在对子练习结束后,让练习好的对子进行演示,教师在演示结束后进行点评,鼓励学生好的方面,让学生在参与互动活动后有成就感。

白板功能使用范例:

互动白板提供双笔模式和手写识别模式,双笔模式可以实现教师和学生同时在白板上操作,互不干扰,能够帮助教师实现教师与学生或者学生与学生之间的对子练习活动,也能够更好地在课堂教学中实现范例的演示。

一对一的活动是英语学习很好的教学手段之一,对子活动可以培养学生的表达能力、交际能力和协作能力,有利于激发学生开口用英语来表达自己的思想与需求的兴趣与勇气。

(2)英语配音

英语配音可以有多种开展形式,第一种是教师可以展示连环图片,让学生根据图片的意思对图片的人物设计对话,进行配音;第二种是教师可以选取英文电影的某一个经典片段,并给学生提供对话资料,让学生进行配音练习;第三种是教师可以搜集中文的视频资料,让学生用英语将中文意思翻译出来进行配音练习。配音练习的素材也可以让学生根据自己感兴趣的话题进行搜集并在课堂上进行展示。这种教学方式为学生提供了语言的应用环境,也可以展现学生不同的语言运用能力,激发学生参与课堂的积极性,增加课堂互动氛围,提高课堂互动效果。

白板功能使用范例:

教师利用白板软件兼容性强的功能,可以将视频或者音频、网页等等多媒体资源用可视化的图标在白板上演示,点击图标不需要转换画面就可以演示该教学素材。

(3)词汇练习

英语学习的基础是词汇的学习,词汇学习的要点就是需要学生自己多动手练习。利用多媒体实现词汇形象化演示,可以加深学生对词汇的记忆,联想式的单词记忆方式也是很多英语培训机构所推崇的教学方法。借助互动白板软件的功能,教师可以轻松实现各种单词学习的趣味游戏,既提高了课堂互动,也提高了教学质量。

白板功能使用范例:

互动白板具有魔法转移功能,进行单词复数练习,左边是单词的原形,移动到右边就会自动显示单词的复数形式,教师也可以设置不同的规则,进行英语词汇的其他练习。

互动白板软件集合了多种的互动性功能,能够帮助教师实现全新的教学体验,如互动白板聚光灯、放大器、填色、缩放、照相机等多种特色教学功能。

互动白板还为教师提供独特的资源应用支持方式。互动白板提供共享资源库和个性化资源库,共享资源中包括各种通用化的教学素材,包括各种背景图案、声音等,教师也可以自己创建个人的资源库,个人资源库的素材教师可以从多种途径导入,网上或者其他多媒体课件等,同时互动白板的一大特色是教师可以将课堂上产生的再生资源保存到个人资源库中,也可以利用白板的注释器对资源进行标注。因此,互动白板不仅仅是课堂演示的教学媒体,也是教师的备课记录器,这种资源的管理应用方式,为教师的教学提供了一种新思路。

互动白板系统无缝整合电子教鞭、无线手写板、互动视频展台、无线遥控器、无线话筒等众多互动硬件,集成支持完整的互动教学解决方案。

互动白板软件无缝整合无线投票器和综合问答器等即时学习反馈评估系统,全面支持课堂过程性评估。

互动白板软件提供全面的跨操作系统平台支持,为 Windows、Mac 和 Linux 多操作系统提供了一个统一的互动教学解决方案。

第三章 高校英语教学模式构建

第一节 高校英语教学内容

一、语言知识与技能教学

语言知识与技能教学具体来说包括语法结构、功能意念、语言技能、阅读技能、写作技能、翻译技能。

(一)语法结构

英语语法是针对英语语言进行研究后,英语语法系统地总结归纳出来的一系列语言规则。英语语法的精髓在于掌握语言的使用,包括对词的使用,对时态、语态、语气的使用,对句子成分和结构的认识。

1. 对词的使用

这里首先要明确英语中词的分类。英语中的词分为实词与虚词。实词指的是在句子中能够独立构成句子成分的词,包括名词(n.,表示人或事物的名称,分为普通名词与专有名词)、代词(pron.,代替名词、形容词或数词,分为人称代词、物主代词、反身代词、相互代词、指示代词、疑问代词、不定代词、关系代词、连接代词)、数词(num.,表示数量或顺序,分为基数词与序数词)、动词(v.,表示动作或状态,实义动词、系动词、助动词、情态动词等)、形容词(adj.,表示名词的特征)、副词(adv.,修饰动词、形容词、其他副词或全句,表示状态特征或行为,分为时间和频度副词、地点副词、方式副词、程度副词、疑问副词、关系副词、连接副词、顺序副词、完成时副词)。而虚词则指不能在句子中担任任何独立成分的词,包括冠词(art.,用在名词前,说明名词所指的人、物)、介词(prep.,用在名词、代词前,表示名词、代词等与其他词的关系,分为简单介词、合成介词、重叠介词、短语介词、分词介词)、连词(conj.,用来连接词与词、短语与短语、句与句,分为并列连词、从属连词)、感叹词(int.,表示说话时的感情或口气)。

明晰了词的分类,还需对其变化形式有所了解。英语中词的变化也包含着诸多内容:

(1)名词

名词的变化涉及名词数的变化以及所有格的变化。名词数的变化分为规则变化与不规则变化。规则变化中,有直接在名词末尾加 s;在以 s、x、ch、sh 等结尾名词后加 es;以辅音字母加 y 结尾的则变 y 为 i,再加 es;以 o 结尾的名词,如果名词表示的是没有生命的,直接加 s,如果名词表示的是有生命的,则在结尾加 es;以 f、fe 结尾的,去掉 f、fe,加 ves。

碰到不规则变化的情况时,有不变、变元音和其他情况,需要具体情况具体分析,单独识记。

名词的所有格是表示名词所属关系的,它的变化分为单数名词、复数名词以及其他不能加's的名词三种形式。对单数名词来说,以 s,es 结尾的,直接在名词后加′,而不以 s,es 结尾的,则在名词后加′s。如果是复数名词,规则与单数名词一致。但有一种特殊情况,就是碰到其他不能加′s的名词时,要用…of…

(2)代词

代词中要具体区分三类代词,即人称代词、物主代词和反身代词。人称代词分主格和宾格两类,单数和复数也有所区别。物主代词分为形容词性物主代词和名词性物主代词两种。需要注意的是,形容词性物主代词相当于形容词,置于名词前做定语。名词性物主代词相当于名词,不能用于名词前。反身代词是一种表示反射或强调的代词,通过反身代词指代主语,使施动者把动作在形式上反射到施动者自己。第一、第二人称的反身代词是由形容词性物主代词加上 self 或 selves 构成的。其中,selves 是当形容词性物主代词为复数时才用的。第三人称的反身代词是由人称代词的宾格加上 self 或 selves 构成的,selves 是当形容词性物主代词为复数时才用的。

(3)数词

数词表示数量或顺序等,分为基数词和序数词,基数词是表示数目的多少,序数词表示事物的先后顺序,常与定冠词 the 连用。

(4)动词

动词需要注意的是第三人称单数形式和现在进行时。动词采用第三人称单数形式时,一般情况下在动词后加 s;以 s、x、ch、sh 结尾的词加 es;以辅音字母加 y 结尾的动词,去掉 y 加 ies。

采用现在进行时形式时,一般情况下,直接在结尾加 ing;以 e 结尾的,去掉 e,加 ing;以重读闭音节结尾,末尾只有一个辅音字母,双写辅音字母加 ing。

还有一种特殊的动词是情态动词,情态动词要与动词原形以及其被动语态一起使用,给谓语动词增添情态色彩,表示说话人对有关行为或事物的态度或看法,认为其可能、应该或必要等。这里要强调的是,情态动词后面要加动词原形,不能表示正在发生或已经发生的事情,只表示期待或估计某事的发生,除 ought 和 have 外,后面只能接不带 to 的不定式,不随人称的变化而变化,不受任何时态影响。

情态动词没有非谓语形式,即没有不定式、分词等形式。

(5)感叹词

感叹词是用来表示说话时表达的喜、怒、哀、乐等情感的词。它不构成后面句子的一个语法成分,却在意义上与它有关联,后面的句子一般说明这种情绪的性质、原因。感叹词是英语口语中最富有表现力的词语之一,用途甚广。

2. 对时态、语态、语气的使用

时态是一种动词形式,不同的时态用以表示不同的时间与方式。动词时态是表示行为、动作和状态在各种时间条件下的动词形式。因此,当我们说时态结构的时候,指的是相应时态下的动词形式。

它的基本时态有四种,即一般时态、进行时态、完成时态、完成进行时态。一般时态包括一般现在时、一般过去时、一般将来时、一般过去将来时;进行时态包括现在进行时、过去进行时、将来进行时、过去将来进行时;完成时态包括现在完成时、过去完成时、将来完成时、过去将来完成时;完成进行时态包括现在完成进行时、过去完成进行时、将来完成进行时、过去将来完成进行时。

语态是描述句子中动词和参与此动作之主语之间关系的一个术语。当主语是动作的发起者时,称为主动语态;如果主语为动作之承受者,称为被动语态。

主动语态主语是谓语动词的使动方,它直接使用动词原形作为谓语,然后再在该动词原形的基础上施加时态和其他语法。而被动语态表示主语是动作的承受者,主语是谓语动词的受动方。它是由"助动词 be 和及物动词的过去分词"构成。被动语态的时态变化只改变 be 的形式,过去分词部分不变。疑问式和否定式的变化也如此。

主动语态与被动语态之间可以相互转化。如主动语态要变为被动语态,要先找出谓语动词,然后再找出谓语动词后的宾语,把宾语变为被动语态中的主语,但在这里需要注意人称、时态和数的变化。另外,在使用被动语态时,要清楚不及物动词无被动语态;有些动词用主动形式表示被动意义;感官动词或使役动词使用省略 to 的动词不定式,主动语态中不带 to,但变为被动语态时,须加上 to;如果是接双宾语的动词改为被动语态时,直接用宾语做主语,那么动词后要用介词,这个介词是由与其搭配的动词决定;一些动词短语用于被动语态时,动词短语应当看作一个整体,而不能丢掉其中的介词或副词。

语气是动词的一种形式,它表示说话人对某一行为或事情的看法和态度。它分为表示动作或状态是现实的、确定的和符合事实的陈述语气;表示说话人的建议、请求、邀请、命令等的祈使语气;表示动作或状态不是客观存在的事实,而是说话人的主观愿望、假设或推测等的虚拟语气。

3. 对句子成分和结构的认识

英语中句子一般由主语和谓语两部分组成,主语是名词或动名词,谓语则为动词。句子成分是句子中起一定功用的组成部分。句子由各个句子成分所构成。句子的组成部分,包括主语、谓语、宾语、定语、补语、状语、表语七种。每一个句子必须包含主语、谓语和宾语。而其他成分要视具体情况而定,并非必要元素。

(1)主语

主语是句子叙述的主体,一般位于句首,可做主语的有名词、代词、数词、名词化的形容词、不定式、动名词和主语从句等。

主语是句子陈述的对象,指出是谁或是什么。

(2)谓语

谓语是用来说明主语所发出的动作或具有的特征或状态,一般由动词来承担。谓语是对主语动作或状态的陈述或说明,一般位于主语之后。

(3)宾语

宾语,是指一个动作的对象或接受者,常位于及物动词或介词后面。宾语分为直接宾语和间接宾语两大类,其中直接宾语指动作的直接作用对象,而间接宾语说明宾语并不是动作的直接作用对象,但受动作影响。一般而言,及物动词后面最少要有一个宾语,而该宾语通常为直接宾语,有些及物动词要求两个宾语,则这两个宾语通常一个为直接宾语,另一个为间接宾语。名词、代词、数词、动名词、带 to 的不定式、一个句子都可以做宾语,而带 to 的不定式则用于宾语补足语。

(4)定语

定语是用来修饰、限定、说明名词或代词的品质与特征的成分。定语主要用作形容词,此外还有名词、代词、数词、介词短语、动词不定式、分词、定语从句或相当于形容词的词、短语或句子。汉语中常用"……的"表示,它是定语的标志。定语和中心语之间是修饰和被修饰、限制和被限制的关系。在汉语中,中心语与定语二者之间有的需要用结构助词"的",有的则不需要,还有的可要可不要。而在英语中则没有如此细致的分类。

(5)状语

在英语句子中,用来修饰动词、形容词、副词等的句子成分叫作状语。状语的主要作用是说明地点、时间、原因、目的、结果、条件、方向、程度、方式和伴随状况等。其一般由副词、介词短语、分词和分词短语、不定式或相当于副词的词或短语来担当。其位置一般放在句末,但也可放在句首或句中。

(6)补语

英语补语的作用对象是主语和宾语,它具有鲜明的定语性描写或限制性功能,在句法上具有重要的补充说明作用。最常见的是宾语补足语,做宾语补足语的可以是名词、动名词、形容词、副词、不定式、现在分词、过去分词。

(7)表语

表语是用来表示主语的身份、性质、品性、特征和状态的句子成分,表语通常以名词、形容词、副词、介词短语、不定式、动词的进行时形态、从句来充当,其位置常在系动词后。这里还有一种特殊情况,如果句子的表语也是由一个句子充当的,那么这个充当表语的句子就叫作表语从句。

(8)同位语

同位语是当两个指代同一事物的句子成分放在同等位置时,一个句子成分可被用来说明或解释另一个句子成分,前者就叫作后者的同位语。这两个句子成分多为名词或代词任,同位语通常都放在其说明的名词或代词之后。同位语和补语在某些句子中有相似之处,但也存在着一定的区别,主要是补语不能缺少,同位语可以缺少。

(9)独立成分

独立成分是当一个词、短语或从句用在句子里面,与句子中的其他成分只有意义上的联系而没有语法关系时,它就被称为独立成分。常见的独立成分有惊叹语、插入语、介词短语、非谓语动词所构成的短语及形容词、副词所引起的词组等。

了解了句子成分,下一步就要了解一下句子的结构了。句子按其结构可分为简单句、并列句和复合句。

①简单句:简单句的基本形式是由一个主语加一个谓语构成。它是构成其他各种句子的基本形式,通常分为五大基本句型:

第一种句型是由主语与谓语构成的,这种句型简称为主谓结构,其谓语一般都是不及物动词;第二种句型是由主语、系动词和表语构成的,这种句型被称为主系表结构,在这一句型结构中,系动词在形式上也是一种谓语动词,系动词与表语一起构成了复合谓语;第三种为主语、谓语加宾语的结构形式,这种句型可称为主谓宾结构,它的谓语一般多是及物动词;第四种为主语、谓语、间接宾语与直接宾语的结构形式,这种句型可称为主谓宾结构,其谓语应是可以用作双宾语的及物动词,但两个宾语还是有所差别,其中一个是间接宾语,另一个是直接宾语。第五种是由主语、谓语、宾语和宾语补足语构成的,这种句型可简称为主谓宾补结构,其补语是宾语补语,与宾语一起构成复合宾语。

在简单句当中,还有一种特殊的句型需要注意,即 it 引导结构句型。it 既是代词又是引导词。it 在做代词时,它可做人称代词、指示代词、非人称代词,用于前指、非确指或习语中。但在做引导词时,它本身无实义,只起先行引导的作用。它可作形式主语或形式宾语,而真实的主语或宾语则是不定式、动名词或名词从句,它们的位置在形式主语或形式宾语之后。it 也通常用于强调句结构。

②并列句:并列句是由两个或两个以上的简单句用并列连词连在一起构成的句子,其基本结构是简单句加上一个并列连词再加上简单句,常用的并列连词有 and、but、or、so 等。并列句中的几个简单句意义同等重要,它们相互之间互不从属,是平行并列的关系。

③复合句:复杂句指的是由一个主句和一个或一个以上的从句构成的句子。在复杂句中,主句是全句的主体,通常可以独立存在;而从句则是一个句子成分,不能独立存在。虽然从句不能单独成句,但它也有主语部分和谓语部分,就像一个句子一样。所不同在于,从句须由一个关联词引导。按类型分,从句可分为名词性从句、主语从句、宾语从句、表语从句、同位语从句、其他从句。

名词性从句指在句子中起名词作用的句子。名词性从句的功能相当于名词词组,它在复合句中能担任主语、宾语、表语、同位语、介词宾语等,因此要根据它在句中不同的语法功能,将名词性从句分为主语从句、宾语从句、表语从句和同位语从句。

其中,主语从句是从句做主语的句子。主语从句通常由从属连词 that、whether、if 和连接代词 what、who、which、whatever、whoever 以及连接副词 how、when、where、why 等词构成。that 在句中没有实际意义,只起连接作用,而连接代词和连接副词在句中既保留了自己的疑问含义,又起到连接作用,在从句中充当从句的成分。名词句用作宾语的从句叫宾语从句。引导宾语从句的关联词与引导主语从句表语从句的关联词大致一样,在句中可以做谓语动词或介词及非谓语动词的宾语。具体来说,分为由连接词 that 引导宾语从句,用 who、whom、which、whose、what、when、where、why、how、whoever、whatever、whichever 等关联词引导的宾语从句,以及由用 whether 或 if 引导的宾语从句。由 that 引导的宾语从句,that 在句中没有实际意义,并且在口语或非正式的文体中常被省去,但如果从句是并列句时,第二个分句前的 that 不可省;用 who、whom、which、whose、what、when、where、why、how、whoever、whatever、whichever 等关联词引导的宾语从句相当于特殊疑问句,句子语序要用陈述语序,用 whether 或 if 引导的宾语从句,仍保持陈述句语序。

表语从句是指在句中作表语的从句。引导表语从句的关联词与引导主语从句的关联词大致一样,其位置在系动词之后,有时用 as if 引导。

同位语从句的作用是说明其前面的名词的具体内容。同位语从句通常由 that 引导,其他可用于同位语从句的名词有 advice、demand、doubt、fact、hope、idea、information、message、news 等。

此外,还有其他从句,需要学生在以后的学习中慢慢总结与积累。

(二)功能意念

功能意念概念及其大纲的制定最早是由威尔金森在 1976 年提出的。在其所阐述的概念及大纲中,学习者运用语言的需要被当作出发点,以交际为基础,大纲的内容主要是功能和意念项目。功能和意念实际上是语言行为的两个组成部分。功能是指语言使用者通过语言来完成某件事情,以达到某种交际目的,如请求、建议、邀请、命令、希望、拒绝等,所以语言的功能是让人们在各种情景、语境中使用语言进行社交活动的一种概念。意念则是表示交际的内容,即人们在使用语言完成某种功能时所涉及的或需要处理的概念及它们之间的关系,如时间,空间,数量,条件,因果等。所有的语言功能都要通过意念来起作用,一般可以用为什么即 why 提问来检验功能,确定交际目的或意图,而用 who 或 what 来检验要达到交际目的所涉及的意念,例如提出邀请这个语言行为本身就是功能,邀请谁,邀请干什么就涉及意念了,所以意念是由话题来决定的。功能意念的优势是重视语言使用的内在动机,能够为语言教学提供更加现实而真实的内容,使课程设置更加灵活,还能够大幅提高教学质量。但是功能意念概念也存在着一些不足之处,如项目分级不够科学导致缺乏系统性,功能性太强,在解决结构与功能的有效结合等问题存在一定的矛盾。

由功能意念的概念及其大纲衍生出了功能意念教学法。它是一种直接让外语学习者用所学外语在实际交际中明确需要做什么或表达什么意义,或者要达到什么交际目的,据此选择和安排语言内容。此种教学方法在与情景教学法结合使用时,将是目前培养学生外语交际能力的一种最理想、最有效的教学手段。

功能意念按大类分可分为六大类:包括介绍或了解事实(识别、报道、更正等)、表明及询问对事物的看法(同意、反对、否认等)、表达及了解情感关系(高兴、不悦、喜爱、厌恶等)、表明及询问对事物的态度(道歉、原谅、不满等)、社交(问候、介绍、告别等)、办成事情(建议、要求、邀请等)。但也有人将其细化为十个方面:寒暄(问候、告别、介绍、道歉、邀请、提议等)、态度(决心、则被、同意、命令等)、情感(高兴、担忧、失望、恐惧等)、时间(时段、时间关系、时序等)、空间(位置、方向、距离等)、计量(长度、宽度、深度、速度等)、信息(定义、解释、叙述、结论等)、关系(比较、差异、目的、假设等)、计算(加、减、乘、除等)与特性(形状、颜色、规格、功能等)。但无论是哪种分类,都反映了学生对语言交际功能的需求。

(三)语言技能

语言技能是构成语言交际能力的重要组成部分。语言技能包括听、说、读、写四个基本技能以及对这四种技能的综合运用。其中,听和读属于理解技能,说和写属于表达技能,这四种技能在语言学习和交际中相辅相成、相互促进。学生应通过大量的专项和综合性语言训练,培养良好的语言运用和交际能力,打下坚实的基础。因此,听、说、读、写四种能力既是学习的内容,又是学习的手段。在多数情况下,培养语言技能的目标是要让学生在某个级别能做到应该做的事儿,这样的目标设定既可以调动学生学习的积极性,促进学生语言运用能力的提高,也有利于科学、合理地评价学生的学习结果。

语言技能的训练包括 13 个方面,分别是辨别音素,辨别重音,辨别语调类型,理解话语的交际能力,理解话语的交际能力,理解语篇的主题或大意,领会说话人的观点、态度或意图,标准语音语调,善于提问和回答,复述故事或短文,就日常生活话题进行对话,口头作文,采访书,即兴简短演讲。这里主要介绍前三类的基础性技能与训练。

1. 音素

音素是语音中的最小的单位,依据音节里的发音动作来分析,一个动作构成一个音素。音素分为元音、辅音两大类。英语国际音标共有 48 个音素,其中元音音素 20 个、辅音音素 28 个。

(1)元音音素

元音是在发音过程中由气流通过口腔而不受阻碍发出的音,又具体分为单元音与双元音。

①单元音:按发音部位把单元音分为前元音:[i:]、[i]、[e]、[æ],中元音:[ə:]、[ə]。后元音:[ɑ:]、[ʌ]、[ɔ:]、[ɔ]、[u:]、[u]。

②双元音:双元音音素由两个元音组成,分为合口双元音与集中双元音。合口双元音包括[ai]、[ei]、[au]、[ɔi]、[əu]。

(2)辅音音素

辅音与元音相对,是指在发音的时候,从肺里出来的气,经过口腔或者鼻腔时受到阻碍时形成的音。辅音分为清辅音与浊辅音:

①清辅音:清辅音是指发音时送气强,声带不震动的音素。主要有[p]、[t]、[k]、[f]、[tʃ]、[s]、[ʃ]、[θ]。

②浊辅音:浊辅音是指几乎不送气,靠声带震动发音的音素。主要有[b]、[d]、[g]、[v]、[dʒ]、[z]、[ʒ]、[ð]。

这八对清辅音与浊辅音有着一一对应的关系,而除了清辅音与浊辅音之外,还有[m]、[n]、[ŋ]、[w]、[j]、[l]、[h]、[r]。

(3)读音规则

在进行元音与辅音的读音练习时,首先进行辅音的发音练习。因为辅音的发音规则较简单,在了解了辅音的发音规则以后,再研究元音的读音规则。

元音的读音规则较为复杂,需要看具体的字母组合,如:

在相对开音节词中一般读字母音[ei],如 gate、kate、date、face。

在闭音节词中一般读[æ],如 bad、map、cat、bag。

在相对开音节词中读[ai],如 kite、bike、fine、mine。

在闭音节词中一般的读音[i],如 big、pig、fit、dido。

在相对开音节词中读[u],如 home、nose。

在闭音节词中一般读[ɔ],如 not、pot、doctor、mom。

在相对开音节词中般读[i:],如 he、me、we、she。

在闭音节词中一般读[e],如 pen、bet、fed、bed、set。

可以读字母音[ju:],如 you。

可以读字母音[u:],如 blue、ruler。

可以读字母音[u],如 put。

可以读字母音[ʌ]，如 but、cut、truck。

由此可以看出，元音音素的读音也会因不同的字母组合而不同，所以元音音素的读音规则要联系元音字母、元音字母组合、元音字母和辅音字母的组合一起识记才能达到效果。

2. 重音

在语音学中，重音是相连的音节中某个音节发音突出的现象。而在英语的语音当中，有两个原则需要记住：第一，一个单词只有一个重音，若听到有两个重音的，说明有两个单词。但当单词较长时，也会出现主要重音与次要重音。在发音时，后者比前者要轻一些；第二，发音时重音要落在元音而不是辅音上。

但如何分辨重音呢？现阶段我们只能根据一些基本的读音规则来学习相关的重音阅读知识。但是，虽然学习了相关知识，也不可对此知识过分依赖，也应注意特殊情况要特殊处理。最好的方法就是在具体语境中体会语言的韵律，然后自然而然地把重音加上去。或者在教学生查字典时，除了让学生掌握基本规则外，还要鼓励学生识记特殊情况。

重音的大致规则如下：

（1）重音落在第一音节

①名词带有两个音节的，如 China、table、export。

②形容词带有两个音节的，如 slender、clever、happy。

（2）重音落在最后一个音节的

两个音节的动词，如 to decide、to begin、to export。

（3）重音落在倒数最后第二音节的

①以"ic"结尾的单词，如 graphic、geographi、geologic。

②以"tion"and"sion"结尾的名词，如 television、revlation。

（4）重音落在第二音节或是到数第三音节

①以"cy、ey、phy、gy"结尾的名词：democracy、dependability、photography、geology。

②以"al"结尾的形容词：critical、gemological。

（5）复合字

①复合字若是名词的话，重音落在第一部分上，如 blackbird、green、house。

②复合字若是形容词的话，重音落在第二部分上，如 bad-tempered、old-fashioned。

③复合字若是动词的话，重音落在第二部分上，如 to under stand、to over-flow。

（6）有前缀的单字

有前缀的单字（in、sub、pre 等）它的重音几乎都是落在第二音节或者第三音节上，如 incompatible、submission、preamble、disapprove。

（7）有词尾的单字

有词尾的单字（ness、ly、less 等）没有重音，如 goodness、quickly、meaningless。

（8）有些词类有名词和动词同形

这时若是名词的话，重音落在第一音节上，若是动词的话，重音落在第二音节上。

3. 语调

语调，即说话的腔调，就是一句话里声调高低抑扬轻重的变化。英语的基本语调包括升调和降调,它们还可以组合成降升调、升降调和升降升调。与汉语相似,用不同的语调说出的句子会有不同的意思。

(1)升调和降调

升调是表示"没有结束"或者"不肯定"的意味,常见的一般疑问句都用升调来读。声调的特点是:

第一,整个句子的音调从第一个重读音节开始,从高到低,依次递降,但在最后一个重读音节上变为上升语调。

第二,若最后一个重读音节后有非重读音节,则在读出此句子时依次递升。

第三,若句子以非重读音节开始,则它们语调低平。

第四,句中的非重读音与它前面的重读音基本在同一音高,或依次降调。

这里有一个口诀可有助于记忆:重读音节依次递降,句末重读回升上滑。

降调则是表示"结束"或者"肯定"的意思。常见的一般陈述句、命令祈使句和特殊问句都是使用降调来读的。使用降调的句子还有着自身的特点:

第一,整个句子的音调从第一个重读音节开始,从高到低,依次递降,在最后一个重读音节上语调滑落下降。

第二,若最后一个重读音节后有非重读音节,则它们的语调低平。

第三,若句子以非重读音节开始,则它们语调低平。

第四,句子中的非重读音与它前面的重读音基本在同一音高,或略为下降。

降调的口诀为重读音节依次递降,句末重读降落下滑。

英语的语调中除了基本的升调和降调外,还有降升调、升降调和升降升调等组合。其中,降升调在英语中也比较常用。它常表示"对比""态度保留""有言外之意";升降调常表示语气强烈、惊奇、自满得意等感情;升降升调常表示自信、欢快、洋洋得意等感情。

(2)陈述句的语调

陈述句表示陈述一件事时用降调。

(3)特殊疑问句的语调

特殊疑问句一般用降调,句首的疑问词一般重读。

(4)感叹句的语调

①感叹句表示强烈感叹时用降调。

②感叹句表示惊奇时用升降调。

(5)一般疑问句和答语的语调

一般疑问句用升调,它的简略回答用降调。

(6)选择疑问句的语调。选择疑问句的语调主要有两种:

①在说话人所说的几项中选择时,前面的选择事项用升调,最后的一项用降调,中间的连接词如 or 用平调。

②如果还有其他选择说话人没有说出来,说话人说的几项都用升调。

(7)反义疑问句的语调

反义疑问句前一部分用降调,后一部分有两种情况:

①提问者对所提问问题没有把握,希望对方回答时用升调。

②提问者对所提的问题有很大把握,让对方证实时用降调。

(8)祈使句的语调

①表示命令,语气强硬的祈使句,句末用降调。

②表示鼓励、态度亲切或客气的请求的祈使句,句末用升调:

③表示恳切的请求,或责备或表示关心的急切警告时用降升调,第一个重读音节用降调,句末用升调。

(9)问候、告别、道谢与道歉时的语调

①问候:正常、客气的问候用降调;熟人、朋友互相问候时,或表示活泼、热情时用升调。

②告别:大部分的告别都用升调。

③道谢:正常的感谢用降调;比较随和的感谢用升调。

④道歉:道歉一般用升调或先降后升。

(9)语调进阶

语调与说话人所表达的意思、态度、感情有很大的关系。与汉语相似,同一个句子,如果用不同的语气说出来,就会表达出不同的意思。需要我们慢慢学习与积累。

(10)长句的语调

①列举并列的几项事物时,前面的事物用升调,后面的事物用降调。

②句首状语一般为升调。

③主语比较长或为主语从句时,用升调。

④并列句的两个部分意思联系紧密,前一个分句用升调,后一个分句用降调。

⑤并列句的两个部分联系不紧密,或具有同等重要性时,两个分句都用降调。

以上几项为英语学习的几项基本技能,是为后续英语学习打基础的必备知识要素,需要在这几个阶段用心学习。只有在这几个阶段打好了基础,才能使后续的学习更加得心应手。

(四)阅读技能

阅读技能是言语技能的一种,也是控制和调节阅读活动的心智活动方式之一。阅读技能是在阅读活动过程中形成和发展起来的,主要包括理解主题和中心思想的能力;辨认关键细节的能力;区分事实和看法的能力;推论和做结论的能力;略读以获取文章大意的能力;快读以查找特定信息的能力;利用上下文线索猜测生词或短语的含义的能力;理解句子内部关系的能力;参阅附加信息技能的能力。

而概括来说,阅读技能就是根据一定目的寻找、选择必读材料的技能,使用工具书的技能,根据不同目的选择并熟练运用适当阅读方式的技能,边阅读、边思考、边做笔记的技能,等等。阅读技能是现代阅读教学的重要内容,在训练时应遵循由易到难、由浅入深、循序渐进的原则,有计划地逐项进行。

要训练阅读技能,需要从几方面入手:

第一,采取科学记忆方法,扩大生词的词汇量。掌握大量词汇尤其是生词词汇是提高英语阅读技能的基础,如果词汇量匮乏,就会对学生阅读英语文章产生极大障碍。按照大纲要求,学生需掌握4200个单词,以及由这些构成的常用词组并具有按照基本构词法识别生词的能力。而掌握词汇绝不能靠死记硬背,必须采取科学记忆方法,扩大生词汇量。如可利用同根词扩大词汇量。在所有构法中,缀合法是构词能力最强的一种,它英语扩展词汇的重要途径。因此,可充分利用构词法通过添加前缀、后缀,交叉合成等手段使学生产生联想记忆。还可利用合成词的方法扩大词汇量。合成词是指把两个或两个以上的独立词合在一起构用新词的方法。

第二,要培养自己正确的阅读方法。使用正确的阅读方法往往能使我们的阅读达到事半功倍的效果。在联系阅读时,大致可以采用三种方法:第一种为略读法,即在阅读时,可以略去一些材料不读,如果感到自己已经掌握了文章的主旨大意,完全可以省略其他内容。略读的应用范围很广,包括阅读教科书、考试用书、课外书籍和报刊等,同时还是精读的必要准备环节;第二种方法为查读法,这种方法是为查找某一特定信息而进行的阅读,速度比略读还要快,而且目的性强。一旦找到答案,就会立即停止阅读;第三种为研读法:也叫精读法,主要用于学习和研究,这种方法对学生阅读能力的提升帮助极大,通过这种方法,可以对语法、文章结构等有详细、全面的认识,也能使写作能力进一步提升。但这种方法耗时费力,不适合在考试当中使用。

第三,熟悉了阅读方法,还要掌握正确的阅读技巧。一般的阅读技巧有三种,第一种是略读,即快速浏览文章并在短时间内掌握文章大意,并找出主旨句,进而掌握文章的中心思想;第二种是跳读,跳读的目的是快速定位文章中某些特定的信息,如时间、地点、人物、数字等细节;第三种是细读,运用此种方法阅读文章,要对文章的关键词句仔细推敲,不仅要理解其字面意思,还要通过推理和判断理解其内在含义。而对于含义深刻的长句,还要对其进行语法分析,理解其含义,同时理顺文章的内在关系,对文章结构进行深入理解。

第四,要加强对语言文化背景知识的学习。任何一种语言的学习都不是孤立的,都要了解相关的语言文化背景,英语也是。如果没有相关的背景文化做支撑,对于部分英语句子的理解将出现偏差,影响对整句话乃至整篇文章的理解。因此,要加强对与语言相关的人物历史、科普常识、文化习俗等相关知识的学习,这样才能加强对相关语句以及文章的理解。

第五,增强英语思维能力。在学习英语时,不能以自己固有的思维方式去理解,要学会用西方的思维方式来分析词语、句子以及其内在联系。这样才能从整体上把握文章的篇章结构,找出主旨句,理解文章的中心思想,提高语言分析能力。

(五)写作技能

写作能力是对自己的积累进行选择、提取、加工、改造的能力。英语的写作包括句子写作、段落写作、篇章写作。

要想练好英语写作,需从几个方面入手:

第一,要扩大词汇量。和汉语类似,词汇是英语写作的基础,只有在掌握丰富的词汇量的前提下,才能使写出的文章有血有肉。

通过扩大词汇量,建立起单词与词组写作的基础,为下一步进行句子扩展做出良好的准备。

第二,进行扩句练习。在能够书写单词与词组的基础上,将词与词组联结成语义连贯、结构完整的句子。在进行扩句练习时,首先要掌握不同的句型的结构、用法以及使用中的注意事项,然后就要开始进行扩展句子的联系了。

练习的内容包括:句型转换、对语言错误的分析,以及英汉互译。学生可以针对一些常用句型进行形式多样的训练,学习一些句型转换的方法,如同义词替换、从句转换等。通过句型转换的训练,并把课堂练习与课后练习结合起来,来培养扩展句子的能力,也能提高他们的综合能力;对语言错误进行分析,在完成扩写之后,要对完成的句子进行分析,发现句中存在的错误以及产生错误的原因,摆脱母语及其他因素对外语学习的干扰,逐步向目的语靠拢,写出规范的句子来;此外,还可以通过英汉互译用已学的单词造句,不仅巩固了词汇和语法知识,而且也训练了多种不同的句式。

第三,将句子连成文章。在拥有了一定的词汇量,并能够顺畅地完成扩句后,下一步就要将句子连成完整的文章了。将句子连成文章,学生首先要理清句子在文中所起的作用以及句与句之间的关系,掌握段落的主旨句、扩展句和结尾句的不同特点,从而引导他们在写作时合理组织文章结构。还可通过阅读其他相关文章积累材料。

(六)翻译技能

翻译就是运用一种语言把另一种语言所表达的思想内容准确而完整地重新表达出来的语言活动。

相对于听、说、读来说,翻译更有难度,它需要译者能够应用英汉两种语言进行熟练的转换。所以,翻译不仅仅是译者英语水平的体现,还体现了其语文水平。在互译的过程当中,有一点原则需要注意,即无论是汉译英还是英译汉,都要做到信达雅。这和中国的古汉语译为现代汉语是一个道理。信,指的是要翻译要准确,所表达的意思要清楚;达,指的是翻译要通顺流畅;雅,则指的是翻译的问题要优美生动。另外,翻译还包括口头翻译。这就对译者提出了更高的要求,不仅要有很强大的翻译能力,还要很机敏,反应迅速。

想要提高翻译能力,首先要熟练掌握好汉英语言。只有熟悉了两种语言的区别与联系,才能做到自由转换。其次也要加强训练,可以先翻译片段,然后翻译文章。在平时的对话中,学生也可以练习用英语进行交流,这也是一种翻译能力的体现。最后可以尝试模仿名家翻译,通过模仿,总结翻译的方法。还有一点需要注意,在进行翻译时,要做到不断修改,学会意译,而不是直译,使翻译更具美感,做到"雅"的要求。

二、文化教学

语言是文化的载体,是文化的主要表现形式。语言是社会民族文化的一个组成部分,是随着民族的发展而发展的。不同民族有着不同的文化历史背景与风俗习惯,而各民族的文化和社会风俗又都蕴含在该民族的语言之中。语言离不开文化,文化依靠语言,英语教学也是语言教学,自然而然离不开文化教育。

在文化学习的过程当中还涉及跨文化交际。跨文化交际需要有跨文化意识,跨文化意识是指对异国文化与本国文化之间异同的敏感度,以及在使用外语时根据目标语包含的文化内涵来调整自己的语言理解与产生的自觉性。试想一个学生能说一口流利的外语却因中西方的文化差异而出现语言用法的失误,进而导致双方出现误解。这种误解会给他的社会交际带来许多不必要的麻烦。因此,在外语学习中,学生要大量接触并学习其文化背景,培养学生的文化意识,在跨文化交际中充分发挥语言交际的功能,从而达到交际的目的。文化学习的内容包括称呼语、感谢与答谢、赞美、隐私、介绍、词汇的文化内涵等。

对文化的学习,培养文化意识,使自己能主动地、自觉地吸收并融入新的文化环境中,可以从两方面入手:

第一,尝试将中西的文化差异进行比较,比较将中西文化在称呼、招呼语、感谢、谦虚、赞扬、表示关心、谈话题材和价值观念等方面的差异,从而自然而然地渗透到英语教学中。

第二,利用多种方式吸收和体验异国文化。如可以收集一些英语国家的物品和图片,了解外国历史文化与风土人情;运用英语电影、录像等创造语言环境,使自己对英语的实际应用有切身的体验;阅读与外国文化相关的简易读本、名著,增加对英语文化的了解,创设形式多样的语言环境,加深对文化知识的实际运用。

第二节 高校英语教学策略

教学策略是指教师为达到预期教学目的、促进学生有效学习、实现教学有效性所采取的教学行动或教学行为。以往的高校英语课程教学策略与中学的教学策略大同小异,都是教师主导,学生被动接受的传统模式。此种教学策略带来的后果是学生学习的主动性与积极性难以被调动起来,教学效果不尽人意。而根据新的高校英语课程体系改革的要求,高校英语教学必须彻底摆脱此种陈旧的教学策略,要精心研究探讨高校英语新的有效的教学策略。从教师的角度来说,必须以现代教育理念替代传统的教学理念,用新知取代旧识,指导其教育教学活动。从教师自身来说,教师要通过不断的学习,全方位的提高自身的教育教学相关能力,并能够在教育教学的过程中进行反思,在改进中反思,在反思中改进,进而提升自己的整体能力。从师生关系来说,在教育教学活动中,要从以教师为本转变为以学生为本,在关心学生的进步和发展的同时,还要关注教学效益和教学效果的提高。对教师来说,整体上要掌握两大策略:

一、要更新理念,用新的现代的教育理念来指导英语教育教学活动

要更新理念,用现代教育理念来武装自己的头脑,新的教育理念主要包括创新教育理念,以学生为本的教育理念,全面发展的教育理念,强调学生主体性、个性化的教育理念以及开放性的教育理念。高校英语教师要与时俱进,用新的现代的教育理念来指导自己的教育教学活动,从而实现教师角色的根本转变。在教学中,要从以教师为主体转变为以学生为主体的教育教学方式,教师要由知识的讲授者逐步变为学生学习行为的引导者和评估者,在教育教学的过程中以学生为本,重视学生的共性与个性,关注学生在英语学习中的现实需要和未来发展需要,挖掘学生潜能,给学生展现自己的机遇和空间,使学生在英语基础知识、英语交际能力等方面获得均衡的发展,从而提高学生的英语综合能力,最终实现教学目的。此外,在教师的教育教学过程中运用多媒体等多种现代教育手段和教育模式提升教学质量与效果。

二、在实践中不断提升自身的综合教学能力

高校英语教师的综合教学能力最对最终的教学效果有着直接的影响。因此,教师应通过不断提升自己的综合教学能力,尤其是英语专业知识和多媒体应用知识,才能使自己的教学活动开展得游刃有余。另外,在进行英语教学时,不仅仅要教会学生如何通过各类考试,更重要的是教会学生如何使用英语进行听说读写,如何能够进行流畅的交流。这些更高的要求也要求教师要不断提升自身的综合教学能力,并想方设法在教育教学中为学生创设语言交际环境,使学生的英语知识在实际应用中得以巩固和实践,真正做到学以致用。

细化到课堂教学中,则分为四大方面:

(一)学生之间的合作学习策略

具体做法为教师将学生分为若干小组,再给每个小组安排一个需要完成的问题,小组中的学生通过相互间的合作与质疑,最后获得小组成绩。这种合作学习的策略可以为学生创设语言环境,帮助学生在团队氛围中学会互相学习,互相进步。

(二)口头表达策略

通过口头表述,让每个学生都有机会表现自己,同时可以锻炼口语表达能力。最终的实践结果证明,在英语教学中实行口头表达这一教学策略可以提高学生的综合应用英语的能力,特别是听说能力。

(三)增加教学活动中的师生互动策略

在教学过程中,教师要尝试增加教学活动中的师生互动。如教师可以提出问题请学生表达自己的观点,根据学生的观点再提出新问题,学生也可向教师提出问题,就某一问题共同探讨。这样的策略有助于调动学生的积极性和主动性,活跃课堂气氛。

(四)传统教学与网络学习相结合的策略

在传统的高校英语教学中,学生进行的是集体化的学习活动,这一做法有助于培养学生的集体主义观念。而通过网络进行学习,学生可以根据自己的实际情况自由选择学习时间,享有最优的资源,学到更多的知识。所以在高校英语教学中,一方面要引导学生利用多媒体与网络学习进行自主学习,另一方面也要重视教师面授、学生间直接讨论。

第三节 高校英语教学反馈

一、高校英语教学中常出现的问题

(一)学生自身对英语学科的兴趣降低

在大学学习的过程中,无论是英语专业的学生还是非英语专业的学生,都有花费一定的乃至大量的精力进行学习。但是目前大多数高校的英语教学都还在沿袭中学的教学方法,这就导致学生对英语学科的兴趣降低。

（二）外语教学模式陈旧

在多数的高校英语教学中,我们看到其模式与中学的英语教学无异,都是教师进行讲解,学生被动听讲,课堂气氛沉闷死板,师生缺乏互动。而且课堂人数众多,无法对学生进行针对性教学。

（三）英语教学中功利性太强

对学生来说,在大学期间学习英语的目的大多是为了完成学分,通过四、六级考试,拿毕业证书。因为有这样的目的存在,导致学生不能正视学习英语的真实目的,培养出的也是只会考试,却不会应用的学生。

加上外语教师的质量参差不齐,方言的影响等,导致学生对英语课的满意度不高。

二、产生此问题的原因

细究产生此问题的原因,需要从学生与教师两个方面来分析：

从学生角度来说,学生的英语基础与学习能力差异大。此外,学生学习的动机不同也会影响其学习英语的效果,带着过于功利的目的学习英语,必然要导致最终的学习效果只是得到了分数,而没有获得能力。

从教师的角度来讲,课堂教学方式过于传统,还停留在过去的应试教育中"填鸭式"的教学方式。这种教学方式无法充分调动学生学习的积极性,没有给学生提高能力与实践的机会。长此以往,学生兴趣不在,教学效果自然不尽人意。

三、解决问题的方法与对策

发现了问题,找到了原因,后续就该考虑如何解决问题：

第一,教师要帮助学生转变学习态度,明确学习英语的真正目的。培养良好的学习习惯,掌握科学合理的学习方法,帮助学生了解学习英语的要求和步骤,科学管理学习时间,学会有效自学。

第二,教师要更新教学理念,提高课堂效率与质量。在课堂教学中,教师要摒弃固有的以教师为主的教学理念与方式,重新树立以学生为主的教学理念,明确学生在教学中的主导地位,调动学生的积极性和主观能动性。因材施教,对学生的进步给予鼓励与表扬。而对于学生在学习当中遇到的问题,教师也要及时进行指导,帮助学生找出问题的症结,引导学生走上正确的学习轨道。此外,教师还应尝试创设语言环境,给学生学习英语提供更大的便利条件。

第三,做到及时反馈。课堂教学活动中往往会传达出很多信息,教师就需要对这些信息及时做出反馈。根据反馈的内容发现自己在教学过程中,以及学生在学习过程中出现的问题,及时改进,找出适合自己、适合学生的教育教学方法。此外,还可通过对作业与测验结果的总结,了解教学情况与学生的学习情况,从整体上做出真实、可观与实际的教学评估。

四、高校英语教学中师生互评反馈策略

师生互评反馈是高校英语教学过程中必不可少的环节。互评是指参与评价的双方既

是评价主体又是评价对象,依据设定的内容和标准对对方进行价值判断。反馈是指将评价的优点、建议或不足之处进行反应,达到完善的目的。本文所涉及的师生互评反馈合二为一,更侧重反馈,其中,教师反馈是指教师有针对性地对学生在课堂上的言语所做出的反应,它包括对学生课堂表现的评价以及对学习规划的建议;学生反馈则是依据一定的标准对教师的教学水平、教学方法和教学态度等进行评判。

师生互评反馈的核心是引发心与心的交汇与共鸣,提高教学与学习效果,达到教学相长。

(一)教师反馈策略

教师话语影响学生的内部学习动机和长时记忆的形成与重构,进而影响学业成绩。典型的反馈模式是:教师提出问题—学生给出回答—教师给予反馈,如此循环往复,然而不同的提问和反馈类型会在很大程度上决定学生的学习质量。

1. 教师反馈语的分类

反馈分为两种,一种是积极反馈,另一种是消极反馈。积极反馈指教师所表现出的接受、允许、赞赏、鼓励和支持;消极反馈也叫修正性反馈,主要指直接改正学生的错误、打断、不赞成和批评等。之后学者进一步将消极反馈划分为直接反馈和间接反馈。之后,学者们又从不同层面把反馈分类,这充分显示了反馈的多样性和复杂性。教师反馈语分为两种基本形式,即言语形式反馈和非言语形式反馈。言语形式的反馈又分为积极肯定型,积极否定型,消极肯定型和消极否定型四类。

2. 关于教师反馈语的讨论

教师反馈语是教师话语中极其重要的组成部分,它不仅是对学生话语的应答与评判,更在课堂互动、学习动机、语言输入与输出等方面发挥重要作用。

(1)过度使用表扬策略

高校英语教师普遍过度使用表扬策略,较少使用修正和纠错策略。有时即使在学生回答得不怎么样的情况下,教师也为了鼓励学生的积极性,使用表扬策略。而学生对反馈语的偏好数据表明,大部分学生认为教师的及时纠错能够帮助自己正确学习语言,例如使用批评策略当中的先抑后扬或先扬后抑策略,既肯定学生的部分表现,又提出可进步的方向和空间,维护了说话人的"面子",接受度较高。表扬重质,不重量,太宽泛或机械的表扬对学生还会产生消极的影响。如果学生知道不管回答的好坏,每位同学都会收到相同或相似的表扬,那么表扬也就失去了意义。

(2)过度使用重复策略

即教师重复学生的回答,仅次于表扬策略。重复可以表示赞同,也可能是学生回答问题声音较小,教师帮忙重复,为的是让全班同学听到,但这样很占用课堂时间,也使得学生们养成一个不好的习惯:小声回答问题,并且不认真听其他同学的回答,反正教师会大声地重复。此时,教师可采取 Jim Scrivener 的做法:①叫学生起来回答问题前先让学生两两或小组讨论,以便学生有充分时间准备;②学生越是小声回答问题,教师越是站在离他远的地方,并用手放在耳朵上,做出认真倾听状,"逼迫"学生大声回答;③该学生回答完问题后,可随机挑其他同学复述刚才那位同学的内容,养成认真听同伴回答的习惯,如"××,What did he/she say just now?","Do you agree with him/her?"。

（3）反馈缺乏多样性

在教师使用次数最多的表扬策略里，"good" "very good" "great"等词出现频率最高。教师始终鼓励学生在课堂上使用丰富且生动的表达，而自己却在一成不变地使用重复的几个词来违反这个原则，这既不利于学生的语言输入，也使得学生厌倦了枯燥的肯定。可使用"excellent" "brilliant" "wonderful" "fantastic" "beautiful" "lovely" "good job" "marvelous" "incredible" "perfect" "surprising performance"，"That's perfectly right"等词来增加丰富性，学生既可以从老师的情绪和语调当中感受到这些表达的层次，又有利于他们自身习得这些语言。教师除了大量使用表扬和重复策略，其他反馈策略普遍使用频率较低，如"追问"和"诱出答案"策略，分别占10.2%和4.5%，而这两种策略可为学生创造机会表达更多想法。在教学过程中，应使用多种反馈策略，培养大学生深度思考的习惯。

（4）反馈缺乏针对性

很多情况下，为了节省时间，教师们通常给出笼统而简短的反馈。在本研究中，有针对性的评价只占到了11.3%。实际上反馈可以针对不同的维度，如学生的成绩、努力程度、态度、进步或课堂表现等。在英语课堂上，更是可以就学生的语音、语调、词汇、句子、逻辑、思想等方面进行评价。在这方面，外国的英语教师很擅长给学生有针对性的评价，如"I like your choice of words"，"That's an interesting point"，"Your intonation is very impressive"，"It's a good example"，"You made progress inpronunciation"，"You're really great because you try to use the words we just learned"等，学生能感觉到教师对于他们不同个体和表现的关注，从而受到鼓舞。

（5）反馈语的语气

无论是什么类型的反馈，教师的说话语气和表情都至关重要。通过对学生的访谈得知，教师平和的语气、眼神关注和微笑能缓解紧张气氛。当答错问题或回答不出时，多数学生喜欢教师能够和颜悦色地说一些鼓励安慰的话来帮助他们克服心理障碍，并引导他们修正错误。学生也更喜欢教师以"开玩笑"的语气来进行否定型反馈，如"There were little issues. They're grammar issues I think, but you're so handsome, obviously, so congrats on that."用幽默的语言来暗示不足，可使说话者与听话者双方从容地摆脱尴尬和窘境，达到"湖光秋月两相和"的批评效果。

（二）学生反馈策略

在高校英语教师不断更新教学理念，创新教学技能，提升研究能力和提高职业素养的专业发展过程中，教学反思是进行循环实践的最有效方式。反思主要有两种途径，一种是自我反思，另一种是别人反馈，从而进行反思调整，而通常最直接有效的反馈往往来自教学的受众——学生。

高校英语教师教学自我反思过程水平总体一般。从现实来讲，学生也少有向教师反馈问题的机会，有的大学组织期中学生座谈，期末让学生在网上评教，但这存在时间周期长，指标太泛泛，教师间接获得反馈等缺点。因此，本文从实践经验出发，探索组织多种简便易行的学生反馈方法，提倡学生从教学内容、教学形式、教学方法、教学活动、教学效果和评价体系等方面进行反馈，以期为高校英语教师专业发展提供一定的参考，如灵活使用"小组长"就是一条有效的途径。

1. 利用小组长汇报来反馈

无论教师面对的是大班还是小班,都可将班级按4~6人分组,每组选定一个小组长,每隔一定时间轮流当组长,其职能可以很丰富,包括每一周或两周统计组员的反馈,例如作业的难度和遇到的问题,教学的优点和建议等,之后与教师面对面交流。当学生在课下获得与教师轻松、自由交谈的机会时,他们一般都会坦诚地与教师沟通,有利于师生共同解决问题。

2. 用"Question Cards"获得即时反馈

教师在课前或一次课的最后几分钟给每一小组发问题卡,上面打印的问题可以是上节课的内容,用于检测学生复习情况;也可以是本节课的主要活动或内容,用于获得课后即时反馈。由小组长负责问问题,每个组员回答,小组长记录每个问题的回答情况,之后给教师反映,以便教师就课程内容和活动做出及时调整。

3. 灵活使用反馈表格或问卷调查表

教师可自制一个反馈表格,每单元完结之后发给每小组一张,调查学生对此单元呈现出的教学活动的喜好,单词、句型、课文框架等掌握情况和建议,由小组长负责组织组员讨论,真实反映。也可利用目前研究常用的"问卷星"网络调查平台,其优势在于可在网上建立问卷,通过微信群或者QQ群等链接发放问卷,收集每人的评教反馈信息,并自动生成数值分析。

4. 学生记反思日记来反映教学状况

教师让学生记反思日记,围绕教学方法,课堂上最有趣有效的活动,教师反馈后自己的心理感受以及AB级或四六级考试的结果与分析等,教师定期收上来,既发现学生的进步和依然存在的问题,又了解自己的教学效果,并根据学生心理状态和学习需求调整对不同学生的反馈方式。

5. 匿名小纸条传递真情实感

此种方法的优势在于迅速涵盖全班学生,并且学生可以无所顾忌地写出真实想法。学期初可让学生匿名写下对这门课的期待、学习动机和希望达到的效果等,方便教师有所侧重;学期中可涉及学生对课程的满意度及建议;学期末可涵盖学生对教师的评价,这门课的学习收获,以及对改进教学的建议。此方法也类同于在教室墙上挂"学生反馈意见本",方便学生随时把疑难问题和要求,匿名写在意见本上。教师课后阅读学生意见,及时在下次课上给予反馈。

6. 微信获取反馈方便快捷

教师可创建个人微信公众号传授教学相关知识,也可以利用其让全体学生的意见和建议都留言给后台的教师个人看,以便教师对教学的内容和方法做适当的调整和改进,更好地满足学生的学习需求。这种评教方式也简化和便捷了师生之间的互动交流。

(三)利用学生反馈进行反思

教学实验证明,在高校英语教学中利用学生反馈进行反思教学能够极大地促进教师的自我提高,有助于高校英语教学的改进,具体体现在以下方面。

1. 更好地分析学生需求,改进教学

越来越多的学生认为经过高校英语课程的学习后,英语水平与高中相比并没有显著提高,甚至有些学生认为英语水平有所下降。因此,通过学生反馈了解学习动机、学习需求、学习策略、学习欠缺、偏好的教学方法和教学模式等信息就至关重要,教师通过分析并改进,在大纲范围内充分定制整个一学期和每节课的教学计划,有利于提高高校英语的学习效率。

2. 优化课堂管理,融洽师生关系

教师要充分发挥学生的力量来管理课堂,当学生看到自己的意见被采纳,意识到自己已经参与到班级管理中,并能对教学环境有所改变时,自我效能感会明显增加,也使课堂教学在限定时间内达到最佳效果。此外,教师积极获取学生反馈并做出适当的调整,有利于建立友好、和谐的师生关系,营造轻松、愉快的课堂氛围。

3. 促进学生自主学习

教师充分考虑学生需求,传授学生恰当的学习策略,采用灵活教学方法,设计学生愿意积极参与的英语实践活动,有利于学生学会对自己的学习负责,充分发挥主观能动性。总之,反馈过程是课堂交际、师生互动的有机组成部分。要保证反馈的有效性,教师需保证反馈及时、准确、有针对性和互动性,并在课前、课中反复思考和操练不同的反馈策略;学生是教学的主体对象,大多数学生的评价反馈也真实客观地反映了教师教学中的优点与问题,深深影响着教师的教学反思和改进。当教师反馈与学生反馈互生共长、良性循环的时候,也就促进了教学相长,有力推动高校英语教学质量的提高。

第四章　高校英语教学的方法

第一节　高校英语传统教学法

一、语法翻译教学法

语法翻译法的心理学基础是18世纪形成于德国的官能心理学(faculty psychology)。官能心理学认为,各种官能(如记忆力、理解力等)可以相互分离,单独地加以训练和培养。背诵无意义的复杂的语言形式能发展记忆能力,进行繁杂的语法训练可以发展心智因此,语法翻译法主张在外语教学中要通过死记硬背语法知识来发展学生的思维能力,磨炼学生的意志。

语法翻译法的教学目标是教会学生阅读和欣赏经典著作,通过对目的语的语法分析和翻译来更好地了解本族语-教材围绕着语法知识进行组织和编写,每一单元包括一个外语篇章、双语对照生词表、用本族语解释课文中出现的语法知识点、练习(翻译或关于语法知识点的问答题)。课堂上,教师利用大量时间讲解语法,偶尔点学生做下翻译练习、大声朗读课文并解释所读内容。掌握口语不是外语学习的目标,口语练习仅限于大声朗读单词、句子或段落。翻译练习的句子是为了体现语法规则而生造的,与真实的交际毫无关系。

语法翻译法的主要特点有以下几个方面。

(一)重视语法教学

学生先学习和每一单元的课文相关的语法规则,背诵双语对照的单词表。语法教学采用演绎法,大量而细致地讲解语法规则,然后在阅读和翻译练习中理解、运用、巩固规则。

(二)重视语言对比

教学过程中,对目的语和本族语进行词汇、语法、结构等方面的比较。外语教学的目的是实现两种语言之间的转换,必要的时候可借助词典。翻译是检验学生掌握规则和阅读能力的主要手段。翻译做得好,就表明学生掌握了外语。

(三)重读写,轻听说

语法翻译法把口语和书面语分离开来,认为外语学习的目标是阅读经典,开发心智,所以"读写"能力是教学的主要内容,重视阅读能力的培养,忽视听说能力的训练和语言技能的培养.

(四)充分利用本族语

教师用本族语组织教学,用本族语讲解语法规则,课堂上的主要活动是语法规则的系统讲解和课文句子的翻译。

由上述特点可以看出,语法翻译法的教学效果往往不能令人满意:学生虽然经过多年严格的语法翻译训练,在实际交流中却听不懂最简单的对话。这种教学法由于其过多地依靠本族语,忽视听说能力的培养,忽视学生的认知情感等因素,练习形式比较单一,课堂教学气氛沉闷等缺点,在现代语言教学史上受到诸多新思潮、新流派的批判。

几乎所有的外语教学研究者都批评过语法翻译法,他们深信一定会有更好的方法来教授外语。然而,语法翻译法经受住了近代外语教学改革的冲击,至今仍有广阔的市场。一种教学法能够延续几百年,说明它有诸多的合理性。语法翻译法重视学生的智力因素,重视培养阅读和翻译能力。事实证明,翻译教学法培养出了大批具备阅读和翻译能力的人才。在以培养阅读能力为首要教学目的的情况下,它不失为一种最佳的方法。语法翻译法之所以有着较强的生命力,主要得益于它简便易行和适应性强的优势。第一,目标语不流利的教师也可进行大班教学。语法翻译法对教师的外语水平、组织教学的能力、备课授课的负担、教学设备、班级编制等方面的要求较低。因此,在师资和教学设备较差、班级规模大、教师工作量较大或积极性较差的条件下,语法翻译法往往受到青睐。第二,有助于学生的自学。语法翻译教学法理念指导下编写的教材可供学生课外自学使用,从入门到高阶,各种水平的学生均可找到适合自己的材料进行阅读和练习。第三,可以适应不断变化的语言学与心理学理论。语法翻译法中对语法的讲授是顺应时代的发展的,无论是布龙菲尔德的结构主义语言学还是乔姆斯基的心灵主义语言学,他们对语法的研究都可以成为教学的内容。第四,语法翻译法在实践中不断改进。早期的语法翻译法过分强调对语言形式的学习,对词汇有所忽略,不利于学生阅读课文、理解课文后来法国和英国的教育家们提出"词汇翻译法",重视词汇的翻译,对学生掌握词义、理解语言材料的意义有较大的帮助。德国有学者提出"翻译比较法",主张通过对比翻译的实践来理解语言材料的内容,开始关注本族语和目的语的差异以及学生对目的语的掌握,20世纪的语法翻译法被称为"近代翻译法"。近代翻译法具有以下几个特点:在教学中注重语音、语法、词汇相结合,以语法为主线;重视阅读能力和翻译能力的培养,兼顾听说训练;以本族语为中介,翻译既是教学手段,又是教学目的。

在语言教学理论的影响以及自身的不断调整下,当代的语法翻译法有了很大的发展,不再完全以语法规则为中心,教学活动也开始关注交际能力的培养。语法翻译法简便易行和适应性强的优势使它在外语教学史上一直没有完全被摒弃,可以说,新的教学方法发展了语法翻译法,吸取了其中的有益部分,弥补了其不足之处。

二、直接教学法

直接法强调模仿,广泛采用手势、表情、动作、实物等直观手段,充分调动学生的听觉、视觉等感官,助于记忆。

直接法强调外语教学要依照学生习得母语的"听、说、读、写"的顺序;通过视听、模仿、手势、图片等直观方式讲授语义;不讲解语法,而是等到学生对外语有一定的感性知识之后再用归纳的方法教语法规则、句型结构-直接法利用直观手段,用外语教外语,采用归纳法等正是对夸美纽斯所提出的教学原则的具体化。

《韦氏英语大辞典》将直接法定义为:是教授外语,特别是现代外语的一种方法,它通过外语本身进行的会话、交流和阅读来教外语,而不用学生的母语,不用翻译,也不用形式语法(第一批词通过指示实物、图画或演示动作等办法来教)。直接法主张把目的语和它所表达的事物直接联系起来,不借助学生的母语,直接学习、直接理解、直接运用目的语。它有以下几个特点:

①重视口语教学和语音训练,强调模仿;直接法以培养口语能力为主要目标,强调纯正自然的语音语调,以句子为单位,主要采用问答的方式教学。直接法认为语言是一种习惯,习惯的养成在于多模仿、多练习。

②用归纳法教语法。初级阶段不进行系统的语法教学,而是在学生掌握大量的实际语言材料之后,引导其归纳、总结语法规则在高级阶段需要讲解语法时,使用目的语教授。

③尽量避免使用母语和翻译。采用动作、情境、实物、图画等直观手段来代替母语的释义功能,以建立意义与形式间的"直接"联系。阅读目标的实现也是基于对语篇的直接理解,使外语与思维直接产生联系,而不借助词典或翻译。

④关注目的语文化,直接法要求教师在课堂上创设生动有趣的情境为学生提供了解和使用目的语的机会,教学使用的图画通常也是围绕目的语国家日常生活涉及的口语活动情境所精心设计。

直接法强调不以本族语为中介,直接学习目的语,主张用教儿童学习本族语的方式学习外语,注重在实践中培养语言习惯,重视语音和口语教学,利用直观教具等。这些特点有利于激发学生的学习兴趣,能有效地培养学生的听说能力,以及用外语思维、记忆、表达的习惯。然而,直接法在处理本族语与外语、口语与书面语等关系上存在着简单化、片面化的倾向。它过分强调了学生学习外语和儿童学习母语之间的共性,将外语学习等同于母语学习,在外语教学中照搬儿童学习母语的方法。母语习得和外语学习是存在着差异的。儿童在习得母语时,只具备先天的语言习得能力。而外语学生在学习外语时,已经具有母语知识、世界知识和互动技能就习得过程而言,母语习得基本上是儿童认知逐渐成熟的过程,而外语学习却是母语能力迁移的过程。因此,忽略二者之间的差异是不符合客观规律的。直接法的缺点还在于没有认识到本族语的作用,在外语教学中一味排斥本族语的使用,给教学带来不必要的困难。为了避免使用本族语,对于一些用本族语可以"一语道破"的词语,教师却要费尽心思地用目的语去进行冗长复杂的解释。直接法不对语法进行直接明晰的解释,会导致学生缺乏目的语的必要知识,难以认识到语言使用中的错误,而造成过早地"石化"。直接法要求教师具备娴熟流利的外语水平或者是本族语者,直接法重视口语练习,适合小班上课,大多数公立学校都很难满足这些要求。

随着20世纪40年代"听说法"的出现,直接法渐渐淡出外语教学法的历史舞台。相对于语法翻译法,直接法主张教授"活"的语言,突出了外语教学的本质、直接法与语法翻译法的对立奠定了外语教学的传统,此后的外语教学法大多是在二者的基础上改进形成的,或偏向阅读,或偏向口语交际,依其教学目的和培养目标而变化可以说,直接法是外语教学史上的一大进步,它对后世的外语教学产生了深远的影响,为后来产生的听说法、视听法、交际法等现代教学法的发展打下了基础。有的外语教学法则直接吸取了直接法的某些核心理念,如20世纪六七十年代出现的全身反应法和自然法。

三、听说教学法

听说法(The Audiolingual Method)是以口语为中心、以句型或结构为纲要,重视语音语调,强调模仿,着重培养听说能力的外语教学法体系,也被称为"陆军法"(Army Method)、"口语法"(The Oral Approach)、"结构法/句型法"(The Stnactural Approach)。

听说法的语言学基础是结构主义语言学(Structural Linguistics),也称作描写语言学(Descriptive Linguistics)。美国当时一些著名的语言学家,最初是研究印第安人文化的人类学家。要研究印第安人文化,首先必须了解他们的语言。在对印第安语的记录和研究的过程中,美国结构主义语言学形成了自身的不同于欧洲语言学研究范式的描写传统。结构主义语言学强调口语的第一性,把语言看作一个由各种小的语言单位根据语法规则组合起来的结构系统。他们把千变万化的言语分析归纳出有限的句型结构,认为扩展、替换和掌握有限的句型结构就能掌握运用外语的能力。以布龙菲尔德为首的美国结构主义语言学家提出了新的语言教学原则:①语言是口语,而不是文字;②语言是一套习惯;③教语言,而不是教语言知识;④语言是本族语使用者说的话,而不是某人认为应该怎样说的话;⑤语言各不相同。

听说法的教学目标是培养学生具备本族语者的语言能力,让学生最终学会"不自觉地"运用所学新语言。这一教学法认为口语是语言的基础而结构是培养说话能力的核心。学生在设定的情景中操练所呈现的语言结构,更易形成目的语的说话习惯,掌握语言的实质。其主要特点如下:

①听说领先,读写跟上。听说法把听说能力的培养当作外语教学的主要目标和培养读写能力的基础,严格按照听—说—读—写的次序进行教学。先学习听说,然后"读写"已经会"听说"的内容。

②反复操练,形成习惯。结构主义语言学家认为语言是一套习惯。外语学习是行为习惯的形成过程,良好的习惯形成于正确的反应,要靠持久的模仿、记忆和反复练习。在操练过程中强调及时纠错:

③以句型为中心。结构主义语言学家把语言看作一个由各种小的语言单位根据语法规则组合起来的结构系统,而句型是最基本的结构句型教学主要通过外语与母语句子结构对比,根据由易到难的顺序进行安排,以突出句型的重点和难点。

④限制使用母语。既然语言是一套习惯,那么就应当把宝贵的时间全部运用于外语的模仿、记忆与操练。因此,在课堂教学中,要尽量不用或少用母语和翻译。

⑤用归纳法教语法。语法教学是手段,不是目的,是为了帮助学生正确地模仿新的语言形式、进行练习和养成语言习惯。语法教学靠归纳性的类推,而不是进行演绎性的解释。类推过程包括归纳和辨别,要在充分操练之后再对语法规则进行简略概要的解释。

⑥重视文化的教学。学生掌握了标准的语音和地道的口语,具备在一定程度上应对目的语国家的日常生活情景的交际能力。

⑦充分利用现代化教学技术和手段。听说法大量使用录音机、录像机、语音室等视听

设备进行句型结构的操练。

⑧教师是课堂的中心。课堂上的语言学习主要通过师生的口头互动进行,而互动的内容则是事先确定的情景对话和句型结构。由于强调口语,听说法非常重视教学参考书和录音材料(尤其在初级阶段),教学往往要严格依照教学参考书所设计的顺序通过录音材料进行。

听说法的教学活动分为两个部分,前一部分是记忆情景对话,后一部分是反复操练情景对话中的句型,在操练过程中强调及时纠错。句型操练是听说法的一个显著特征,操练的方法形式多样,至今仍经常被采用。

听说法是在结构主义语言学和行为主义心理学的影响之下,为适应20世纪五六十年代的美国对外语人才的需要而产生的一种教学法流派。它一方面是对语法翻译法的革新,另一方面又是对直接法的继承和发展。直接法和听说法的异同如下。

直接法和听说法的相同或相似之处表现在:①都重视口语能力的培养;②都重视利用必要的教学设备和教学手段进行形象化教学;③都重视目的语文化背景的教学;④语法教学都采用归纳法;⑤都强调防止学生在练习过程中出现错误(有的主张直接法的语言学家对学生犯错误有不同看法);⑥听说法的句型操练实际上也是来自直接法。

直接法和听说法的不同之处表现在:①在对待学生母语的态度上,直接法完全排斥母语的使用,而听说法只是限制使用母语,在一定程度上克服了前者的片面性;②听说法强调语言的结构形式,比直接法教学更具系统性;③听说法强调模仿、记忆,在一定程度上忽视了意义的教学,因而在有效培养学生的交际能力方面稍逊于直接法;④听说法强调严格控制词汇量,要求在对目的语和母语进行充分的对比分析的基础上,根据学生的难点选择语言项目和安排语言项目的先后次序,在对教学系统的考虑上比直接法更为成熟;⑤听说法把语言技能分为听、说、读、写四个方面,这在语言学和语言教学上是一大进步,受到了各种教学流派的普遍承认。

听说法是第一个自觉地把语言学和心理学理论作为理论基础的教学法体系。听说法的产生对"听说领先"外语教学理念的传播、对比语言学的发展和应用、教学机器和语言实验室在外语教学中的运用起到了很大的推动作用。句型操练的做法既避免了语法翻译法烦琐的语法分析,又不像直接法那样对教师的外语水平和组织教学的能力有很高的要求,因此能有效地培养学生的听说能力。这种做法得到了广泛的认可,在很长时间内占据着教学法领域的主流地位。

听说法主张通过练习和反复模仿来掌握第二语言,其最大优点是学生对语言听说技巧的直接运用,缺点是对语言的基础知识尤其是语法掌握得不扎实。听说法一度风靡美国,但是它过于强调语言结构的掌握和专注于句型操练,使得学习过程较为枯燥,把听说和读写割裂开来,在教学过程中也不关注学生的不同学习风格,不区分教学对象的不同特点,忽视了学生的创造能力和读写能力,显得有些过于机械化和绝对化,听说法也未能培养出它所承诺的具备本族者语言能力的外语学生。因此,进入20世纪60年代后期,特别是随着乔姆斯基语言学革命对结构主义语言学和行为主义心理学的批判,人们开始关注语言学习的心理过程,听说法也就逐渐走向衰落。

四、视听教学法

视听法(Audio Visual Method)产生于20世纪50年代的法国,由法国圣克卢高等师范学院法语研究所推广形成,又叫"圣克卢法",最初运用于成年人法语第二语言短期速成教学—当时大众传播工具的发展十分迅猛,人们开始在外语教学中广泛借助电教手段,如广播、电影、录像、幻灯和录音等通过运用声光电等现代化设备,把视觉感受和听觉感受相结合,把语言与形象相结合,从而建立起语言与客观事物的直接联系。视听法重视教学过程中语言材料的完整性,也被称为"整体结构法"。视听法吸取了直接法和听说法的优点,并发展了情景视觉感知要素,形成了独特的幻灯情景视觉与同步录音听觉相结合的方法体系。

和听说法一样,视听法的理论基础是结构主义语言学和行为主义心理学。视听法强调培养学生的口语能力,主张外语教学要培养学生听、说、读、写外语的能力,而不是要求他们掌握语音、语法、词汇等知识,视听法把外语教学过程归结为刺激—反应—强化的过程,视听结合的方法比单纯依靠听觉或视觉来理解、记忆和储存的语言材料要多得多。视觉形象为学生提供形象思维的条件,促使学生自然和牢固地掌握外语。听觉形象有助于习得正确的语音、语调、节奏,获得遣词造句的能力。作为在欧洲大陆发展起来的外语教学法,视听法还在一定程度上吸收了格式塔心理学(Gestalt Psychology)的主张,它认为人对语言的认识具有整体性,而且人的视觉、听觉等感知能力也能对刺激形成整体反应,因此,外语教学需要从各个方位向学生展示目的语,从而使学生的感知能力得到整体运用。

视听法具有以下主要特点:

①听说领先,集中强化教学。集中三个月,用250~300课时进行强化教学,以掌握基本的口语能力。在口语基础上培养书面语能力。

②以句型为中心。描写语言句子结构,归纳句型进行教学,是后期视听法教学的重要部分。

③限制使用母语。用外语讲解以培养语感。

④创设情景,进行语境教学。图像、录音视听结合,使所学外语与情景建立直接联系。

⑤重视整体结构的对话教学。完整的对话是视听法教学的基本单位。对话既有利于培养口语能力,又能使课堂变得更生动活泼。

⑥充分利用幻灯、录音等电教设备。

视听法发扬了直接法、听说法的长处,是外语教学手段的一种创新。它改变了原有教学手段的单一性,丰富了教学手段,在教学中广泛使用现代化教学技术设备,使语言与形象紧密结合,在情景中整体感知外语的声音和结构。电化教学的手段直到今天仍然被广泛使用,不断发展的声像技术、多媒体、网络等被运用于外语教学,这是视听法的一大贡献。视听法的不足之处是与它的鲜明特点紧密相连的:过分强调视觉直观作用,忽视对抽象词汇和语法结构的处理和讲解;过分重视语言形式训练,忽视交际能力的培养;过分重视语言整体结构,忽视分析语言的有机构成;过分强调口语,忽视书面语的作用,学生的阅读、写作能力得不到相应的发展。

视听法没有得到广泛的应用,是因为它自身具有的局限性,一方面,它的理论基础跟直接法和听说法相比没有很大变化,因此其主要教学原则也与二者高度一致。除了声像配合教学这一创新点之外,没有更多的建树。另一方面,视听法的教学目的是短期快速地培养成年人外语口语能力,所以它以口语为主,排除母语和目的语文字等。这些做法显然不能适应长期的外语教学理论基础和短期教学目的决定了视听法的成果最终只能作为一种配合外语教学的手段,而没能形成颇具影响的教学法流派。

第二节 高校英语非传统教学法

一、全身反应教学

全身反应法(Total Physical Response,TPR)是一种通过协调语言和身体动作教授外语的教学方法。这种教学法体现出了一定的行为主义心理学的传统观念,强调通过口语刺激引起行动的反应。

全身反应法的主要特点是:

①强调语言必须通过理解获得。听力理解技能是发展口语表达及其他语言技能的基础,对话一类的练习应推迟至听力理解能力具备之后,通常是120个学时之后才开始。

②教学强调语言的意义,而不是语言的形式。关注学生对语言意义的理解和掌握。

③主要教学活动是祈使性听令活动,祈使句中的动词是语言的中心内容。目的语的大多数语法结构和数以百计的词汇项目,都可以通过教师熟练的祈使性指令来习得。

④降低学生的紧张感教师要创设轻松愉快的学习环境,增强学习成效。

⑤课堂活动以教师为主。教师是导演,决定教学内容和教学步骤,学生的任务是听和做,是听众和演员。学生不能控制、左右课堂教学内容。

⑥对待母语的态度,排斥母语,用目的语组织教学活动。

⑦对待错误的态度。教师应当采用父母对待子女的办法,开始时要容忍错误,随着学生程度提高逐渐有限度地纠正错误,切忌纠错过多。

⑧教材。全身反应法往往没有定型的教材,主要依靠教师的声音、行动和手势指挥活动,充分利用教室已有的实物进行教学,在一段时间后,引入图画、其他实物、幻灯、图表等,创设家庭、超市、海滩等情景。

全身反应法的教学目标主要是培养初级口语能力,教学大纲以句子为基础,或者是以语法为基础,词汇则限制在课堂指令可以使用的范围内。教学步骤基本上可以分为三步:

①复习和导入。用祈使性指令要求学生做出相应的动作。

②引入新的指令,介绍以动词为中心的词语。

③通过读写来巩固新学的内容。教师把新单词写在黑板上,每个单词配上一个例句,然后边读边做动作演示意义,学生们则把这些单词和句子抄到自己的笔记本上。

全身反应法的课堂教学主要是祈使性的听令活动,强调把握指令的顺序,一定要在听懂的基础上,再要求学生复述,然后鼓励学生开口表达。教学设计大致如下:①教师说出指令并做示范动作,学生边听边观察;②教师说出指令并做示范动作,然后请学生跟着做;

③教师说出指令,不示范动作,请学生按照教师的指令去做;④教师说出指令,不示范动作,要求学生复述指令并完成动作;⑤请一位学生说出指令,教师和其他学生一起执行指令。

全身反应法自问世以来,在外语教育界引起了很大的反响。它对基本句型的重视以及以教师为中心的课堂体现了传统的教学理念,另一方面,它倡导通过语言和身体动作的协调来教授外语,则体现了大胆的创新,把语言转化为让学生乐于接受和喜爱的肢体语言,有助于学生更好地理解授课内容课堂活动有利于营造良好的课堂氛围,缓解学生的紧张情绪。利用学生的无意记忆和形象记忆让学生在循环反复的练习中学习语言,做到听中学、说中学、做中学、玩中学。全身反应法还通过直接建立"动作"和"声音"在大脑中的联系,实现学生对语言的快速理解,帮助建立外语思维,同时也有利于学生的长时记忆和听说能力的提高但是,全身反应法也有一定的局限性,它的有效性还需要更多的教学实践来证明,它主要适用于初级阶段的外语教学,身体动作很难表达抽象的事物和复杂的句式时态;它主要适用于活泼好动的学生;全身反应法教学中包含大量的游戏活动,对于课堂教学管理有着较高的要求。因此,全身反应法的使用应当跟其他方法结合起来。

二、沉默教学法

沉默法(The Silent Way)主张教师在教学过程中要尽量保持沉默,学生则要尽量多说话、多练习。沉默法坚持"教从属于学"的原则,认为学习是学生的事情,教学只是辅助手段。教师的角色就是研究学生,提供各种挑战,借以促进学生的发展。学生不应该简单、机械地重复老师所讲的内容,而应该多思考,多动脑,在"沉默"中专注于完成任务,唤醒潜能,发现所学语言的规律,建立一套内在标准,沉默法不同于其他教学法的一个鲜明的特点是它使用独特的教具——奎茨奈尔彩色棒(Cuisenaire Rods)菲德尔卡片(Fidel Cards)和彩色挂图来进行外语教学。彩色棒长短不一,用来教词汇(如颜色、数字、位置等)和句法结构(如时态、语序等);菲德尔卡片用颜色不同的方块表示元音和辅音,用来教发音;彩色挂图提供实物和场景来配合外语教学。

外语教学法应该建立在心理学的基础上,要重视学生,以学生为中心,强调内部资源的利用和构建,强调意识的培养。通过自我意识的培养,学生可以获得一个"内在标准",自己监控和检查所学功课沉默法吸纳了教育哲学的观点,认为教育的目标是培养独立自主、有责任心、具有解决问题能力的学生,而不只是向学生传授语言知识、培养语言技能。它把自我看作一个富有意识和自我教育能量的自我完善系统,它把学习聚集于学习行为本身,而不是学习的内容。语言只是学习的工具,而语言的掌握则是学习行为的副产品。沉默法所体现的教育哲学思想即独立性、自主性、责任心。

沉默法的学习观认为:①发现或创造比重复和记忆更有益于学习;②实物伴随有利于学习;③通过解决问题掌握知识。可以把外语学习看成一个成长过程,主张让学生体验儿童学习母语的过程,归到婴孩的心智特点,即服从。不过,它也指出学习外语的过程与学习母语是不同的,因为一种语言系统的建立必定会对另外一种语言的学习产生影响。外语学习是有意识的、有目的的和受控制的学习。因此,不能用学习母语同样的方法去学习外语,而应该用一种严谨的人工方法来进行。沉默法强调学生的主体地位,在沉默中学生专注于自己要学的知识,发现潜在的解决问题的方法。在引导学生积极投入学习中去的做法上,沉默法与认知法是一致的。在使用沉默法教学的课堂上,学生深深地沉浸于发现新语言之中,教师却尽量保持沉默。教师使用彩色棒、彩色卡片、挂图和各种手势来引导学生发现和认识新语言,掌握语音、词汇、句法结构等。学生通过自我意识学习,先是迷茫而后在练习和错误中建立起正确的语言体系。

从沉默法对语言材料的处理方式上可以看出,它采纳的依然是结构主义语言观。沉默法把语言看成是经验的替代品,是语音和意义的随机结合课堂教授的语言材料并不与任何交际条件相关联,语法结构和词汇被人为地分成若干部分用彩色棒表示,再逐一教给学生,教师着重于命题含义,而不是交际含义。句子是教学的基本单位,词汇是教学的核心内容,由于课堂上教师必须尽量保持沉默,学生只能通过自己的发现和归纳掌握外语,因此所教授的语言材料就受到一定的局限沉默法把教学词汇分为两类:半高级词(semi-luxury vocabulary)和高级词(luxury vocabulary)。半高级词主要是一些日常生活用语,如食物、旅游、衣服装饰、家庭生活等,高级词是一些用于表达思想的词,如政治或哲学等方面的词汇。

沉默法的主要特点归纳如下:
①教从属于学。
②利用教具进行教学。色彩和实物可以激发想象、引起联想、增加兴趣。
③口语领先。
④用外语教外语。
⑤教师不改正学生的错误。教师的主要任务是帮助学生建立一套内在标准,从而自我纠错。
⑥强调学生彼此之间的倾听,培养合作学习的能力。
⑦强调独立性、自主性、责任心,重视培养学生的自学能力,学习行为重于学习内容。

沉默法的教学目标主要是培养初级听说能力和外语自学能力。沉默法的教学活动始于教师示范或提示,然后学生反应、回答,说出更多的句子。当某个学生有错误时,其他学生要主动补充正确的。在课堂上,学生的角色是多种多样的,有时作为一个独立的学生,有时作为小组的一个成员。教师则主要根据学生的需要,充当示范者、助手、指导者等。沉默法的教学步骤可简述如下:一是教师将彩色棒倒在桌子上;二是教师拿起某个颜色的彩棒,示范读音,或者用教鞭指着图表上的某个字母,示范发音;三是学生模仿发音或读音;四是如果一个学生错了,教师再示范或示意另一个学生示范。在全部彩色棒所代表的字母或词语都介绍完毕之后,开始新一轮的学习。

与传统的教学法强调听说读写技能的准确性和流畅性不同,沉默法重视学生的主体性,将外语教学的目标提升到教育和生存的高度,强调培养学生的创造性思维、自主学习能力和合作学习能力。彩色棒、卡片、挂图等教具的使用,强调自我意识自我纠错的做法都体现了沉默法在课堂安排和教学理念上的创新-但是,沉默法也有一些不足之处,如,它很难应用于外语学习的高级阶段。教师在课堂上尽量保持沉默,也使学生失去了大量的吸收语言输入的机会.沉默法的创新也是有限的,在很多教学要素上仍然是传统的,如:在语言学习上采用结构大纲,师生关系也是传统的,教师虽然保持沉默,却如乐队的指挥一般,严格地掌控着课堂上的一切活动。

三、社团语言学习教学法

将心理咨询方法应用于外语教学,目的在于消除学习环境中团体带给个人的焦虑、竞争及冲突的心理压力,这种方法称为社团语言学习法(Community Language Learning, CLL),也叫咨询学习法(Counselling Learning)。学生和教师都是社团中的一员,课堂上学生围坐成一圈,通过与其他成员的交流学习外语,教师则站在圈外为他们提供咨询。这种方法将外语学习过程比作病人就医咨询、寻求医生帮助的过程,重新解释了教师和学生在语言课堂上的角色,认为教师是咨询师(Counselor),而学生是咨询者/顾客(Client)。社团语言学习法强调学习源自师生交流以及生生互动,成功的学习是包括老师和所有学生在内的整个社团的成功。在这个学习社团里教师是提供建议、支持、帮助的咨询师,学生就如同带有问题的咨询者,教师帮助学生分析问题找到问题的根源,并通过鼓励与协助来消除学生可能出现的焦虑、挫折感等消极情感。

社团语言学习法的语言学理论基础:语言由一套包含语音、句子、语法的标准组成,外语学生的任务则是理解目的语的基本音义关系,从而建立起基本的语法结构。语言是社交过程的语言观,把语言看成是一种人际间的信息交流工具,信息的交流体现在师生互动和生生互动两种互动方式之中;学生之间的互动通常在内容上是不确定的,因而重在情感交流,通过交流学生之间越来越熟识,形成一个学生社团,从而唤起学生渴望成为其中的一员而增强学习外语,和同伴共同进步的动机。

师生之间的互动要经历五个阶段,如同新生儿的成长过程。第一阶段是婴儿阶段,学生完全依赖老师,重复老师所说的目的语言并倾听老师和其他学生之间的对话。在第二阶段学生开始有了"自我"意识。学生能够使用学过的简单的词语来表达思想。第三阶段是儿童与少年结合期,学生开始独立讲话,为了维护自己的个性而常拒绝老师的辅导,属于不满和排斥阶段。第四阶段是容忍阶段,学生可以自我调节、自我管理,能够处理自己的焦虑,同时也开始关注教师的焦虑,师生形成互助互惠的关系。第五阶段是独立阶段,学生进一步完善自己的语言知识和技能,可以作为知者(Knower)向其他学生提供建议和帮助。这个"社交过程"同时也是一个情感冲突的过程。

在心理学方面,社团语言学习法推崇"全人教育"的理念,强调真正的人类学习既包括认知因素,也包括情感因素,是认知过程和情感过程的统一。

在学习的过程中,师生关系的发展是核心。教师要为学生提供一个安全的学习环境,有安全感的学生才能自由地参与语言学习和思想交流。师生间的相互理解和积极评价对于外语学习至关重要,可以用SARD这个首字母缩略词归纳成功学习的心理要素:S代表"安全感"(Security);A代表"注意——进取"(Attention and Aggression);R代表"记忆——反思"(Retention and Reflection);D代表"辨别"(Discrimination)。

也就是说,当学生感到安全时才会产生动机,才能调动其认知资源参与学习;当一个人开始参与、注意所学内容时,才能更好地记忆和反思;当一个人能够记忆和反思时,才能对所学材料进行辨别,才能类推出语言各要素之间的关系,并把课堂上学到的语言知识运用到交际中去。

社团语言学习法的大学教学过程大致如下:①学生相互介绍。②教师介绍课程目的和原则。③进入目的语课堂活动阶段。有如下一些教学活动:学生围坐一圈或两圈(通常6~12人,分成一组或两组,每组一个教师,或每个学生背后一名教师);学生用母语提出话题或想用目的语表达的内容;教师翻译;学生进行小组活动、商议话题、准备对话、策划向另一小组传递的信息等;学生将活动中所说的目的语进行录音;学生抄写、整理录音内容。④学生交流学习过程中的感受。⑤师生分析所抄写的语言材料中的词语和语法。⑥学生自由提问、抄写黑板上教师写下的语法分析。

社团语言学习法没有明确设定教学目标,只限于培养一般的听说能力,少数情况下有一些读写教学。不使用事先制订的教学大纲,没有确定的教材,由学生决定学习内容。教师根据对学生的了解准备一些话题和词汇、句型加以引导,课堂内容因教师和学生的不同而不同。

社团语言学习法的主要特点归纳如下:
①独特的教师和学生角色。教师是咨询师,是父母;学生是咨询者、顾客,是孩子。
②关注学生情感因素,教师要创设有安全感的学习环境,消除焦虑和挫折感。
③听说领先。
④不排斥母语,允许初学者使用母语,并借助翻译手段来帮助学生表达思想。
⑤分析目的语语法结构。
⑥强调师生互动、生生互动,构建一个互助互惠的语言学习社团。
⑦使用录音设备,辅助语言学习。

社团语言学习法认为语言教学是一个社会过程,关注学习内容与学生生活的密切结合,学生主动大胆,课堂气氛轻松和谐-倡导全人教育的发展观,充分体现个体的价值,实现学生认知与情感的统一。

在不同的阶段,教师的作用也有所不同。在入门阶段,教师的职责是充当学生的顾问和翻译,允许学生把母语带入课堂,以锻炼他们的胆识和建立自信;随着学生的不断进步,教师要对学生的交流和讨论起监督作用,并及时提供帮助;教师的另一个重要作用就是建立良好的心理氛围,形成相互信任、相互依赖的人际关系,社团语言学习法重视学生学习外语的情感因素,尊重学生的表达意愿,然而却忽视了教师的指导作用。由学生决定教学内容,使得整个学习过程随意性太强,教学目的不明确,很难达到一定的教学效果。另外,这种方法对教师的要求也比较高,教师要具备较强的母语和外语能力,要有较强的翻译能力,而且要经过特殊的咨询培训,所以并非一般教师所能胜任。社团语言学习法更适合于二语学习环境,虽然这种方法在我国的外语教学实践中很难具体实施,但仍然起到了开阔教育者视野的作用。教师可以吸取其人本主义理念的精华,构建师生之间、生生之间多层次的互动关系,营造良好的外语学习环境,使学生在有安全感的状态下调动认知资源,主动积极地投入到外语学习活动中去,更好地进行记忆、反思、辨别,提高实际的语言交际能力。

第三节 高校英语交际法教学

一、交际教学法的主要理论基础

交际法(Communicative Language Teaching)的产生得益于语言理论的多元化和西欧各国的语言交际需求,是以培养交际能力为目的,以语言功能项目为纲的一种教学法体系,兴起于20世纪70年代的欧洲共同体国家。交际法又称功能法(The Functional Approach)或功能—意念法(The Functional-Notional Approach)。交际法是人们深入研究语言功能的结果,其形成标志着语言教学进入了一个新的时代,涌现了各种各样注重交际目标和语言功能的教学方法(如内容型教学法、任务型教学法等),对世界各地的外语教学产生了深远的影响。尽管围绕交际法的理论和实践有着诸多的探讨和争议,每个人都有自己独特的理解,但是"交际法之魂"(The Spirit of CLT)已经深入人心。

外语教学大纲方面的研究促成了交际法的形成。语言意义分为两类:意念范畴(如时间、顺序、数量、地点、频率等概念)和交际功能范畴(如请求、拒绝、邀请、抱怨等功能)。

交际能力指的是不仅能使用语法规则来组成语法正确的句子,而且能在适当的场合、适当的时间恰当地使用语言。交际能力应包含以下五个方面:

①语言能力(Linguistic Competence):包括传统意义上的词汇、语法、语义和语音知识。

②语篇能力(Discourse Competence):指语言使用者掌握连续语篇的能力,如在较长的书面语篇中使用连接词,维持较长对话中的话轮转换、进行意义协商、开始和结束谈话等。

③语用能力(Pragmatic Competence):指外语学生在情境中利用语言知识表达和阐释意义的能力,如在交际中由于缺乏背景知识而产生问题的时候如何继续进行交际。

④社会语言能力(Sociolinguistic Competence):主要指在合适的场合恰当地运用语言的能力,如对正式和非正式语体的选用,对直接或者委婉的表达方式的选择等。

⑤社会文化能力(Sociocultural Competence):指对文化差异的意识,了解在跨文化交际中存在着一些会影响意义的传递甚至引起误解的文化知识。

语言系统和语篇中的交际价值具有密切的关系,掌握一种语言意味着既掌握其词汇、句法,又会在语言交际中进行恰当运用、语言能力应包含为达到不同的交际目的而实施的交际行为。如何在诸多的选择中做出合乎情境的决定,是交际能力的一个重要方面。

二、交际盛的语言观与学习工程

概括地说,交际法的语言观主要有以下四点:
①语言是一个意义表达系统;
②语言的基本功能是互动和交际;
③语言结构反映其功能和交际用法;

④语言要素不仅包括语法结构,也包括体现在语篇中的功能和交际意义范畴。

交际法的学习观倡导"交际性、任务性、意义性"三原则。交际性原则,即包含真实交际的课堂活动可促进语言学习;任务性原则,即运用语言完成有意义任务的课堂活动可促进语言学习;意义性原则,即对学生有意义的活动有利于语言学习。

可以将交际法的发展分为三个阶段。第一阶段所关注的重点是开发基于功能和意念的教学大纲,以培养学生的交际能力。第二阶段重点关注学生需求问题,致力于探索确定学生需求的步骤,第三阶段重点探讨交际法框架下的课堂活动,如小组活动、任务、信息沟、项目活动等。交际法已经成为一个涵盖面很广的概念,可以说交际法出现之后的几十年间,又出现的内容型教学法、任务型教学法、词汇教学法等都不同程度地体现了交际法的基本理念。尽管人们难以像界定语法翻译法、听说法那样准确界定交际法,但交际法这个概念仍然有其存在的必要性。交际法以其对"交际"的强调,时刻提醒着人们:外语教学的目的不是学习碎片化的语言知识,而是提高学生的交际能力。

交际法中的学习过程包括两个维度:分析性学习和体验性学习,这两个维度不是互相矛盾的,而是互补的,从不同的角度指引学生,以实现培养其交际能力的教学目标。分析性学习和体验性学习是一个连续性的两极,具体的学习活动不同程度地具备一些分析性或体验性特征。在交际性语言练习中,学生会使用事先学习的形式(词汇或句型);而在真实交际练习中,学生有时会重点练习语言学习中的某个难点句型。而且,在一项活动的不同阶段,不同的学生也会不同程度地聚集于形式或者意义。

三、交际法的教学原则

随着交际法的影响日渐扩大,使用范围日益扩展,研究者的不断加入,其教学原则也在不断丰富交际法的教学原则如下:

①学生通过使用语言进行交际而学会语言。
②真实而有意义的交际应该成为课堂活动要实现的目标。
③流利度是交际能力的一个重要指标。
④交际能力包括听、说、读、写等不同语言能力的整合。
⑤语言学习是基于不断尝试和修正,并创造性地建构知识的过程。

基于上述教学原则,交际性课堂应具备以下特点:课堂活动能促使学生通过频繁互动以交流信息、解决问题;使用真实语篇(而非专为学生所编写的教学材料),设计情境中的交际活动,强调听、说、读、写综合技能;秉承以学生为中心的教学理念,关注学生背景及其特定的语言需求和目标,允许学生在教学决策中有一定的话语权,培养学生创造性解决问题的能力。具体而言,交际法强调信息的共享和传递;倡导合作学习,如小组活动和对子活动;鼓励学生进行自由的语言练习,并敢于尝试新的语言项目;设计教学活动时,以交际性任务为基本单位;结合学科知识发展语言能力,使语言知识具体化;注重语言运用的适切性;强调通过分析和反思,关注个体语言学习的过程。由于交际法对体验性学习的强调,人们往往忽略了分析性学习和关注形式的学习活动对语言学习所起的作用。外语教师们对于交际法存在着误解:认为交际法就是"不教语法,只教口语"。而在实际的课堂教学中,教师们虽接纳了"交际法之魂",却在交际的概念之下将之为我所用,衍生了诸多教学方法。

四、交际法的教学活动

以培养交际能力为教学目的,交际法的教学活动十分丰富交际法教学框架涵盖了分析性策略和体验性策略两个维度。交际法课堂活动构成一个连续体,一端是非交际性学习活动,另一端是真实的交际活动。在交际原则的指导下也应重视词汇和语法的学习,以帮助学生逐步获得语言交际能力。

教学材料影响课堂交际和语言使用的质量,交际法的教材主要有三种:以课文为主的教材、以任务为主的教材以及来源于生活的真实语料以课文为主的教材,许多是建立在结构研究上的,也有一些以交际为中心以任务为主的教材,提供大量的游戏活动、角色活动、任务活动等。真实语料来自日常生活,包括以文字为主的材料,如路标、广告、报纸杂志,以及可用于交际活动的可视化资源,如地图、图画、标志、图表等。

由于交际法课堂鼓励互动和交际,师生角色也被赋予了新的含义——学生应该是自我、学习过程和学习目标之间的协商者,在相互协作完成交际活动的过程中掌握外语。教师的首要角色是担当交际活动的设计者和组织者,还是交际过程的引导者、示范者和参加者,同时也是需求分析师、咨询师和小组活动的管理者。交际法带来的从"教师为中心"到"学生为中心"的转变使广大教师面临着新的挑战,他们需要转变思想,顺应改革潮流,以新的交际为导向的外语课程标准为指导,为培养学生的交际能力做出应有的贡献交际教学法对教师提出了更高的要求——教师应在以下方面做出努力:重新认识语言教学的本质,从以知识为基础转变为以能力为基础;重新定位教师的角色,从知识的传递者变为身兼多种角色的教育者;学习新的教学策略和技巧;改变评价学生的方式;培养活用教材的能力;使用现代教学技术;提高自身的外语语言能力。

交际法产生在语言理论和心理学理论多元化的时代,对不同理论的吸纳使得它颇具活力,可以称之为"多元理论的联合体"。交际法的主要优点有:重视学生的需求,教学目标更加明确;重视培养交际能力,不仅强调语言的内容、意义和功能,还关注语言使用的情境和适切性;倡导外语教学过程交际化,创设真实的语言情境。交际法的教学理念在世界范围内得到了广泛的接纳,但是也存在着一些问题留待人们去思考,如:在教学大纲中结构和功能的关系处理;交际课堂的管理;对学生语言能力的测评;学生在小组活动中回避使用外语的倾向;教师自身的外语能力不足的问题;交际法理念与应试教育的矛盾;传统价值观对于新的师生角色的疑虑;等等。

第四节 高校英语内容型与任务型教学

一、内容型教学法解析

(一)内容型教学法的内涵

20世纪80年代以来,内容与语言融合学习法(Content and Lan. guage Integrated

Learning,CLIL)受到了关注,以沉浸式教学(Immersion)和内容型教学法(Content-based Instruction)为两种最具代表性的教学范式。内容型教学法与交际法具有相同的心理学和语言学理论基础,是交际教学法的一种。与交际法所不同的是,内容型教学法对于学习输入的内容非常关注,主张围绕学生需要掌握的课程来组织语言的教学。可以将内容型教学法定义为一种主张围绕学生所学的学科内容而展开教学的交际语言教学形态它强调围绕学生需要获得的内容或信息,而非语言或其他形式的大纲来组织教学,以达到内容教学和语言教学互相促进、共同提高的目的。

内容型教学法的语言观主要有以下三点:①语言是一种获取信息的工具,而信息是在语篇中建构和传递的,因此,语言教学要以语篇为基础;②在现实生活中,听、说、读、写四项技能是不能分开使用的,因此,语言教学也应把四项技能综合起来培养;③语言的使用是有目的的,因此,学生在学习过程中要清楚所学语言材料的目的,并使它与自己的目标联系起来。内容型教学法强调关注语言技能以外的能力和素质,因为语言本身是个符号系统,它无非是一种排列组合,本身的深度和美感来自它"运载"的内容。

(二)内容型教学法的核心原则

内容型教学法关于学习理论的一个核心观点是:只有当语言被用来作为了解信息的途径而不是为了学习语言本身时,语言习得才能成功,由此核心原则衍生出下列观点:

①只有当学生认为所学习的内容有趣、有用而且能指向预期的目标时,语言习得才能成功。如果学习内容与学生的实际需要紧密相关,就能增强学生的动机,促进更有效的学习。另外,当学生的注意力集中在思想、看法、观点等,而非语言形式上时,学生具有更强烈的学习动机。

②某些领域比其他领域更适合于作为内容型教学法所依托的学习材料。地理通常被认为是学科学习与语言学习相结合的最佳选择,就是因其具有高度的视觉性、空间性和情境性,对地图、图表、模具等辅助材料的使用,以及用大量描述性语言开展教学的特点。

③针对学生需要的教学才能取得最好的效果。内容型教学法强调学习的内容应该根据学生的需要来选择,如选择真实语料(学生会在生活中遇到的、书面的或口头的材料)作为教学设计的出发点对于特殊用途或学术用途的培训课程,要基于学生具体的行业需求或学术需求。

④教学应建立在学生已有经验之上。学生进入课堂时,大脑不是一块白板,而是已经具备了一定的学科知识。

(三)内容型教学法的多种模式

内容型教学法的倡导者们开发了多个CBI项目,探索出多种教学模式。可以将内容型教学理念描述成一个连续体,一端是内容驱动型教学(Content-driven),另一端是语言驱动型教学(Language-driven),在这两极之间存在着多种教学模式。

完全和部分沉浸式教学以内容为主导,利用二语作为媒介,教授正规的学校课程,它的有效性更多地取决于学生对内容的掌握,语言的掌握是一个副产品。保护式教学的授课对象是非本族语者,由学科领域专家担任教师,但在授课过程中需要关注学生的外语水平,调整教学话语使教学内容更容易被学生理解。

此外,教师还需要选择适合于学生难度的教学材料,并根据学生的语言能力调节课程要求。附加式教学强调语言学习和内容学习同等重；要，附加式教学中的语言和内容融合可以通过团队合作来实现，即语言教师负责听说读写等语言技能，内容教师则负责学术内容的讲授主题式教学通常在二语或外语教学情境中进行，课程大纲围绕主题或话题，如环境污染、妇女权益、医药卫生等来组织，最大限度地利用内容来传授语言技能。偏向于内容驱动型的教学模式要求学生具有中级或更高的语言水平，以及相关的学科内容知识；偏向于语言驱动型的教学模式与传统的语言教学更为相似。

内容型教学法秉承"做中学"的教学理念，鼓励学生进行自主学习、合作学习和体验学习。这就要求学生扮演积极的角色，积极地理解输入材料，有较高水平的歧义容忍度，愿意探索新的学习策略，多角度阐释口头或书面语料。学生也可参与到学习内容和活动方式的选择当中，为学习内容提供资源的学生要对内容型教学有十足的信心，积极适应新的角色，成为一个合作型的、参与型的学生。

内容型教学模式下，教师应该兼具语言和专业内容两项专长。这是一个巨大的挑战，因为教师可能是语言专家或某个学科领域的专家，但在这两方面都擅长的人可能少之又少。一个成功的CBI教师，必须具备下列知识和技能：学科内容知识、学科教学技能、外语知识、外语教学技能、教材的开发和选择、教学评估等。相应地，CBI教师集多种角色于一身：需求分析者、课程设计者、教材编选者、合作者、研究者、评估者等。

内容型教学法通常选择真实语言材料作为教材。这个真实性一方面指本族语学生所使用的教材，另一方面指来源于报纸或期刊杂志上的文章，并非为语言教学之目的而编写的材料。与真实性相矛盾的是，内容型教学法还必须考虑到学生的语言水平，教材要具有可理解性，因此，对教材进行一定程度的语言上的简化和冗余的解释也是必要的。总之，教学材料既要具有真实性，又要具有可教性。

内容型教学法的优点在于：语言的形式、功能和意义没有被分裂开来；学生的动机增强、兴趣提高且确保了对认知有较高要求的课堂活动，从而丰富了学生的认知发展。从早期的专门用途英语课程到沉浸式课程，内容型教学法已经被应用到各个层次的语言教学项目当中，如大学生外语课程、商务外语课程、职业外语课程等。然而，内容型教学法在应用中也存在着一些局限性，最突出的首先是师资问题，兼具语言知识和学科知识的教师非常匮乏。其次，内容型教学法在多大程度上可以帮助学生发展其语言技能，因为学生会首要关注学科内容的掌握，而忽略语言使用的准确性。再次，鉴于学生需求的多样化，很难开发市场化教材，这会导致教师耗费大量时间甄选材料。最后，是评估方面的问题，是评价学生对学科知识的掌握，还是评价学生的语言能力。

二、任务型教学法解析

任务型教学法又称作"任务型教学途径"，是一种基于任务展开的教学方法与形态。在高校英语教学中，任务型教学法非常常见，是教师预设任务并引导学生用所学对任务进行完成的一种教学形态，是提升学生语言运用能力的一种重要手段。从学生学习英语的目的与特点出发，我国高校英语教学倡导采用任务型教学法，让学生基于教师的指导，通过体验、感知、参与、实践等，实现任务的目标，在做中学。

(一)任务型教学法的步骤

任务教学法将任务的完成作为主要教学活动,让学生通过完成任务来习得语言。一般来说,任务型教学法具有如下几个特点。

其一,任务主要包含的是真实的语言运用过程。

其二,学生要自主地完成教师要求的任务,并对任务的交际性结果予以明确。

其三,强调学生要通过自主学习、合作学习等途径来完成任务。

在实际的操作中,任务型教学法一般包含三个步骤,具体如表4-1所示。

表4-1 任务型教学法的具体实施步骤

主要步骤	目的	要点
任务前	任务呈现与准备	教师将任务情境引入,对任务要求向学生明确,为学生提供完成任务的基本语言知识
执行任务	任务完成的整个过程	学生运用语言对问题加以解决,这些问题涉及对计划的制订、实施与完成;教师在其中扮演着监督、组织、促进与伙伴等角色,辅助学生对任务加以完成
任务后	任务展示、评价与提升	学生将结果进行展示与汇报;教师对任务完成情况进行评价,并指出优劣之处

三个步骤给予了明确的任务,教师首先为学生布置任务,并提供具体的条件;指导任务执行任务,并辅助学生解决在任务执行过程中遇到的一系列问题;组织学生对任务加以展示与汇报,最后给予评价,并布置新的任务。通过这些任务的完成,学生可以不断体验到语言学习的快乐,并真正地习得语言知识与技能。

(二)任务型教学法的设计

任务型教学法将语言任务作为学生学习的目标,对任务完成的过程就是学生学习语言的过程。任务型教学法设计的核心在于将人们在生活中运用语言来从事的各项活动引入到具体的课堂中,进而帮助学生实现语言学习与日常生活的结合。因此,如何对任务进行设计是任务教学法能否实施的关键层面。

简单来说,教师在设计任务时应该着重考虑学生的"学",让学生具有明确、清晰的学习目标。具体来说,主要从如下几个层面着眼。

1. 设计真实意义的任务

所谓真实意义的任务,即与现实生活贴近的任务。在教学中,教师所设计的任务应该是对现实生活的演练与模拟,学生通过对这些任务加以完成,不仅能够掌握具体的语言知识与技能,还能够将这些能力运用于具体的生活中。

2. 设计符合学生兴趣的任务

大学阶段是学生发挥兴趣与特长的重要阶段与关键时期,因此教师在设计具体的教学任务时,应该从他们的心理与年龄特征出发,设计出与他们的兴趣相符的任务,并且内容也要具有新颖性。例如,以师生互动、生生互动的形式进行角色扮演或开展演讲等都是比较好的活动。

3.设计能够输出的任务

教师设计的任务应该是真实的、与学生的语言水平相符的输出活动。也就是说,任务需要以"说、写、译"这些"语言输出"的形式进行呈现。

教师在设计任务时,最重要的一点是需要考虑学生在任务完成的整个过程中能否自然地运用英语。当然,完成任务并不是任务型教学法的主要目的,而是要求学生在完成任务的过程中习得英语。英语课程就是要让学生逐步在运用中内化知识,这就需要教师在设计任务时,应该让学生通过完成任务,自然地掌握英语知识,内化英语知识,习得英语技能。

(三)任务型教学法设计的基本要求

当然,任务型教学法在设计时应该注重以学生作为中心、以学生作为主体。一般来说,需要做到如下三点。

1.分清"任务"与"练习"的区别

当前,很多教师在设计任务型教学课程时,由于未分清楚"任务"与"练习"的区别,导致很多任务型教学课程还是课堂练习。事实上,任务型活动与课堂练习有着本质上的区别,任务型教学活动不是对语言进行机械的训练,而侧重于在完成任务的过程中学生自主能力与学习策略的培养,重视学生在任务完成过程中获得的经验。表4-2对二者的区别进行了总结。

表4-2 "任务"与"练习"的区别

区分项目	任务	练习
侧重点	侧重于意义	侧重于形式
活动目的	实现交际目的,解决问题,传达信息	对知识的掌握情况进行检验,对英语知识加以操练与巩固
活动情境	创设现实生活情境	不需要情境
活动内容	有语境的语言材料,需要综合运用多项英语知识与技能	脱离语境的语言材料,需要的也是单个的英语知识与技能
活动方式	分析、讨论,很多时候需要小组完成	选择、填空、翻译等,往往自己独立完成
语言控制	自由	严格控制
教师纠错	通过对学生进行观察,然后分析产生这些错误的原因再纠错	立即纠错
信息流向	双向或者多向流动	单向流动
活动结果	语言形式或者非语言形式结果	一般都是语言形式的结果
结果评估	评估学生是否完成了任务	评估语言形式是否使用正确

从表4-2中可知,只有通过真实的任务,才能保证学生获得有意义的语言输出,才能让学生真正地学会获取、使用信息,用英语与他人展开交流与合作。

2.准确把握任务的度与量

任务的难易度与数量要与学生的英语水平相符合,因此教师在设计任务时,应该根据

"最近发展区"的原理,既不能对教学要求予以降低,也不能超过学生的英语能力与水平。

教师在进行教学活动之前必须要确定学生发展的"两个水平"。第一种水平是学生现有的发展水平,是学生通过先天性或者偶然性自然成长所形成的稳定的内部心理机能,在独立解决问题时会表现出来。第二种水平是学生潜在的发展水平,是还在发展的内部心理机能,也是儿童在成人的指导下或与同伴合作的情况下所表现出来的解决问题的能力。"最近发展区"就是这两个水平之间的差距,是学生可能的发展区域。

该理论指出,教育从事者必须要准确了解学习者目前的能力水平,并且为学生找到潜在发展水平,确定最近发展区,设计教学过程,引导学生走向更高的潜在发展区。该理论确立了教师在学生成长过程中不可替代的先导性作用。学生的最近发展区是一个动态变化的区域,向第三个区域——未来发展区不断移动。

3.注重教师的多重任务

虽然英语课堂强调以学生作为主体,但是在实施中,教师的作用也不能忽视。也就是说,教师在教学中也需要发挥主导作用。一般来说,在任务型教学法中,教师需要承担如下几项任务。

其一,设计与学生水平相符合的真实的任务。

其二,为学生提供完成任务的材料,并从旁辅助学生。

其三,对学生的输出提供帮助。

其四,对学生的输出结果给予反馈意见。

任务型教学以学生使用英语完成任务作为中心,学生是任务的沟通者,也是语言的交际者。教师不仅是组织者、参与者、帮助者,参与到学生的任务之中,还需要对课堂加以控制,并对结果给予评价。如果教师将任务交给学生之后,就作为一个旁观者,那么这样的教学效果是不容乐观的。总而言之,教师在任务型教学中要承担好自己的多重责任。

需要指出的是,任务型教学在当前的高校英语教学中广泛应用,但是由于受各个因素的影响,如任务难度难以把握、英语环境常常缺失、大班教学现象严重、师资力量不足等情况,导致当前的任务型教学仍旧存在明显的问题。因此,在以后的高校英语教学中,教师应该不断地积极学习与研究、认真开发与利用,争取让任务教学法在高校英语教学中发挥出更大的作用。

第五章　高校英语信息化教学

第一节　信息技术与英语课程整合概述

一、信息技术对课程的影响

信息技术的飞速发展和科学技术的日新月异,不仅对教育提出了新的要求,也深刻地影响了课程的内容和呈现方式,拓展了课程设计的范畴,使课程更具开放性和个性化。

(一)信息技术极大地拓展了课程的内涵

课程内容不再局限于固定化的形式,而是以信息资源的状态存在。每个个体所获得的外语学习内容是依据原有知识结构和发生的体验而形成。课程内容更符合信息社会文化和人才的要求。

传统意义上的一门课程,往往就是一本教学大纲(含教学计划)、一本教材,课程实施就是讲授教材上的内容。而现代信息技术支持下的课程,除了有教学大纲和教学计划、教材外,还包括以信息技术为基础的学习资源、教学资源、教学工具等,如光盘、电视节目、多媒体教学软件、网络课程、丰富的网络资源等。基于网络技术的支持和信息共享平台,教与学的课程不再受到地域的限制和时间的限制,课程内容可以不断更新。

(二)信息技术丰富了课程的呈现方式

现代信息技术解决了大信息量的记录、存储、传输、显示和加工等问题,多媒体技术将文本、声音、图片、动画、音频和视频等进行有效的整合,使课程以更加丰富和多媒体化的特征呈现。这一特性改变了课程呈现方式单一的局限性,使学习者能够真正实现对信息的多感觉通道加工,这有助于学习者建立起对当前信息的准确表征,建立起对当前事物的丰富联系,提高学习者感知、记忆和思维的效果。对于特定的教学内容、教学对象而言,这种更为新颖、更为形象和直观的学习材料,还可以有效地激发学习者的学习兴趣和学习动力。

(三)信息技术使个性化的课程成为可能

一方面,信息的高度共享使个体搜索个性化的信息成为可能,也赋予学习者更多选择的机会与权利,使课程可以更好地满足学习者的个性化需要。另一方面,多媒体呈现的学习资源,可以使具有不同认知方式的学生根据自己的特点选择适当的学习方式,特别是一些仿真探索空间、虚拟实验、电子书包等,个别化的程序、过程和进度可以激发所有学生,满足不同学习目的和风格,适应个体的心理和认知需要,也有利于促使学生进行主动性、创造性学习。

二、信息技术与课程整合的背景

由于信息技术的飞速发展,多媒体和网络技术的日臻完善和普及,信息技术教育水平不断提高,软、硬件环境不断完善,加之深化教育改革,全面推进素质教育,培养具有创新精神和实践能力的高素质人才和劳动者的社会需要,教育信息化得到了各阶层的重视,我国的信息技术教育发展进入了快速发展时期。特别是近几年在新课程、新教法的基础教育改革中,先进的教学理念、以学生为中心的教学方式的提倡、各种形式的教师信息技术能力培训等因素的综合影响下,信息技术教育的发展应用跃上了一个新的台阶——信息技术与课程整合。广大教育工作者的观念从认为信息技术是计算机课程教育的认识飞跃到更高的层次,即信息技术必须融入教学,必须和学科课程相整合。

"信息技术与课程整合"的概念最早源自西方的"课程整合"概念。在英文中,"整合"一词表述为"integration",这一单词在汉语中有多重含义,如综合、融合、集成、一体化等,但它的主要含义是"整合",即由系统的整体性及其在系统核心的统摄、凝聚作用而导致的使若干相关部分或因素合成为一个新的统一整体的建构、程序化的过程。整合可以使系统内各要素实现整体协调,相互渗透,使系统各要素发挥最大作用,这个过程会导致生成一个新的事物。课程整合的含义是指对课程设置、各课程教育教学的目标、教学设计、评价等要素做系统的考虑与操作,用整体的、联系的、辩证的观点,去认识和研究教育过程中各种教学要素之间的关系。课程整合的过程就是使分化了的教学系统中的各要素及其各成分形成有机整体的过程。课程整合并不是指单纯地将被分割的拼凑在一起,也不是指简单地把各学科聚合起来,课程整合是指把本来具有内在联系而被人为地割裂开来的内容重新整合为一体的课程模式。这种内在联系是自然的、真实的、本质的,而非人为的。牵强附会的联系只能使得课程变成一个大杂烩,如果两个内容之间的关系不是自然的,就不能把它们联系在一起,不是每个事物都必须与其他事物联系在一起的。因此,信息技术整合于学科课程绝不是简单的纳入或功能的叠加,也不仅仅是工具或技术手段层面的应用,而是如何将信息技术实际地融入学科课程的有机整体,使其成为整体不可缺少的一部分,或成为一个新的统一体。在各学科教学中,有效地融入信息技术,将教学系统中的各种教学资源和各个教学要素有机地集合起来,将教学理论、方法、技能与教学媒体很好地结合起来,在整个教学过程中,保持协调一致,并发挥系统的整体优势以产生聚集效应。

在开好信息技术课程的同时,要努力推进信息技术与其他学科教学的整合,鼓励在其他学科的教学中广泛应用信息技术手段,并把信息技术教育融合在其他学科的学习中。各地要积极创造条件,逐步实现多媒体教学进入每一间教室,积极探索信息技术教育与其他学科教学的整合。至此,信息技术与课程整合成为教育信息化进程中理论研究与实践探索中的热点问题。

综上所述,我们可以从以下三个方面来理解信息技术与课程整合:第一,应该在以网络和多媒体为基础的信息化环境中实施课程教学活动;第二,对课程内容进行信息化处理后成为学习者的学习资源;第三利用信息加工工具让学习者改变学习方式,进行知识重构。在信息化学习环境中,由于将信息技术与学科课程进行整合,使得学习者的学习方式发生了重要的变化。主要变化在于学习是以学习者为主体的,学习可以是个性化的,能满足个体需要;学习是以问题为中心的;学习过程是通信交流的过程;学习者之间、教师与学生之间是协商的、合作的;学习过程具有创造性;学习可以随时随地进行的。可以说,学习者的学习可以不再只是依赖教师的讲授和学习课本,而是可以利用信息化平台和数字化资源,教师、学生之间展开协作学习,并通过对资源的收集利用、探究知识、创造知识、展示知识的方式进行学习,因此,通过信息技术与课程整合,可以使学习者掌握信息时代的学习方式,包括会利用资源进行学习;学会在数字化情境中进行自主学习;学会利用网络通信工具进行交流,协作学习;学会利用信息技术,进行实践创造性学习。总之,学习者可以利用文字处理、图像处理、信息集成的数字化工具,对课程知识内容进行重组、创作,使信息技术与课程整合不仅只是向学习者传授知识,而且能够使学习者进行知识重组和创新。

迄今为止,我国基础教育信息化的发展十分迅速,教育信息化基础设施已初具规模,教师、学生的信息素养教育得到了广泛的重视,对于信息技术与课程整合的课题研究,各教学研究部门和有条件的学校都投入了较大的力量进行实践研究并已取得很多可喜的成果。信息技术与课程整合是当前教学改革的新视点,将信息技术作为改革传统课堂的有效手段,将其和学科课程教学融为一体,优化教学过程和学习过程,促进学生的全面发展、个性发展,构建数字化的学习环境,实现数字化的学习成为信息技术与课程整合努力的方向。但是这个过程不可能一蹴而就,需要广大教师和教育工作者逐渐积累成果;在这个积累的过程中。粉笔和黑板的作用逐渐淡化,多媒体和网络的应用逐渐普及;在这个积累的过程中,普遍采用的传递——接受的主流教学形式将与多元化教学形式共存;教师和学生的角色都要被重新定位,单纯性的教师讲学生听、教师同学生答的教学局面将被改变;在这个积累的过程中,学生学习的主体性地位将不断提升,学生主动学习,协作学习,发展个性。注重实践能力的意识和创新精神将不断提高。

这里需要注意一个问题,信息技术与课程的整合具有双向性,应该是双向整合,即信息技术整合于学科课程和学科课程整合于信息技术,两者应该做到各取所需,前者是研究信息技术如何改造和创新课程,后者是研究课程创新中如何开发和利用信息技术。这个问题十分重要,它涉及建构信息文化背景里整合型的信息化课程新形态,以及如何利用各学科进行信息技术教育的问题。

三、信息技术与外语课程整合

(一) 外语课程性质及基础教育目标

外语是基础教育阶段的必修课程,对外语课程的学习,既是学生通过外语学习和实践活动,逐步掌握外语知识和技能,提高语言实际运用能力的过程;又是他们磨砺意志、陶冶情操、拓宽视野、丰富生活经历、开发思维能力、发展个性和提高人文素养的过程。基础教育阶段外语课程的任务是:激发和培养学生学习外语的兴趣,使学生树立自信心,养成良好的学习习惯和形成有效的学习策略,发展自主学习的能力和合作精神;使学生掌握一定的外语基础知识和听、说、读、写技能,形成一定的综合语言运用能力;培养学生的观察、记忆、思维、想象能力和创新精神;帮助学生了解世界和中西方文化的差异,拓宽视野,培养爱国主义精神,形成健康的人生观,为他们的终生学习和发展打下良好的基础。

(二)信息技术与外语课程整合的内涵

所谓信息技术与外语课程的整合,是指在建构主义理论指导下,通过将信息技术有效地融合于外语教学过程来营造一种新型教学环境,实现一种既能发挥教师主导作用又能充分体现学生主体地位的以"自主、探究、合作"为特征的教与学方式,从而把学生的主动性、积极性、创造性较充分地发挥出来,使传统的以教师为中心的课堂教学结构发生根本性变革。从而使学生的创新精神与实践能力的培养真正落到实处,提高学生综合运用外语的能力。将信息技术有机地与外语课程整合,符合当前外语教育的发展趋势。

需要注意的是,外语课程的整合框架含有一个信息化学习环境,而这里的信息化环境不仅仅包括硬件系统,还包括软件和人机环境,这三者有机地组合成一个综合的系统。在此系统中,教师、学生、学习内容、计算机网络相互作用而产生一定的教学效果。信息技术与外语课程整合将带来课程资源的变化。信息技术的飞速发展、网络资源的丰富性和共享性,都冲击了传统课程资源观,课程资源的物化载体不再是单单的书籍、教材等印刷制品,也包括网络以及音像制品等。生命载体形式的课程资源将更加丰富,学习者可以通过信息技术的通信功能与专家、教师等交流,扩大了课程资源范围。信息技术与外语课程整合,将有助于课程评价的变革和改善,信息技术与课程评价整合后,将带来评价观念和评价手段的革新。信息技术可以作为自测的工具,有利于学生自我反馈,也可以作为教师电子测评的手段,优化了评价过程,革新传统的课程评价观与方法。网络信息技术与外语课程整合最主要的是带来学习方式的革命。信息技术的飞速发展,网络信息的大量泛滥,对于人类的学习方式产生了深刻的变革作用。学习者从传统的接受式学习转变为主动学习、探究性学习和研究性学习,有利于把以教师为中心的教学模式转变为"教师主导——学生主体"的教学模式。

四、信息技术与英语教学设计的整合意义

本研究的意义主要在于信息技术对当今教育的推动作用无法估量,然而要使信息技术能真正地推动外语教育、教学的发展,就必须与外语教学进行全面的有机整合,信息技术与教学整合,尤其是整合于外语教学,这种模式具有十分重要的意义。它可以改变人们的学习观念,预示未来教育的发展方向。

(一)改变学习观念

计算机网络技术的日新月异及与课程的整合正在深刻地影响和改变着各种学科的生态,预示了学科发展的未来。可以说,今后学生学习的主要途径不再只是依靠书本或教师的讲授,面对浩瀚的知识海洋和不断更新的网络信息,原先固定教师、固定班级、固定内容、固定进程、固定标准的单向地接受式的学习方式将被打破。取而代之的是一种全新的学习过程,在这样的学习过程中,学生以计算机和网络以及其他多媒体设备为中介,在自主选择、合理接受、科学加工、适时反馈的信息传输中轻松自如地完成富有个性化的、发现式的学习。这种发现式的学习方式将改变以课堂为中心、教师为中心和课本为中心的接受式学习格局,更多地是以自主学习、合作学习和探究学习为主的发现式学习格局出现。显然,这种学习格局的变化与信息技术的发展有着直接的关系。

专家学者们一致认为,信息技术是物化形态技术与智能形态技术的协同利用,具有智能化、数字化、网络化、个人化、多媒体化的特征。随着信息技术的广泛应用。知识密集、信息技术产品出现了更新换代、周期加快的现象。同时,新兴科学大量涌现。知识总量急剧膨胀。知识更新的过程也空前加快,出现了"知识爆炸"现象。可见,信息和知识犹如产品一样频繁更新换代。这种知识的极度膨胀和快速更新,不可避免地使我们的课程陷于尴尬的境地。一方面大量的新知识内容需要加入课程中去;另一方面课程内容过难使学生负担不断加重。众所周知,课程展开的时间是有限的,我们不可能无限延长学习者的学习时间,加之近代科学技术的飞速发展和知识信息的急剧增加,又不得不使我们面对现实的挑战。那么,如何才能找到应对的方法呢?最根本的出路在于变革,改变学习过程是一种单纯继承性的传统观点。课程应该在传授一些基础性知识的同时,注重创新和适应能力的培养,对受教育者来说,最重要的是学会学习,具备进行终身学习的能力,也就是具备自我更新知识结构的能力。对于知识的学习,强调的是让学生掌握认知的手段、方法,即学会自己去发现知识,自己去获取和更新知识,而不仅仅是局限于学习知识本身。由于信息时代知识急剧增长,若是像传统教育那样,只强调知识本身的学习和掌握,那么学到的知识大部分会很快过时,无法适应现代社会发展的需要,只有让学生学会认知,即学会学习的方法,才能在步入社会以后,能够自我更新知识结构,通过自学继续学到工作所需要的各种新知识、新技能。

一般说来,传统性学习,通常是维持性学习和接受性学习,而信息化学习却是创新性学习和建构性学习。维持性学习是一种继承性学习,而创新性学习要处理好"学会""会学"的关系;接受性学习是一种以教师为中心的学习,学生是知识的接受者,而建构性学习是以学生为中心的学习,强调学习者是知识的主动建构者。信息化时代的学习是要从传统的维持性学习向创新性学习转变,从接受性学习方式走向建构性学习方式。要达到这一目标,计算机网络必须与课程及教学模式进行全面的整合,因为它预示着未来教育的发展方向。

(二)预示未来教育的发展

一旦人们的学习观念发生了改变,自然也会对未来的教育有新的展望。实际上,世界各国在展望未来的教育时都主张把信息网络技术作为教育、教学改革的重要一环。努力实现基础教育的跨越式发展,正是由于各国对此相当重视,对传统的教育体制及教学模式的改革正在世界范围内形成一种新的教育发展的趋势。

在我国,运用信息网络技术对传统教育体制和教学模式的改革首先始于外语教学。如前所述,21世纪实际上是信息技术全面发展的世纪,尤其是计算机与网络技术的发展极大地拓展了教育的时空界限,空前地提高了人们学习的兴趣、效率和能动性。就信息化时代的外语教学而言,传统的教学形式将很难适应时代发展的需要,必须要有突破性的变革。这种教学的变革不仅仅是教学形式和学习方式的重大变化,更重要的是将对外语教学的理论、观念、模式、内容和方法产生深刻的影响,给外语教学赋予了更深刻的全新内涵。

目前,我国很多高校开始积极推进微课、慕课网络课程的建设,高校英语教师也在积极探索翻转课堂的混合式教学模式。

第二节 现代教育技术下的新型高校英语教学模式

现代教育技术下的新型高校英语教学模式理论框架整合了多模态、多媒体、多环境理论、计算机技术与外语课程生态化整合理念以及建构主义等教学理念,以环境的创设和教学结构的改变为主要特征,以多模态体验和模态转化学习为实际操作的着力点。与以往单纯以建构主义理论和计算机辅助语言学习理论为基础的理论框架相比,该模式的框架更加系统、细致,对实际教学模式的设计更具指导意义。

一、新型高校英语教学模式理论框架的成分

(一) 多模态、多媒体、多环境理论

1. 多模态

简言之,模态是人类通过感官跟外部环境之间的互动方式。这里的感官不但包括广为知的视觉、听觉、嗅觉、触觉、味觉,还包括医学上新发现的平衡感、距离感等。多模态指用3种或3种以上感官互动。互动过程中,人类可以将来自多模态的信息打包捆绑成整个的体验。模态越多,人类所获得的信息和体验就越充盈。例如,如果亲口品尝到北京烤鸭,至少涉及视觉、嗅觉、触觉和味觉,而如果只看到北京烤鸭的图片,那就只涉及视觉,因而前者的信息和体验比后者更为充盈。

2. 多媒体

要理解多媒体的概念,首先要区分物理媒介和逻辑媒介。物理媒介指装载内容或信息的物理介质,如纸张、磁带、光盘等。逻辑媒介是指在物理媒介上装载内容或信息的编码手段,如文字、模拟音频流、数字音频流、图像及视频流等。而界定某内容是否为多媒体材料,是以逻辑媒介为划分标准的。使用3种或3种以上逻辑媒介的,就是多媒体内容。在这个定义下,文字材料印在纸介上是单媒体材料,声音录制在磁带上也是单媒体材料。但如果一张光盘上有文字、图片、音频流、视频流,那么即使装载内容的物理媒介只有光盘一种,这里的内容也是多媒体内容。显然,与单媒体材料相比,多媒体材料更有可能触发多模态的体验。这也是多模态学习和多媒体学习经常交织在一起的原因。

3. 多环境

学习环境可分成不同的类型。例如,对在校学生而言,有教室、图书馆、自习室等物理环境;有包括课程设置、课程设计理念、教师教学模式等在内的学术环境;有由学生处、教务处等构成的管理环境;有通过计算机广域网构成的虚拟教学环境等。环境向学生同时提供机遇和框定。例如,图书馆向学生提供博览群书的机遇,同时也框定学生在馆内的行为以及博览群书的极限。再如,教师的知识面等构成对学生的框定,而针对学习任务采取行之有效地教学手段又可为学生提供机遇。学习可以说无处不在,发生于多种混合环境中。各环境因素都提供框定和机遇,从而左右学习效果。

如此,高校英语教师在教学设计中应尽量为学生创造可以获得充盈体验、进行模态转化学习的环境,并充分考虑到多种环境因素,特别是多种环境下的学习集成型模式。

(二)计算机技术与外语课程的生态化整合理念

近年来外语教学研究对于信息技术非常重视,整个外语教学研究范式已由"理论、方法到课程或教材"转变成"从理论、方法、技术到课程或教材"。在这种情况下,厘清计算机等现代教育技术与外语教学的关系问题尤为重要。

关于两者的关系,目前广为接受的看法是将计算机视为辅助语言学习的工具。但是这种观念存在很大不足。计算机作为辅助工具应用于教学,具有以下四个特点:①计算机仅充当辅助教师的演示工具;②教学内容基本与课本一致;③学生是仍被视为被灌输知识的对象;④未改变以教师为中心的教学结构。这四个特点严重限制了计算机原本可以发挥的作用。将计算机定位为"辅助"工具,而不是外语学习的有机组成部分。因此,要充分利用计算机等现代教育技术,就必须将其视为书本一样的语言教学必备元素。正如没有"书本辅助语言学习"这种提法,计算机辅助教学的提法也应随着计算机在外语教学中的常态化而逐步废弃。

计算机成为语言教学必备元素的方式就是通过信息技术与外语课程的生态化整合。根据美国教育技术 CEO 论坛 2000 年度报告,信息技术与各学科课程相整合的内涵在于创设生动的数字化学习环境。强调数字化学习环境的创设也是整合与辅助最大的区别。本课题组进一步提出,信息技术与课程的生态化整合实际就是通过信息技术有效地融合于各学科的教学过程来营造一种信息化教学环境,实现一种既能发挥教师主导作用又能充分体现学生主体地位,以"自主、个性、探究、合作"为特征的教与学的方式,从而把学生的主动性、积极性、创造性较充分地发挥出来,促使传统的以教师为中心的课堂教学结构发生根本性变革,形成"主体导向"的教学结构。因此,整合的内涵可概括为 3 条:①营造信息化教学环境;②实现新型教与学的方式;③变革传统教学结构。

(三)基于建构主义的教学理念

根据以往研究,基于建构主义的教学理念与基于客观主义哲学观的传统教学理念相对立。两者在知识观、学习观、教学观、评价观、教师和学生角色、目标倾向、价值取向、信息技术应用、教学设计等方面截然不同。

简而言之,传统教学理念以客观主义哲学为基础,认为知识是客观、稳定、非情景化抽象的存在,是对客观世界的表征。因此,知识外在于学习者,可以传递,而教与学就是知识传递的过程。这种教学理念重知轻行,片面强调系统掌握各学科的理论知识,因此教出来的学生缺乏必要的专业实践能力或动手操作能力,在这种教学模式下,教师被视为知识的化身、讲坛上的圣人。学生则是被动的接受者、等待被灌输知识的容器。因此,传统教学模式普遍采用注入式、填鸭式的授课方式。教学组织形式和方法不够灵活,学生的学习方式仍然是机械地接受知识,学校的培养方式也是统一的培养模式,没有根据学生的不同来制订个性化的教学设计和教学模式。

建构主义教学理念的哲学基础则是由维柯、杜威、维果斯基、皮亚杰等哲学家发展的建构主义。建构主义认为,与其说知识是名词,不如说它是动词。知识是一个不断认知、体验和构建的过程。知识不是对于外部世界的表征,而是由个人创造出来,用来理解亲身经历、构造意义的。学习的过程就是知识构建的过程,是在一定情况下,针对无法满足需求的知识进行质疑、探求、构建和协商的过程。教学就是创设有助于意义建构的学习环境,创设有助于交流协商的学习共同体。与传统理念的重知轻行不同,建构主义教学理论提倡知行合一,其目标是令学生获得高阶知识,促进学生实践能力的发展。在建构主义教学模式下,师生是双主体和互动对话的关系。建构主义教学理念倾向的技术应用观是"用技术学习",主张把信息技术作为学习工具。它克服单一的以讲授为主的班级形式,超越传统的"讲中学""坐中学",而是走向"例中学""做中学""探中学"和"评中学",最大限度地丰富学习资源、时空、方式和体验,以提高教学成效。

二、新型高校英语教学模式理论框架

纵览以上教学理念可以发现,它们共同强调两个核心要素,即学习环境的创设和教学结构的转变;同时,它们相互依托、相互补充。

(一)学习环境的创设

多模态、多媒体、多环境理论中,强调创设更能让学生获得多模态充盈体验以及进行模态转化学习的环境;计算机与外语课程生态化整合理念强调创设生动的数字化学习环境;建构主义的教学理念强调创设有助于交流协商、意义建构的环境。这三种环境实际上彼此相容,甚至通过彼此来实现。

首先,当今教学实践中,多模态学习经常依靠多媒体学习来实现,而数字化环境是多媒体学习的必要条件。

其次,与计算学理论构成的理论框架相比,本研究提出的理论框架的最大优势在于更为系统、细致,因此以其为基础建立的教学模式更具可操作性和可证伪性。该框架在理论层级上有完整的跨度:它有位于基础层面的哲学立场,有处于可证伪层面的模态转换学习假说。与其他研究中经常提到的"自主""互动""计算机辅助"等或模糊或复杂的变量不同,模态的多少或者转换作为一个变量更容易控制、分离与测量,因而在教学设计中更容易实现,在教学实验中更容易验证。

但是在以此理论框架为指导建立具体的教学模式过程中,容易出现一些问题。首先是在教学模式设计中,教师、学生、计算机之间的互动往往不够。某些网络教学内容仅是课本的翻版,而不是让每个学生都真正成为参与者和贡献者。

此外,部分学校的技术环境欠缺也是阻碍教师、学生、计算机之间充分互动的一大障碍。在这样的教学模式下,计算机和网络成为书本一样的教学必需品,如何保障硬件软件条件、维持系统良性运转也是不得不考虑的问题。最后,是教师的角色问题。计算机技术的广泛应用不代表教师作用的淡化。事实上,在本书提出的理论框架中,教师仍是学习共同体中的重要一员,而不仅仅是计算机的开启者和网络维护者。过分依赖机器教学就会流于一种技术的展示。当然,这些问题在单纯以建构主义理论或计算机辅助语言学习理论为基础建立的理论框架下也会出现。如何在教学模式设计实践中,真正践行某种理论框架,是所有高校英语教学单位需要花费大量脑力、精力甚至是财力才能解决的问题。

以计算机和网络技术为基础,对大量音频、视频资源进行有效的收集、处理、整合、存储、传输和应用的数字化环境,几乎可以自然而然地触发多模态学习,数字化环境在某种程度上成了多模态学习的充分条件。另外,鉴于在建构主义视域下,知识作为个人经验的合理化以及个体与他人经过协商后达成一致的社会建构,主要是通过互动来搭建,借助计算机和网络技术使教师和学生、学生与学生之间的联系显著加强的数字化学习环境有助于交流协商、有助于意义建构的环境。

(二)教学结构的转变

传统教学理念和模式中,教师是主动的传授者,学生是被动的接受者。而在建构主义教学理念下,学生与教师同样具有主体地位;在计算机与外语课程生态化整合理念中,学生是主体,教师是主导;在多模态、多媒体、多环境理论中,教师的主要作用在于创设环境以帮助学生获得充盈体验并进行多模态学习,实际上暗示了学生为主体、教师为引导者的观念。三种理念的共同点是都赋予了学生主体地位。另外,生态化整合理念和多模态、多媒体、多环境理论,都将计算机和网络视为除了教师和学生之外的教学结构组成要素。

(三)三种理念本身具有的关系

建构主义的知识观和学习观是多模态、多媒体、多环境理论和生态化整合理念的哲学基础。反过来,多模态、多媒体、多环境理论和生态化整合理念是在现代教育技术飞速发展的氛围下对建构主义教学理念的一种细化。另外,生态化整合理念和多模态、多媒体、多环境也具有同样的基础和细化关系。生态化整合理念提升了计算机技术在外语课程中的作用,从而扩大了多模态、多媒体、多环境学习在外语学习中的比例。而多模态、多媒体多环境学习理论,特别是模态转化学习假说,则给出了在数字化环境下教与学的一个可能方向。

在此基础上,可以勾勒出现代教育技术的新型高校英语教学模式。此新型教学模式的最大特点在于环境的创设和教学结构的改变。这里的环境指的是可以触发模态转换学习的数字化环境,这也是有利于意义构建的环境。教学结构的改变则体现在新型学习共同体的建立上。在该新型共同体中,教师、学生、计算机具有同样重要的地位,且任意两者之间都可以进行互动。学生在互动中获得充盈体验、进行模态转换学习的机会。

创新高校英语教学模式是未来高校英语改革的突破口,是提高教学质量、增强大学生英语综合能力的关键所在。而高校英语教学模式的创新,要有合适的理论框架指导。

这里试图提出这样一个理论框架:它整合了多模态、多媒体、多环境理论、计算机技术与外语课程生态化整合理念以及建构主义的教学理念,以环境的创设和教学结构的改变为主要特征,以多模态体验和模态转化学习为实际操作的着力点。该框架具有深层哲学基础和可证伪层面上的假说,既充分考虑以计算机和网络技术为代表的现代教育技术飞速发展的大形势,又具备系统性和细致性,可真正指导教学模式的构建。当然,本研究期待着更进一步的实际操作验证,以便不断完善与发展。

第三节 信息网络下高校英语自主学习

一、英语自主学习能力的界定

(一)自主学习

在究竟什么是自主学习的问题上,教育学界始终未能达成共识。但是,这种情况并不意味着混乱,只是说明了自主学习研究的丰富性和诠释、阐述的个性化,同时也表明自主学习本身的重要意义已经引起了广泛的注意,预示着对其进行研究的方面和成果会更加全面。

自主学习实际上是元认知监控的学习,是学生根据自己的学习能力、学习任务的要求,积极主动地调整学习策略和努力程度的过程。自主学习要求个体对为什么学习、能否学习、学习什么、如何学习等问题有自觉的意识和反应。这是自主学习早期研究中比较有代表性的一种观点,它以认知建构主义理论为支撑,突出了元认知在自主学习中的作用,但其概念的完整性、准确性仍有欠缺之处。

自主学习有以下三方面的含义:第一,自主学习是学习者的态度、能力和学习策略等因素综合而成的一种主导学习的内在机制,就是学习者指导和控制自己学习的能力;第二,自主学习指学习者对自己的学习目标、学习内容、学习方法及使用学习材料的控制权,就是学习者对这些方面的自由选择的程度;第三,自主学习是一种模式,即学习者在总体教育目标的宏观调控下,在教师的指导下,根据自身条件和需要制订并完成具体学习目标的学习模式。自主学习的必要因素,包括学习策略、学习态度等,但是,其有在片面强调学生元认知水平提高的同时,忽视对学生认知策略的培养之嫌;而且,他对自主学习模式的理解仍然不够全面,自主学习并不是学习者孤立地学习,而是与其他学习者一起合作学习。

自主学习可分为三个方面:一是对自己学习活动的事先计划和安排;二是对自己实际学习活动的监察、评价、反馈;三是对自己的学习活动进行调节、修正和控制。自主学习具有能动性、反馈性、调节性、迁移性、有效性等特征。这种观点以建构主义为理论基点,强调了自主学习者的主动建构,但是过分强调了学习者的自主性,没有认识到教师对学习者的指导作用,更没有体现自主学习中合作的因素。

通过以上分析可以看出,自主学习就是指具有较强主体意识和集体观念的学习者,在教师根据学校教学要求所给予的教学自主权,以及学习者现有情况所设置的教学开放度以内,能够在整个学习团体中,主动而自觉的学习行为,是学习者个体非智力因素作用于智力活动的一种状态。本概念的提出不仅注意到了进行自主学习的学习者应该具有的自身条件,还指出自主学习过程中,教师的指导、学习者自主的活动以及学习者之间的合作都缺一不可。学习者在受教育过程中表现出强烈的求知欲、主动参与的精神与积极思考的行为并且有强烈的融入该集体的欲望,其重要特征是自己具备了将学习的需要内化为自主的行为或倾向,学习的意愿来自内在的需求的冲动,而不是来自外在的压迫或急功近利的行为。

(二)英语自主学习

自主学习就是学习者在学习英语过程中"能够对自己的学习负责",即让学生能够就有关学习的问题进行决策。这一思想对"以教师为中心"的传统教学模式提出了极大挑战,因而受到广泛关注。英语自主学习包括六个方面的内容,即动机、学习策略、时间管理、物理环境、社会环境和学习结果。

外语自主性学习的因素主要包括:自愿性(自主性学习的先决条件)、自主管理(自主性学习的精髓)、学习过程(自主性学习的具体表现,体现了自主性学习的程度)、学习者相互帮助、学习材料。

自主学习应包含下面的内容:具有持久强劲的学习动机和积极的学习态度;能有效地运用元认知策略并能自我管理、自我评估、自我监控语言学习的过程和结果;了解自己的学习风格,采取合适的学习策略完成学习任务;不仅能独立学习,还具有合作学习的精神。

由此可见,高校英语自主学习是指学习者依赖其个人独立的学习风格、积极的学习态度和良好的学习能力,在与教师交流互动中设定其学习目标,通过个人活动和与他人合作的方式,实施、完成、评估自己的学习效果并达到学习目标的过程。具体来说,高校英语自主学习是学生英语学习的一种方式,指的是学生能够根据自己的实际情况对英语学习现状进行自我评估,通过信息反馈,确定英语学习目标、制订学习计划、采取学习策略、监控学习进度,并在此基础上进行总结、评价和信息反馈的再次循环。这种学习的循环链或学习方式包含三方面的内容:首先,对自己的英语学习活动进行计划和安排;其次,对实际的学习情况进行监控、评价和反馈;最后,对自己的学习进行调整、修正和控制。

(三)自主学习能力

有关学习能力的阐述,教育家、心理学家、语言工作者有不同的解释。现代教育理论认为,学习能力是学生在学习活动中形成和发展起来的,是学生运用科学的学习策略去独立地获取、加工和利用信息,分析和解决问题的一种个性特征。

从对培养学习者自主学习能力的研究中可发现,大部分研究人员侧重于对学习者学习策略的培训。学习策略的培训与自主学习能力之间是一种手段和目的的关系。策略培训的目的就是通过培训使学生充分认识到策略的重要性,提高他们的策略意识,懂得如何在适当的时候使用适当的策略,帮助他们探索如何更为有效地学习,鼓励他们对学习进行自我评估和自我指导,以便最终实现学习自主。

培养大学生英语自主学习能力的一个重要环节即学习策略的训练。在高校英语的学习过程中,由于学生对高校英语课程本身自然产生的生疏感及信心缺损,使得激活和培养高校英语学习策略能力尤为重要,这是培养学生自主学习能力的第一步。

创设和谐的课堂氛围来培养学生的自主学习能力,课堂的环境气氛与每一个受教育者的情绪、思维活动直接相关,并在很大程度上影响学生心智与技能的开发、培养、训练、提高,所以营造良好的课堂环境对实施自主学习起着举足轻重的作用。

培养学生的自主学习能力,要时刻关注学生的情感体验,在民主、平等的学习环境中学生没有心理上的压力,他们可以最大限度地发挥个体的学习潜力。教师作为情感的分享者,可以更深入地了解学生,帮助他们调整学习的目标、学习计划,更高效地完成学习任务。

综合上述分析,自主学习能力是以学习者的个人学习风格为依托,自主把握个人的学习情况并对学习负责的能力。更具体地说,就是学习者能够独立地确定自己的学习目的、学习目标及学习内容和方法,并确定一套评估体系的能力。但自主学习能力不完全等同于自学能力,仍然需要教师的指导、帮助,以及与同伴协作学习,不过学习者成了教学活动的主角,即强化以人为本,注重个性发展,彰显个人特色,在集体中发挥个人优势,突出个人特长。

二、高校英语自主学习能力

传统高校英语教学以教师、教材、课堂为中心,采用"教材+黑板,最多再加上一个录音机"的教学方式,以传播语言知识为主。传统高校英语教学之所以多年来一直被大多数英语教师所采用,并能被大多数学生接受,也培养了很多优秀的外语人才,是因为它有自身存在的优势:这种面对面的言语交流是最亲近的、最自然的教学方式,最能充分体现教师的主导作用,增进师生之间的情感交流,是其他形式所不及的。但是,随着现代教育技术和多媒体技术的兴起,以及社会政治、经济和文化不断发展变化,语言学习者对语言能力的要求也不断加强,传统高校英语教学的教学方法、手段和模式已不能完全适应今天高等教育的需要和发展,逐渐暴露出不少问题。语言教学没有达到运用和培养能力的目的,很多学生经过多年的外语学习,仍是听不懂、说不出,甚至没有独立学习的方法和能力,离开教师就无法继续学习。

自主学习的理念一经提出,就相继成为各国教育部门的主要价值取向。我国也把培养学生自主学习能力作为国家教育改革的一项重要战略目标。《国家中长期教育改革和发展规则纲要》大力提倡自主学习、合作学习和研究性学习,为公民进行终身学习、为国家建立学习型社会奠定了政策基础;并提出,把育人为本作为教育工作的根本要求。人力资源是我国经济社会发展的第一资源,教育是开发人力资源的主要途径。要以学生为主体,以教师为主导,充分发挥学生的主动性,把促进学生健康成长作为学校一切工作的出发点和落脚点。关心每个学生,促进每个学生主动地、生动活泼地发展,尊重教育规律和学生身心发展规律,为每个学生提供适合的教育。努力培养造就数以亿计的高素质劳动者、数以千万计的专门人才和一大批拔尖创新人才。"尊重教育规律和学生身心发展规律,为每一个学生提供适合的教育"充分体现了自主学习的本质要求和本然目的。

培养学生自主学习能力是《大学英语课程教学要求》提出的重要教学目标,也是高校英语教学改革的主要目的之一。同时,《大学英语课程教学要求》明确指出,"教学模式的改变不仅是教学方法和教学手段的变化,而且是教学理念的转变,是实现从以教师为中心、单纯传授语言知识和技能的教学思想和实践,向以学生为中心、既传授语言知识与技能,更注重培养语言实际应用能力和自主学习能力的教学思想和实践的转变,也是向以培养学生终身学习能力为导向的终身教育的转变"。

三、自主学习与高校英语课程的整合

(一)整合的必要性

第一,多数学校的网络平台设置在图书馆或者专门建立的自主学习中心,只有少数高校的自主学习平台可以在校园局域网内的任何一个终端登录使用。大多学校的教学平台处于孤岛状态,平台提供的教学资源和学习资源只能在图书馆、自主学习中心和部分网络教室里使用,包括寝室和多数教室在内的其他地点无法使用。现代信息技术没有成为有效整合教学资源和学习资源的手段,这些资源仍然处于分散、孤立的状态,既不能共享也不能便捷使用,没有为实现学习地点和学习时间的个性化创造条件。

第二,只有在自主学习中心和可以利用网络学习平台的多媒体教室,部分学校安排计算机技术人员和英语教师进行咨询和辅导,走出这些空间,生生互动、师生互动、合作学习都无法实现。现代信息技术没有真正成为创设良好语言学习环境的手段,学习主体处于孤立、失语的状态,人力资源和智力资源没有得到充分有效利用。

第三,大部分学校的语言自主学习中心,只是以自主学习平台为手段为学生学习提供了场所,除了自主学习平台提供的电子学习材料外,没有其他形式的学习资源。而且,并不是所有的学校语言自主学习中心都提供智力和技术支持,有些学校的自主学习中心根本没有指导教师。

第四,课堂教学中,计算机有当一部分功能是以前黑板和幻灯的替代形式。此外,相当一部分教师上课时只是被动地播放与教材配套的教学软件,没有综合考虑学生的实际情况、教学内容的特点和教学目的等因素,没能形成个性化的课程内容和富有创造性地开展教学活动。经过多年的高校英语教学改革和课程建设,现代信息技术在教学中已经得到广泛应用,但是效果仍不尽如人意。

为了克服现代信息技术在高校英语教学应用中出现的问题,并充分发挥其作用,促进高校英语教育和教学观念的转变,改进教与学的方法,提高教与学的效率,有效整合和利用教学资源,把现代信息技术融入高校英语课程体系和整个教学的全过程,不断优化语言学习环境和语言课程的生态环境,实现计算机网络与外语课程的全面整合,提高语言学习效率和学习效果。

(二)整合的含义

现代信息技术主要是指计算机和网络技术,现代信息技术与外语课程整合主要是指计算机网络技术与外语课程的整合,其内涵是指在外语教学过程中把信息技术、信息资源、信息方法和课程内容有机地结合起来,共同完成课程教学任务的一种新型、高效的外语教学方式。

目前,能够代表现代信息技术发展较高水平的应该包括虚拟现实技术。虚拟现实技术整合了多种现代信息技术的功能,有着巨大的技术优势,并在近年来取得了迅速发展。虚拟现实技术的独特之处在于能够模拟接近于语言交际的真实情境,在缺少相应语言环境的外语学习条件下创设与学习任务和交际任务匹配的语言情境,在语言教学中得到了越来越多的应用。因此,我们所指的现代信息技术除了计算机网络技术外,还把虚拟现实技术纳入其中,也就相应拓宽了与外语课程整合相关的现代信息技术的范围。

根据高校英语课程体系、教学模式和教学结构的特点,为满足学生个性化学习和自主学习的需要,我们认为,在计算机网络技术、虚拟现实技术与外语课程整合的过程中,计算机网络技术和虚拟现实技术主要发挥三个方面的作用:①存储、提供和呈现教学资源和学习资源;②构建基于计算机和课堂的教学模式;③促进语言学习和自主学习能力发展的语言学习支持性环境。

基于这样的判断,我们结合《大学英语课程教学要求》对构筑"基于计算机和课堂的教学模式"的相关建议,设计了基于课堂教学、虚拟现实技术支持下的合作学习与自主学习有效联动、互为补充的集成式高校英语教学模式。

四、自主学习与现代高校英语教学整合模式探索

（一）自主学习与现代高校英语教学整合模式的理论依据

20世纪50年代以来，教学理论主要以行为主义、认知主义、建构主义和人本主义的形态影响着语言教学。从历史的角度看，这四种教学理论是一个发展的过程，从共时的视角观察，目前的语言教学实践中还有四种教学理论共存的现象。

纵观教学理论发展史，教学理论的发展绝对不是一种教学理论简单替代、粗暴否定其他教学理论的过程，而是在吸收原有教学理论内核的基础上，为解决特定历史时期存在的实际教育与教学问题而对原有教学理论的创新和发展，也标志着人类对自身教育理解的不断深化和视界的持续拓宽。新教学理论是在扬弃的基础上对原有教学理论的继承和发展，但是，不能简单断言新教学理论就比原有的教学理论先进，不同的教学理论，在不同的学习阶段、不同的教学环境下能够更有效地解决某一方面的问题，而不是所有的问题。一种教学理论适合某个国家、某一时期的情况，未必适合另一个国家、另一个时期的情况。不同教学理论之间是一种相互补充的关系，而不是相互排斥、相互否定的关系。因此，在具体的教学实践中，不同的教学理论具有相互融合的内在诉求，由这些教学理论衍生出的教学模式就有了融合的可能和必要。

（二）自主学习与现代高校英语教学整合模式的原则与框架

集成式高校英语教学模式是指，课堂教学和虚拟现实技术支持下的合作学习与自主学习有效联动、互为补充的一种教学模式。在新的教学模式中，以计算机和网络为核心的现代信息技术不再是游离于教学系统之外的辅助性工具，而是作为促进学生自主学习的认知工具和情感激励工具、丰富的语言教学环境的创设工具，全面应用到高校英语教学的整个过程。并且使各种教学资源、各个教学要素和所有教学环节经过整合后能够产生聚集效应，从而促进传统教学方式和教学理念的根本性改变，满足个性化学习和自主学习的需要，促进高校英语课程总体教学目标的实现。

要把三种学习方式的特点和课程内容、教学目标、教学目的等主要因素综合起来考虑，发挥各自的优势，构建相互补充、相互促进、协调高效的集成性教学模式。

课堂教学应该在"以教师为主导，以学生为主体"的原则指导下，重点解决以下几方面的问题。

①解决教学中的重点、难点问题。

②部分人对《大学英语课程教学要求》倡导的"网络环境下的听说教学模式"的有效性，尤其对提高口语的实际作用表示怀疑，认为课堂口语训练仍然是课堂教学的重要内容。

③解决学生在自主学习过程中的共性问题和困难。

④检查、评价学生自主学习的效果，并作为教师进行形成性评价的依据。教师可以借此反思自己的教学，同时引导学生对自己的学习进行反思和评价，引导学生形成积极的归因习惯和自我效能感。

⑤结合具体学习材料和学习任务进行学习策略培训。从课程类型的角度讲，现代信息技术支持下的合作学习和自主学习适合进行语言基础知识学习，开展听力、阅读、翻译

等输入性技能训练,课堂教学主要从事口语、写作等输出性训练。

从不同教学模式的目的上看,课堂教学着力解决的是绝大多数学生的共性问题,满足的是学生的共同需要;现代信息技术支持下的合作学习和自主学习的主要功能是满足学生个性化学习和自主学习的需要。实际上各种类型的课程都可以通过自主学习的方式进行。

(三)自主学习与现代高校英语教学整合模式的结构和功能

虚拟学习环境下集成自主学习和合作学习构建的高校英语辅助教学模式的基本结构和功能。

该模式由三种学习方式构成:虚拟学习环境下的自主学习和合作学习,虚拟学习环境下固定群合作学习,虚拟学习环境下扩展群合作学习。这三种方式都以同一个交流反馈平台和监控指导平台作为技术支持,只是在学习群体、教学目的和使用的学习资源方面存在差异。三种学习方式的功能如下。

①虚拟学习环境下的集成自主学习和合作学习是由固定群的成员借助于校本学习资源、以配合课堂教学为目的、以自主学习方式开展的学习活动,可用于完成综合英语类、语言文化类、语言应用类和专业英语类等适合于自主学习的项目。这里,固定群包括学生和教师,可以按自然教学班为单位设置,也可以打破自然班根据学习科目进行设置。校本学习资源也可称为直接学习资源,与高校英语课程密切相关,由学校提供和管理,主要包括出版社提供的与教材配套的数字资源、教学平台提供商提供的教学平台和教师配合课程制作的教学课件和其他学习材料。

②虚拟学习环境下固定群合作学习是指固定群以集体为单位、借助校本学习资源从事的合作学习活动,主要目的是为个体在课堂学习和自主学习中遇到的困难和问题提供帮助和支持,是与课堂教学和自主学习实现互动的一种形式,是课堂教学和自主学习的辅助系统。固定群也可以通过合作学习的方式完成教师出于特定目的下达的学习任务,比如以问题为依托的学习任务、以项目为依托的学习任务等。这些任务可能是为了提升交际语境的真实性,也可能是

为了增加交互机会。总之,教师可以根据不同的教学目的设计不同的学习项目,让学生通过固定群的合作学习来完成;还可以利用交流反馈平台提供的多方语音对话或视频会议功能,以合作学习的形式,实现某些通过其他方式难以实现的教学目的。因此,也可以把固定群进行的合作学习看作是课堂教学和自主学习的延伸系统。

③虚拟学习环境下扩展群合作学习是指扩展群(包括固定群在内的任何愿意通过互联网参与合作学习的个人或组织)借助于互联网,充分利用校外学习资源进行的合作学习活动。这里所说的校外学习资源是指互联网提供的学习资源,主要包括两种形式:一种是以学科、知识点和主题为标准建设的专题学习网站;另一种是以学习社区形式出现的虚拟学习环境。为了方便固定群成员使用校外学习资源,可以在校内资源平台上为学生提供相应链接。扩展群除了具有固定群合作学习的辅助和延伸功能外,更重要的作用是学习者可以利用平台提供的交互功能进行语言交际技能训练,特别是听说能力的训练,解决了课堂教学和自主学习过程中真实语言交际环境缺位的问题。扩展群合作学习主要是国内语言学习环境的补充系统。

三种学习方式的功能既相对独立又相互补充,通过技术整合构成了虚拟学习环境下高校英语辅助教学模式的基本框架,这个模式的有效运行还需要依靠学习资源平台、交流反馈系统和监控指导系统来实现。这三个系统的基本功能如下。

一是学习资源平台直接提供校本学习资源、间接提供校外学习资源,它是整个教学模式的资源支持系统。

二是交流反馈系统提供同步交互和异步交互功能。三种不同方式的学习多数是借助同步交互功能实现的,有些学习活动也需要借助异步交互功能来完成,比如,固定群成员可以把学习中遇见的疑难问题、自己的观点、学习体会、学习经验等信息发表在系统提供的论坛上,其他成员可以就此回帖,做出相应反馈。交流反馈系统是学习者在学习过程中进行交互的媒介,是整个教学模式的关键性技术支持系统。

三是监控指导系统是各种学习活动的保障系统,在三方面发挥作用:①提供各平台的使用方法和学习者基本的策略指导与训练;②为教师提供监控和管理工具,对整个学习过程进行必要引导和干预;③提供学习绩效管理工具,为教师形成性评估提供依据,也可对学生学习绩效做出评价和反馈,提出指导和建议。

虚拟学习环境下集成自主学习与合作学习的高校英语教学模式是一个自足系统,因为参与群体和学习资源具有很强的扩展性,这个模式也是一个具有很强兼容性的开放系统。

第四节 翻转课堂、微课与慕课

随着信息技术的改革与发展,基于网络多媒体的高校英语教学已经在高校英语教学中逐步运用。网络多媒体环境下的高校英语教学模式已经取代了传统的"满堂灌"式的教学模式,通过图文并茂、互助、合作交流的模式展现于学习者面前。因此,本节就主要介绍三种经典教学模式:翻转课堂模式、微课模式、慕课模式。

一、高校英语翻转课堂模式

(一)翻转课堂的定义

翻转课堂又可以称为"颠倒课堂",其教学过程包含两大阶段是知识传授;二是知识内化。在传统教学模式中,教师往往会通过课堂知识传授的形式来传输给学生,学生通过课后作业的完成情况和具体的实践来实现知识的内化。与这一传统教学模式不同,在翻转课堂教学模式中,教师根据自己的教学计划对课前预习的内容进行布置,学生则主动利用各种开放资源来获取知识,在课堂上通过与教师进行探讨,然后完成任务,最后内化为自己的知识。

所谓翻转课堂模式,是指在课堂进行之前,学生利用教师给出的视频、音频、开放网络资源,电子教材等学习材料,自主完成课程内容,然后在课堂上主动参与教师的互动活动,最终完成学习任务。

近年来,翻转课堂模式在国内产生了巨大影响。作为一种基于网络多媒体的新型教学模式,翻转课堂模式是对传统教学流程的颠覆,这对于学生展开自主学习而言是非常必要的。作为一种新型授课方式,翻转课堂对我国英语教学改革大有裨益。但是,翻转课堂不属于在线课程,也不能运用视频代替教师,它只是师生之间进行互动的方式,为学生的自主学习提供了充分的空间和实践,从而获得个性化的发展。

在传统教学模式中,知识习得需要经历知识讲授、知识内化、知识外化三个步骤。通过课堂,教师完成知识的讲授,而学生在课后任务和作业中完成知识的内化。这在前面已有所提及。但是,在当前云教育、云学习的技术条件下,学生可以通过"云课程"及媒介来展开学习,当学习中遇到困难时,教师可以对其进行排解和启发,既保证了师生之间的平等交流,也保证了学生知识的进一步深化。简单来说,从先教授后学习转向先学习后教授,这就是所谓的课堂翻转。

综上所述,翻转课堂模式是对传统教学模式的变革,师生及教学方式在教学过程中都发生了质的改变。

(二)翻转课堂模式的构成

很多学者对翻转课堂模式进行研究,将其构成要素分为三个层面:课前内容传达、课堂活动组织、课后效果评价。下面对这三个层面进行分析。

1. 课前内容传达

在翻转课堂模式中,其教学的基础在于课前内容的有效传达。就目前来说,我国翻转课堂模式往往会采用教学视频与纸质学习材料这两种方式来传达教学内容。其中,教学视频被认为是最基本的形式。对于教学视频的来源,主要有以下两种途径。

(1)运用现有的教学视频

运用现有的教学视频是教师进行翻转课堂教学的最佳选择。主要有两方面的原因:一是由于教师的教学任务非常繁重,并没有多余的时间来制作新的视频;二是教师在面对视频录制仪器时,往往比较紧张,因此会严重影响教学效果和进程。可见,如果教师可以从网上找到现有的教学视频,那么必然会节省教师自身的时间和精力,且网上的教学视频资源非常丰富,教师只需下载就可以使用。

(2)制作新型教学视频

对于翻转课堂模式中运用的视频,教师除了运用现有视频外,还可以进行录制。当然,这需要教师有多余的时间和精力,他们可以运用电脑、录音软件、麦克风、手写板等进行制作。具体而言,可以做到如下几点:

①教师可以使用录屏软件对电脑操作轨迹及幻灯片演示轨迹进行捕捉。

②教师可以利用麦克风对讲述的音效进行录制。

③教师可以运用手写板对书本上的书写效果进行提升。

④教师可以利用音频编辑软件对录制的声音进行加工。

另外,教师还需要对画面质量进行关注。基于此,教师需要考虑制作的视频应该尽量短小。这是因为当前的社会生活、工作学习节奏快,如果视频过长,那么难免会引起学生的厌烦;相反,如果视频短,那么则能激发学生的兴趣,引起学生的响应。

2. 课堂活动组织

在翻转课堂模式中,教师需要对课堂活动进行组织。在组织课堂活动过程中,教师需要注意如下几个层面。

首先,对于高校英语教学而言,导读类课程比较适合翻转课堂教学,这类课程通过网络多媒体展开。在课下,学生按照教师的安排习得内容;在课堂上,教师解释重难点问题,进而通过网络多媒体实现在线测试。完成测试后,学生可以即时获取网络背景知识和学习资源,同时还能与之前的测试结果进行比对,从而加深自己的知识。

其次,英语课程涉及语言与文化两大因素,教师在对学生的学习进行安排时,需要从初级认知的识记理解开始,转向高级的综合应用,完成一系列的递增过程。同时,教师在安排学生学习时还需要组织与此相适应的学习活动,在学生固有知识的基础上加深其对不同文化知识的理解和掌握。

最后,在合作学习的基础上应结合个体学习,因为个体学习有助于学生充分领会和识记。

3. 课后效果评价

在翻转课堂教学模式中,教师需要重视课后效果评价。翻转课堂模式常采用个性化学习测试,依靠的是教师与学生在接触的过程中形成的评价。也就是说,教师需要依据自身经验,对学生的知识掌握程度进行判断。这种即时的评价有利于纠正学生对知识的误解,且能够根据不同学生的差异,为他们提出合理化的建议和指导。但是,由于翻转课堂兴起时间较短,其评价与测试形式并不完善。因此,翻转课堂模式的学习评价主要是要求教师与学生之间进行及时交流与沟通,并根据学生的不同个性特征来加以引导。另外,教师还需要提供更多渠道来为学生展示学习成果,让学生建立起足够的成就感和自信心,促使他们有学习的动力。

(三)翻转课堂模式的优势

通过翻转课堂模式的定义可知,该模式是对传统教学模式的颠覆。具体而言,翻转课堂模式有如下几个方面的优势:

1. 有助于学习者安排学习时间

翻转课堂模式有助于学习者安排学习时间,尤其是即将毕业的大学生,他们需要在实习工作上花费很多时间,因此并没有充足的时间置于课堂学习。这些学生需要的是能够迅速传达知识的课程,让他们在闲暇时间学习知识。对于这些学生来说,翻转课堂模式是非常适合的,利于他们对自己学习时间的安排。

2. 有助于师生展开课堂互动

与传统课堂教学模式相比,翻转课堂模式改变了师生之间的相处方式,教师与学生之间逐渐形成了一对一的交流。如果学生对某一知识点存在质疑,那么教师可以将这些学生集中起来,对他们进行特别指导。另外,在翻转课堂上,学生会展开大量的互动,他们不再将教师看成是知识的唯一来源,还包含其他同伴之间的互动学习。

3. 有助于差生进行反复学习

在传统教学课堂中,教师将更多重心放在成绩优秀的学生身上。这是因为,在老师的眼中这些学生可以追赶上教师的步伐,且愿意积极主动地参与到教师的教学中。但是,除了这些成绩优秀的学生外,其他英语水平相对较差的学生往往是被动听课,甚至很难跟上教师的节奏。对于这种情况,翻转课堂有助于帮助这些学生。在翻转课堂上,学生可以随时对视频进行暂停或重放,直到自己理解和明白为止。另外,翻转课堂模式还可以省大量教师的时间,让教师将更多精力投注于学生的身上。

4. 有助于学习者实施个性化学习

众所周知,各大高校的学生来自不同地区,其自身发展水平必然会存在差异,参差不齐,尤其是兴趣爱好和学习能力等。虽然当代的教学研究领域注意到了这一问题,但是传统教学模式很难实现分层教学,而翻转课堂教学模式恰好解决了这一问题。翻转课堂模式根据学生的兴趣、能力等展开教学,使每位学生能够从自己的进度出发来进行学习。

5. 有助于课堂管理的人性化

在传统课堂教学中,教师为了帮助学生获取知识,需要密切关注学生的注意力和整个课堂的纪律问题。如果学生被某些事情影响了心情,那么必然会影响他们学习的进度。但是,在翻转课堂中,这一问题是不存在的。

首先,翻转课堂模式将学习的主动权归还给学生。如前所述,翻转课堂模式是对师生间、生生间互动关系的强化,让学生最大限度地发挥了主观能动性,即学生掌握了主动权。虽然传统课堂中教师也会辅导学生,但由于受传统理念的影响,这些教学改变只存在于形式上,教学活动仍侧重于讲授,学生完全没有占据主体地位。在网络多媒体环境下,翻转课堂模式获取了名正言顺的地位。在翻转课堂中,学生根据教师提供的资源首先进行自主学习,体现学生的主体地位,然后在课堂上与教师展开讨论,深化自己的知识。

其次,翻转课堂模式扭转了传统教学模式下学生的学习观念和学习态度。翻转课堂中的学习内容是根据学生的需要、兴趣来定位的。在总体学习目标下,学生通过教师提供的学习途径、学习材料完成知识建构,提升自身的知识水平。

最后,翻转课堂使学生对教师的依赖性降低。这是因为,翻转课堂中知识的习得置于最前的位置,学生的自主性逐渐提高,有效淡化了学生对教师的依赖。在自主学习中,学生不得不将自己获取帮助的想法转向其他同学,经过一段时间后,学生便形成一种习惯,即与其他同学进行探讨和交流,主动接收学习知识的过程,这样不仅可以提升学生的知识水平,还能提升他们的人际交往水平。

二、微课

随着网络多媒体技术的引入,人们的学习方式逐渐发生改变。在网络及"微时代"的双重影响下,微课模式已经悄然进入高校英语教学的领域,并成为人们探索新教学模式的一个重大突破口。可以说,微课是一种新的网络学习资源,并在国内迅速发展,成为基于网络多媒体的高校英语新教学模式。高校英语微课模式的定义、构成、优势及实施办法等成为当前研究的热点,下面就对这几大方面展开分析和探讨。

(一)微课模式的定义

从字面上来说,"微课"有如下三个层面的阐释。

①对于"课"这一概念来说,微课是"课"的一种,是一种课式,呈现的是一种短小的教学活动。

②对于"课程"这一概念来说,微课同样是有计划、有目标、有内容、有资源的。

③对于"教学资源"这一概念来说,微课具有丰富的教学资源,如数字化学习资源包、

在线教学视频等。

但是,对其内涵进行挖掘,可以发现微课是一种具有单一目标、短小内容、良好结构、以微视频为载体的教学模式。微课的最初理念是通过正式或者非正式的学习方式,人们不断对短小、主题集中、与实践紧密结合的专业知识进行学习,从而提高学习效果,促进知识的内化。

微课从本质上是一种对教与学进行支持的新型课程资源,而且微课与其他与之匹配的课程要素共同构成了微课程。从这点来看,其属于课程论的范畴。当学生通过微课模式开展学习时,他们就是以微课作为媒介与教师产生交互活动,通过面对面辅导、在线讨论等进行直接交互,从而产生有意义的教学。

(二)微课模式的构成

从微课的课程属性出发,微课需要具备必备的课程要素。具体而言,主要涉及四大要素:目标、内容、活动、交互和多媒体。

1. 目标

目标是指教师预期微课模式的适用教学阶段,以及期望教学所要达成的结果,主要包含以下两层含义。

①应用目的,即设计开发微课模式的原因。这与微课模式是在课前、课中还是课后运用有关。如为学生的课后练习提供指导而制作的相关练习讲解的微课。

②应用效果,即教师在使用微课模式后期望学生所能够解决的具体问题,如掌握某一体裁的英语写作方法、阅读理解题的解题技巧等以引发学生思考。

一般来说,微课模式的目标是具体明确、单一的,其对于微课内容和应用模式的选择起着重要的指导意义。

2. 内容

微课内容是指为微课模式预期服务的,与特定学科相关的有目的、有意义传递的信息与素材。也就是说,高校英语微课模式的内容是教师实现预期目标的信息载体。根据微课的目标,并结合学生的学习情况以及准备应用的教学阶段等教学实际来设计微课模式的内容。微课内容不同,教师对教学活动的设计也不一样。但是,由于微课的时间很短,内容上往往具有主题明确、短小精悍、独立的特色,因此需要教师对微课内容进行精心选取。

3. 活动

活动是主体与环境的相互作用过程,其中环境涉及主体本身、其他主体以及客体。这里所说的"教的活动"是指教师这一活动主体与特定微课内容这一客体之间的相互作用过程,通过这种相互作用,向学习微课的学生将教学信息有效传递出来,以帮助学生对课程内容进行理解与思考。教的活动是实现微课目标的一种有效方法。从方法上来说,教的活动可以分为教师的演示、讲授、操作及其他主体间的互动等活动类型。

4. 交互和多媒体

要想完成微课中教的活动,教师必须要借助某些特定工具来保证学生能够正确理解微课内容的意义,从而实现学生与微课的相互交流。在微课模式中,这种工具主要包含以下两种。

(1)交互工具

学生进行微课学习,能够促进学生与微课间进行操作交互和信息交互,其交互的类型与形式如表5-1所示。

表5-1 微课的交互类型与形式

类型	形式	直接交互对象
概念交互	引发认识冲突的言语	学生与多媒体信息
	引发认识冲突的画面	
	具有提问性质的言语	
信息交互	叙述性的言语	
	叙述性的画面	
操作交互	人与机器间的交互工具	学生与交互界面

(2)信息呈现工具——多媒体

多媒体能够更好地帮助教师对教学内容进行表达和解释,提高学生在进行微课学习时与学习资源间的交互有效性,如微课中课件、动画、图形、图像等的呈现。

总之,微课这四大因素是相互影响、相互关联的。通过对这几大要素的设计,教师有助于构建成一个具有结构化数字化课程资源。

(三)微课模式的优势

从微课的定义与构成上不难看出,微课与当前信息技术相适应,是一种新兴媒体在教学领域的运用。可以说,微课在高校英语教学中的优势非常明显。

1. 教学内容少

微课模式主要是对课堂教学中某一知识点教学的凸显,或者是对教学中某一环节或者某一主题活动的反映。与传统教学内容相比,高校英语微课教学内容精简,更符合教学的需要。

2. 教学时间短

一般来说,高校英语微课教学视频时长为3~8分钟,最长也不应超过10分钟。相比之下,传统课堂教学时间长,一般为40~45分钟。因此,微课常常被称为"微课例"或"课堂片段"。也就是说,微课教学时间短。在当前的高校英语教学中,使用微课模式有助于针对教学难点开展教学,使学生能将这些注意力集中在教学的黄金时段,通过与教师的互动解决学习上的困惑。

3. 资源容量小

通常情况下,微课模式中的教学视频及配套资料的容量约为几十兆,容量一般比较小。在高校英语教学中,微课这一模式有助于教师与学生间流畅地展开交流。

4. 资源构成情境化

高校英语微课教学的内容通常具有鲜明的主题,且指向也完整、明确。教学视频片段是微课的主线,并以此对教学设计及其他教学资源进行统整,从而构筑成一个类型多样、主题凸显、结构紧凑的"主题单元资源包",创造出一个真实的教学资源环境。这就使微课资源具有了视频教学案例的特点。这样真实、具体的情境不仅有助于学生提升自己的思维能力,还有助于提升教师的教学技能和学生自己的学业水平。

5. 反馈及时、针对性强

微课教学内容少、教学时间短,因为可以在短时间集中开展"无生上课"活动,因此教师和学生都可以迅速获取反馈信息。此外,每一位学生都可以参与进课前组织预演,相互学习,这在一定程度上有助于减轻教师的压力,保证英语教学活动顺利开展。

6. 成果简化、多样传播

由于微课教学内容主题鲜明,内容具体,因此其成果易于转化和传播。同时,微课教学时间短、容量小,因此其传播的方式也是多种多样的,如网上视频传播、微博讨论传播等。

7. 主题鲜明、内容具体

微课课程的开展是建立在某一主题上的,其研究和探讨的问题也主要来自具体、真实的教学实践。例如,教学实践中关于教学策略、学习策略、重点难点、教学反思等问题。

(四)微课模式的实施办法

就当前的教学实践来说,微课模式有着重要的发展前景。虽然微课的设计是当前研究的重点问题,但是也不能忽视微课模式在教学实践中的应用。因此,下面就高校英语微课教学提出一些建议。

1. 建立微课学习平台

微课模式主要建立在视频这一载体上,同时还需要一些辅助模块,如微练习或互动答疑等,这些对于提高学生的学习兴趣、培养教师的信息化应用能力十分有益。其中,一个较为创新的方法是微慕课平台,使微课模式展现出慕课模式的系统性和专业性。这一平台具有一定的知识含量,且结构灵活、系统性强、制作成本低等优点。

2. 提升微课录制技术

微课录制技术更追求质量,而且要尽可能地简单,使教师乐于录课,并能够快速提升自己的微课录制技术。另外,微课的研究人员需要在网络多媒体技术上进行改进和发展,追求卓越,尽可能地使微课模式得以普遍推广。

3. 加强资源开发,实现共建共享

当前的高校英语教学中仍存在着教学资源不均衡的情况。而微课的出现,使得优质的教学资源通过网络传送到全国的高校中,从而实现资源共享。

三、慕课

在网络多媒体环境下,慕课模式是以关联主义为基础,开展大规模的在线教学方式和学习方式。慕课模式的形成和发展并不是偶然的,而是在时代的发展和信息技术的进步基础上实现的。

(一)慕课模式的定义

慕课是一种在线课程开放模式,是在传统发布资源、学习管理系统的基础上建立起来的课程模式,又称为"大型开放式网络课程"。慕课主要由具有协作精神与分享精神的个人所组织,他们将优异的课程上传到网络,可供需要的人下载和学习,目的是促进知识的传播和发展。

2012年9月20日,维基百科将慕课进行了界定,即慕课是种以开放访问、大规模参加作为目的的在线课程。慕课的英文字母是MOOC,这四个字母分别有其代表的含义。

M:代表参与这种开放性课程的人数多,规模大。

O:代表这一课程具有开放性,只要是想学习的人都可以参与其中。

O:代表这一课程学习的时间是非常灵活的,想学习的人可以自主选择。

C:代表课程包含的种类众多。

(二)慕课模式的优势

慕课模式应用于高校英语教学必然会引起重大的教学理念与教学方式的改变。也就是说,慕课模式对当前的高校英语教学意义重大。具体而言,慕课模式具有如下几点优势。

1. 提供能力培养平台

我国的高校英语教学虽然一直在不断变革,但是总体上还是将重心放在基础知识教学上。这种教学模式必然阻碍学生将英语教学与专业结合起来,也就很难实现自己综合能力的提升。

受这一教学理念和教学背景的影响,很多学生忽视了英语的学习,并没有意识到英语这一工具的作用。慕课的出现能够为学生提供最新的发展评估和专业动向,有助于激发学生的学习动机和兴趣,促使学生提升自己的专业能力,解决英语教学与自己专业的问题。

2. 平衡学生水平

高校学生来自不同的地域,各地的教学水平存在差异,学生的学习能力和学习基础也高低不同。在统一的大班英语课堂上,教师很难实行一对一教学,只能从宏观上对学生进行指导。在这样的教育现实下,很多学生已经追赶不上教学的进度,或者不满足于当前的教学水平。

慕课模式通过开放性的网络平台,给学生提供了有针对性的教学,便于缓解教与学的矛盾。同时,该模式不受时空限制,既有利于促进基础好的学生能力的发展,也有利于基础差的学生知识的巩固。

3. 形成语言使用环境

对于我国学生而言,英语是第二语言,因此本身缺乏语言学习的环境,导致学生在课堂上学到的知识很难在现实中应用。很大程度上说,这降低了学生学习英语的成就感,也对日后学生的语言能力提升十分不利。

慕课的出现能够为学生创设良好的语言学习环境,即学生可以接触到真实的语言,甚至可以与世界上其他国家的人们进行交流,这都有助于提升学生自身的听说能力。

4. 扩大学生知识储备

我国的高校英语教学主要是围绕课堂教学展开的,面对短暂的教学时间、繁重的课业压力,课堂教学很难给学生带来充足的知识。相比之下,慕课教学模式以网络为平台,向学生提供丰富的知识,方便学生进行提取,不仅扩大了学生的知识储备,还丰富了学生的学习效率和兴趣。

(三)慕课模式的实施办法

作为一种新兴的高校英语教学形式,慕课模式往往会通过以下几个步骤进行教学,即课程设置多样化、上课方式多样化、考核方式多样化、传统课堂与慕课结合。

1. 课程设置多样化

就当前的高校英语教学来说,慕课模式改变了传统教学模式的单一状况。就师资力量来说,传统的高校英语教师资源非常有限,所讲授的课程针对性也不明确。就课程设置来说,虽然各大高校都设置选修课,但是这些选修课大多是为英语四、六级考试设置的。对此,慕课教学模式根据学生的兴趣和需要来选择课程,大大提高了学生的学习兴趣,从而提升了学生学习英语的质量和效率。

2. 上课方式多样化

虽然我国各大高校都在推进高校英语教学改革,上课形式也不再单一,但是仍旧将教师讲授作为中心,其中穿插的多媒体也只是一种辅助形式,是教师板书的延伸而已。但是,在网络多媒体不断发展的背景下,慕课模式实现了上课方式的多样化,学生可以在校园任何地方用电脑或者 iPad 进行学习。

3. 考核方式多样化

在网络多媒体教育环境下,高校英语慕课模式的关键在于考核方式的多样化。如果仅仅依靠传统的笔试或者论文式教学,那么就很难将学生的实际水平测试出来。在慕课模式下,考核方式的多样化主要涉及两点:一是探索个性化考核方式,即根据不同层次的考生设置不同的测试题目;二是探索开放性的考试方式。总之,无论是个性化考核方式,还是开放性考核方式,其前提都是为了激发学生的学习积极性和学习兴趣。

4. 传统课堂与慕课结合

前面已经介绍了慕课模式的优势,但是在发挥慕课模式的同时,还需要注意两点问题。

首先,高校英语慕课模式教学还有待完善,因为需要对教师进行培训,还需要准备与之配套的教学硬件设备。

其次,对于大学生来说,他们自身水平存在差异,因此要想让不同层次的学生适应慕课模式,也需要很长一段时间。如果将所有的教学内容置于网上,那么那些本身自制力差的学生就更容易放弃,这当然是教师不愿意看到的。

因此,当前属于新旧交替时期,教师仍旧扮演着重要角色。首先,教师应该积极探索能够激发学生主动性和积极性的慕课课件。其次,教师需要对学生的基本情况有一个清晰的了解,保证慕课课件能够被大多数学生理解和把握。最后,教师还需要了解不同学生的自主学习能力,锻炼学生的心理素质,使他们尽快适应新兴的教学模式。

第六章 高校英语听力与口语教学实践

第一节 高校英语听力教学实践

一、影响听的因素

听是一个人语言能力的重要体现,是一项看不见的认知操作过程。在高校英语听力教学过程中,学习者的听力水平会受到很多因素的影响,影响学习者听的因素大体可分为主观因素和客观因素两大类。

(一)影响听的主观因素

说到影响听的主观因素,主要是从听话者的角度而言的,包括听话者的语言水平、背景知识、记忆力与注意力、学习方法与学习习惯,以及听话者的情感因素等。

1.听话者的语言水平

听话者的语言水平主要受语音知识与词汇量的影响,这两个因素会对学习者的听力水平产生重要的影响。

(1)语音知识

语音对于语言来说有着至关重要的作用,正确的发音是实现顺利交流的重要保障。很多学习者都曾经遇到过这样的问题:在听力过程中,一些自己认识甚至是非常熟悉的单词或短语常常会分辨不出来,以致出现很多无法听清或听懂的内容。这一问题的根本原因就在于语音,学习者本身的语音不正确,致使他们在听的过程中,即使听到某个词语也很难在脑海中搜索到相应的正确词汇,自然也就很难理解所听材料的意思。造成学习者发音不准的因素主要有以下几点。

①学习者的发音不准是受害羞心理的影响:中国有很大一部分的学习者在英语学习过程中有着强烈的害羞心理,他们羞于张口,害怕因讲错而被嘲笑。学习者在学习英语发音时,如果因为害羞心理而不敢开口练习就很难掌握正确的发音规则,造成发音不准。

②学习者对语音的轻视也是导致发音不准的一个重要原因:有些学习者并不重视发音的作用,认为发音不重要。他们在学习单词的时候只关注单词的拼写与中文意思,总是对单词的音标视而不见,所以他们对很多单词的发音都不准确。

③学习者不重视单词的发音自然也就不了解发音的规则:发音规则是学习者掌握正确发音的重要前提,学习者掌握了发音规则就会在语音学习中有章可循。反之,没有发音规则的理论指导,学习者很难形成正确的发音。

④受地域影响而产生的方言对发音的影响也是不容忽视的:中国地域广阔,生活在不同地区的人会有不同的方言,这种地域的差异性会使一些学习者在英语学习过程中面临一些困难,在语音学习中会存在一些相对较难的发音。

(2)词汇量

词汇量也是影响学习者听力水平的一个重要因素,词汇量的大小对学习者听力的理解程度具有一定的决定作用。有研究表明,如果一篇对话中的生词超过30%就会使听话者失去继续听下去的耐心和勇气。例如,美国和英国有时会用不同的词来表达相同的意思,如"洗手间",美国用washroom,而英国则用toilet。如果学习者不了解英美两国在词汇上的区别,没有一定的词汇量,在听力过程中就很难理解语篇的意思,听力水平自然得不到提高。

2. 背景知识

背景知识对于听力理解具有极其重要的作用。巴克曼(Bachman)和帕默(Palmer)把背景知识称为世界知识,指应试者储存在长期记忆中的知识结构,它给人们提供了一个使用与现实世界有关的语言的信息基础,因此所有的语言运用都涉及背景知识的使用。具体来讲,背景知识可以是关于某种文化的综合知识或设想,或者是关于某一学科或几门学科的综合知识,也可以是与某一特定话题有关的知识。很多学者通过研究发现,特定的背景知识对于学习者完成与之相关的测试题目具有很大的帮助作用,而对于听话者来说,熟悉的内容材料更有利于他们回述更多的信息。然而,听话者的背景知识并不是独立的发挥作用,而是需要与其他因素交互作用,共同影响学习者的听力水平。

3. 听话者的记忆力与注意力

(1)听话者的记忆力

认知心理学认为听力的理解过程是一个由短期记忆、长期记忆和感知记忆组成的信息加工体系。感知记忆的作用是接收信息,一部分的信息会在其停留于感知记忆的瞬间而被识别,而在识别过程中,感知材料会与长期记忆中的信息产生联系,联系的结果就是语言编码。信息经过语言编码后可通过两个途径到达短期记忆:一种情况是经过识别的信息可直接进入短期记忆;另一种情况是在感知材料和长期记忆中的信息发生联系时,长期记忆中的信息也可以进入短期记忆。进入短期记忆的信息便是受到注意的信息,是可用语言表达的信息。很多学者的研究都表明,听话者的短时记忆能力对于他们听力水平的高低具有重要的影响,短时记忆好的听话者能够在听力过程中正确识别更多的细节性信息和概念性信息,他们往往具有更高的听力理解能力。

(2)听话者的注意力

由于注意力的程度很难观察,也很难量化,所以人们往往忽略了听话者的注意力对其听力水平的影响。鲁宾(Rubin)认为,在听力过程中,听话者的注意力会对他们的记忆力产生一定的影响,进而会影响对整个听力材料的理解。认知心理学认为,人们对听力材料进行加工的过程有自动过程和控制过程之分。自动过程速度快,毫不费力;控制过程则加入了注意力方面的控制。在自动加工程度低的情况下,注意力往往成为控制因素。

4. 学习方法与学习习惯

正确的学习方法和良好的学习习惯是提高学习效果的重要前提,在学习过程中,好的学习方法和学习习惯能够使学习者达到事半功倍的效果。

(1)学习方法

正确的学习方法能够有效提高学习者的听力水平,而错误的学习方法则不利于学习者听力水平的提高。在听力学习过程中,一些不合理的学习方法大大影响了学习者听的效果,因此要尽力避免。

①很多学习者在听的过程中过分追求听的数量。对于听力学习来说,一定量的听力训练是很有必要的,但部分学习者却主观地认为听力水平的高低完全取决于所听数量的多少。大量盲目的听力练习使学习者越听越糊涂,状态越来越差,最终失去学习的兴趣和信心。

②一些学习者在选择听力材料时没有对听力材料进行合理的评估,认为听力材料的难度越大就越有利于听力水平的提高。这样不但不能提高学习者的听力水平,还会因为听力材料难度太大而使学习者产生挫败感,无法达到训练的效果。

③还有一些学习者忽略了自身的学习特点而完全模仿别人的学习方法,这是非常不可取的。对别人有效的学习方法往往对自己并不适用,有的还会起反作用,影响学习效果。

(2)学习习惯

良好的学习习惯能使学习者在学习上更有优势,在英语听力学习中,好的学习习惯对于学习者听力水平的提高具有重要意义。为了有效地提高英语听力水平,学习者必须养成以下学习习惯。

①学习者要养成随题做笔记的习惯。在听力训练或考试中,学习者听到的对话或文章都具有短时性,仅凭大脑很难在短时间内完整、准确地将全部信息掌握,这时就需要学习者将一些重点信息随时记录下来,在这些信息的提示下,学习者才有可能将全部信息串联起来,形成网络。

②学习者要养成对听力材料做合理预测的习惯。通常情况下,听力练习或考试都是以填空题、选择题或问答题等题型进行考核。题目中已给的信息必然会与将要听到的信息相关联,如果学习者在听之前先将所给信息浏览一遍,并在此基础上对将要听到的内容进行合理的预测,这样可以使听力过程更有针对性,极大地减小了听力的难度。

③在听力过程中,学习者不要试图听清每一个单词,要将重点放在对所听信息主要内容的把握上。如果学习者在听的过程中纠结于某一个单词的意思,势必会影响对后面信息的获取,这样就无法从整体上把握信息,因小失大。

5. 情感因素

学习者的情感因素对听力水平的高低也有着不容忽视的作用。

(1)学习态度

态度决定一切,只有摆正态度才有可能达到预期的目标。英语听力学习是一个互动的过程,学习者的学习态度对于学习效果而言是相当重要的。英语听力的提高是基于学习者对英语听力重视的基础之上,同时学习者也只有在积极参与到学习过程中,充分发挥自己主观能动性的前提下才能克服畏难情绪将听力水平的提高进行到底。

(2)学习信心

信心是成功的重要前提。学习者如果在听力过程中存在畏难情绪,甚至在听力开始之前就给自己消极的心理暗示,一遇到难题就放弃,对自己没有信心,甚至怀疑自己听到的内容。所有这些信心不足的表现都不利于学习者听力水平的提高。

(二)影响听的客观因素

影响听的客观因素主要有听力材料和环境因素。

1. 听力材料

不仅听力材料的难易会影响听的效果,听力材料的类型也会对听话者的听力效果产生影响。概括来讲,听力材料可分为口头语材料、书面语材料、听觉材料和视觉材料。

(1)口头语材料和书面语材料

听力练习中使用的材料多为书面语材料,虽然这些书面语材料可能代表了电视播音、无线广播、互联网、App等非测试环境下语言所使用的某些场景,但这并不能代表绝大多数的语言使用场景。书面语材料与口语材料有着本质的不同,一般口头语包含更多的填充语、冗余信息或者停顿,这些填充语和停顿为听话者加工信息提供了更多的时间,而冗余信息更是使听话者有机会对没有完全理解的信息进行再加工。

有学者研究发现,听力材料的口语化程度对听力效果具有重要的影响,口语化程度越高,听力的效果就越好。各种口语化程度不同的听力材料构成了一个"口头语言—书面语言"连续体,在这个连续体中所处的位置不同,材料的难度也就不同,但总的来说,口语化程度越高的材料难度越低。但无论选择何种难度的听力材料,都应考虑到听力练习的目的和目的语使用的情景,如此才能保证听力练习的效度。

(2)听觉材料和视觉材料

大多数的听力材料在设计时都忽略了非言语信息在听力理解中的作用。有学者认为,典型的信息交流既包括言语信息的交流,又包括非言语信息的交流。人们可以通过语言形式本身进行理解,也可以通过辅助性的语言特征(如语气、语调、音高、重音等)帮助理解,还可以通过非言语信息进行理解。说话者所有的身体动作都属于身势语行为,这种行为可以帮助听话者对接续的听力材料进行识别,并将其切分为若干语块进行有效加工。然而现在的听力练习采用的都是音频录制的听力材料,听话者无法从中获取非言语信息的帮助,所以为了弥补视觉信息的缺陷,纯音频的听力材料在言语表达上往往要比实际生活中的口头语更加清晰。非言语信息是口头交流的一个重要方面,因此在听力练习中采用视频媒体来增加这类信息是很有必要的,但是这一构想还有待于研究。

2. 环境因素

听力练习对环境和条件都有一定的要求,但在我国有很多院校都存在语音教室短缺的情况,并且由于受到课程时间的影响,很多院校对学生听力能力的训练并未引起足够的重视,大多数学生缺乏训练听力能力的硬件条件,以至于影响了他们对听说能力的培养和训练。

此外,中国的外语教育现状使得学习者听到纯正英语的机会少之又少,学习者缺少了外语的语言环境,听力能力自然很难得到提高,再加上受到地域和方言的部分影响,部分学习者的发音不准,而学习者在语音、语调、单词发音方面的不足会造成他们在听力方面的障碍,很难准确理解甚至根本听不懂听力材料。

二、高校英语听力教学的内容与目标

高校英语听力教学是我国英语教学的重要组成部分,对于人才的培养有着重要的影响作用。下面对其内容与目标进行分析,从而为英语听力教学指明方向。

(一)高校英语听力教学的内容

在现阶段的高校英语听力教学过程中,应该包括听力知识、听力技能、听力理解和逻辑推理四个方面的内容。下面分别对其展开介绍。

1.听力知识

听力基础知识是学生英语听力技能培养与提高的基础,主要包括语音知识、语用知识、策略知识、文化知识等。

语音教学是听力教学的重要内容。在实际的交际过程中,同一个句子会在发音、重读、语调等的变化中产生不同的语用含义,表现出交际者不同的交际意图与情感。在听力教学过程中,使学生掌握英语的发音、重读、连读、意群和语调等语音知识对学生语音的识别能力和反应能力的提高有积极的促进作用。同时在教学过程中,教师还应对学生进行听音、意群、重读等方面的训练,训练内容既要包括词、句,也要包括段落、文章,使学生熟悉英语的表达习惯、节奏,适应英语语流,从而为学生提高听力理解打下坚实的基础。这种训练还能在无形中培养学生的英语思维能力,促进其二语习得能力的提高。

听力知识还包括语用知识、策略知识、文化知识,这些知识的科学教学也是提高学习者英语听力能力的重要手段。其中语用知识的学习能够帮助学生理解话语内涵,增加其对话语的理解程度。策略知识的学习能够帮助学生依据不同的听力材料和听力任务进行策略选择,从而提高听力的针对性。文化知识的学习对于学生日后英语的跨文化交际有着积极的促进作用,有利于不同文化背景下交际的顺利进行。

2.听力技能

英语听力技能的教学能够有效提高学生英语听力的科学性与针对性。对于技能和技巧的合理运用,能够为跨文化交际水平的提高打下基础。

(1)基本听力技能

听力技能主要包括以下几项内容。

①辨音能力:听力中的辨音能力教学指的是使学生了解音位的辨别、语调的辨别、重弱的辨别、意群的辨别、音质的辨别等。这种辨音能力的训练不仅能提高英语听力进行的有效度,同时对学生理解能力的提高也大有裨益。

②交际信息辨别能力:交际信息辨别能力主要包括辨别新信息指示语、例证指示语、话题终止指示语、语轮转换指示语等。交际信息的辨别能够提升听力的有效性和针对性,促进学生对话语的理解效率。

③大意理解能力:大意理解能力主要包括理解谈话或独白的主题和意图等。大意理解能力的提高为学生在整体上把握话语内容做好了铺垫。

④细节理解能力:细节理解能力是指获取听力内容中具体信息的能力。在英语学习和考试过程中,对细节的理解能力能够帮助学生提升做题的准确度。

⑤选择注意力:选择注意力是指根据听力的目的和重点选择听力中的信息焦点。针

对不同的听力材料,进行注意力的选择训练十分重要,这种练习有助于学生把握话题的中心。

⑥记笔记:记笔记技能是指根据听力要求选择适当的笔记记录方式。掌握良好的记笔记技能可以提高英语听力记忆的效果。

教师应该了解,听力水平的提高并不是一朝一夕便可以完成的,需要教师循序渐进地进行针对性教学工作。同时不同的学生有着不同的学习习惯和学习特点,教师需要因材施教,进行特色教学。

(2)听力技巧

听力技巧主要包括猜词义、听关键词、过渡连接词、预测、推断等。掌握正确的听力技巧,可以事半功倍并有效提高听力理解的能力。例如,在与他人交际的时候或听语音材料的时候,学生可以根据上下文或者借助说话者的表情、手势等猜测出生词的含义,从而促使交际顺利进行,或顺利理解语音材料。因此,训练听力技巧的各种听力活动也是听力教学的必要内容。

3. 听力理解

英语听力知识的学习与听力技能的教授是为英语听力理解服务的。语言由于使用目的、交际者等因素的作用会带有不同的语用含义,因此对话语的正确理解成了英语听力教学中的重点和难点。教师在听力理解的教学过程中,应该使学生懂得如何从对字面意义的理解上升到对隐含意义的把握,继而提高英语的综合语用能力。具体来说,英语听力理解主要包含以下几个阶段。

(1)辨认

辨认主要包括语音辨认、信息辨认、符号辨认等方面。尽管辨认处于第一个阶段,属于第一层次,但却是后面几个阶段开展的重要基础。一旦学生无法辨认听到的内容,那么理解也就无从谈去了。

辨认有不同的等级,最初级的辨认是语音辨认,最高级的辨认则是说话者意图的辨认。教师可以通过正误辨认、匹配、勾画等具体方式训练和检验学生的辨别能力,如根据听到的内容给听力材料的句子排序。

(2)分析

分析要求学生能将听到的内容转化到图、表中去。这个阶段要求学生可以在语流中辨别出短语或句型,以此对日常生活中的谈话内容有大致的理解。

(3)重组

重组要求学生用自己的语言将听到的内容以口头或书面的方式表达出来。

(4)评价与应用

这是听力理解的最后两个阶段,要求学生在前面两个阶段即获得、理解、转述信息的基础上,能够运用自己的语言对所获得的信息进行评价和应用。在实际教学中,可以通过讨论、辩论、问题解决等活动进行。

以上这几个阶段是一个循序渐进的过程。任何级别的听力学习都必须经历由辨认到分析再到应用的一系列过程,然后才能逐步得到提高。

4. 逻辑推理

除听力知识、技能和理解以外,语法和逻辑推理知识也是正确判断和理解语言材料的必要条件。因此,现代英语听力教学必须重视对学生语法知识的巩固和逻辑推理的训练。

语感在语言教学过程中发挥着重要的作用,同时也是影响听力效果的关键因素。在英语听力教学过程中,教师应该有意识地培养学生的语感,提高其英语思维能力。

(二)高校英语听力教学的目标

高校英语听力教学对于英语人才的培养有着重要的影响作用。在教学过程中,教师需要以《高校英语课程教学要求》为其纲领性文件,规划教学的方向与目标。在《高校英语课程教学要求》中,对于英语听力教学主要分为了三个教学目标。

一般要求:

①能听懂英语授课。

②能运用基本的听力技巧。

③能听懂日常英语谈话和一般性题材的讲座。

④能听懂语速较慢(每分钟130~150个词)的英语广播和电视节目,能掌握其中心大意,抓住要点。

较高要求:

①能听懂英语谈话和讲座。

②能基本听懂用英语讲授的专业课程。

③能基本听懂题材熟悉、篇幅较长的英语广播和电视节目,语速为每分钟150~180个词,能掌握其中心大意,抓住要点和相关细节。

更高要求:

①能听懂英语国家人士正常语速的谈话。

②能听懂用英语讲授的专业课程和英语讲座。

③能基本听懂英语国家的广播电视节目,掌握其中心大意,抓住要点。

通过对高校英语听力教学目标的列举可以看出,英语听力理解和知识运用能力是英语听力教学的重要关注点。因此教师在听力教学过程应该合理安排教学活动,切实提高学生的英语听力能力。

三、高校英语听力教学的方法创新

英语听力教学需要科学的方法作为指导,才能提高教学的有效性。随着教学改革的发展,对听力教学的新的研究方法也层出不穷。高校英语听力教学是一个循序渐进的过程,因此在教学过程中,教师需要根据具体的教学条件、学生素质对教学方法进行选择。大致来说,听力教学主要可分为初级阶段和高级阶段。初级阶段主要关注的是学生的听力知识和听力学习兴趣,高级阶段主要是对听力技能的教授。下面分别对这两个阶段所能使用的听力方法进行总结。

(一)初级阶段教学方法

在英语听力过程中,语音是其重要的组成部分,甚至可以说是听力活动进行的前提。因此,在初级阶段的听力教学过程中应该重视语音的影响作用,对学生正确的听音、辨音能力进行培养。

1. 单词辨音

听力中辨音能力的培养是以学生的词汇掌握能力为基础的。学习者掌握的词汇数量和质量直接决定着对听力中单词的理解程度,因此听力教学中也要重视对学生词汇的教学。

教师可以通过单词辨音的方式增加学生对词汇的感知程度,从而培养自己的英语语感。例如,在进行词汇学习过程中,教师可以将相似发音的单词进行组合,让学生进行听音与辨音的练习,从而判定单词中是否含有相同的因素。单词辨音也需要有一定的过程,教师可以先从学生熟知的单词入手,进而扩大到学生未学习过的较为复杂的英语单词。这种难度不断加深的判断过程,能够在一定程度上加深学生对单词的理解和应用程度,增加听力教学的有效性。

2. 句子辨音

句子是英语听力实践过程中的基本组成单位,因此交际者对句子的理解程度也影响着交际的顺利进行。听力教学过程中,需要重视句子对交际的影响作用,培养学生对句子的理解能力。通过句子对单词进行辨音也是培养学生英语语音的重要方法。例如,教师可以改变句子中的个别单词,让学生通过听力的方式判断句子中新旧单词的发音是否相同。例如:

Peter has a ship. Peter has a sheep.

Are there bananas? Yes, there are. Are they bananas? Yes, they are.

上述列举的两个例子中,只是简单改变了几个单词,学生需要对英语单词有一定的认知才能发现句子的差异。这种以句子练习来展开听力教学的方式能够提高听力教学的有效性,增加学生对句子的感知程度。

3. 听音默写

听力训练过程中使用听音默写是十分有效的方法。听音默写的过程需要学生进行一系列的认知活动。

①对语音进行识别。

②将听到的语音与脑海中相应的、代表语义的语音进行对比。

③对单词进行正确的书写。

在听音默写的过程中,学生不仅锻炼了自己的听力,同时还加深了对单词的印象。这种方法的适用范围较大,不仅能够进行单词的听音默写,句子、短文也同样适用。在这个过程中,学生需要集中注意力,搜寻自己脑海中的英语知识,最终产生出正确的形式。

听音训练的方式是多种多样的,学生可以在教师的朗读下进行听音训练,也可以借助不同的多媒体如录音等。默写也可以采用不同的题型,如听音判断、听音填空、听音完成句子、听音选择、听音问答问题等。为了不影响学生学习英语的气氛,听写练习最好在巩固课、复习课或综合课的巩固教学环节进行。要限制听写时间,讲究检查方法,掌握听的效果,培养学生自学自检的习惯。

4. 行为反应

听力实践过程中需要交际者对不同的信息进行灵活的反应,从而保证交际的顺利进行。在听力教学过程中,通过行为反应的方式锻炼学生的听力能力对日后的交际有着重要的影响作用。

行为反应主要用于培养学生的信息理解能力。该活动要求学生听后根据听到的信息做出相应的行为反应。例如,根据指令 turn left/right, lift your left/right hand, go forward/backward 等做出相应动作,或者根据 put the dictionary on the shelf 等指令把东西放到适当的位置等。

5. 听音匹配

匹配包括图片匹配和文本匹配。匹配可以用于听之前、听的过程中或听之后。用于听力活动之前一般是为听力做语言方面的准备。如果是在听的过程中,则可以要求学生听后匹配,以培养学生的信息识别能力。

6. 补充信息

在听力训练过程中,补充信息的方式也是培养学生听力思维的重要方式。教师可以选择一定的文本类型作为听力材料,如书信类、通知类等,然后通过补充信息的方式锻炼学生的实际操作能力。需要注意的是,在文本的选择上应该注重实用性,选取和学生生活息息相关的文体类型,从而提高学生的学习兴趣。

这种听力练习方式集听、写、练于一体,因此是一种综合性的活动,能够丰富学生的听力实践,锻炼其临场反应能力。

7. 图表填充

图表的形式多种多样,可以是程序表、节目单、菜单等真实性的表格,也可以是根据对话内容制定的其他表格,如呈现不同人物爱好的表格或呈现不同活动时间的表格等。

8. 排序练习

排序是常见的听力活动,可以帮助学生提高识别和理解能力。排序包括多种形式,可以根据活动的时间顺序排序,可以根据故事中事件发生的先后顺序排序,可以根据操作步骤排序,还可以根据信息在录音材料中出现的先后顺序进行排序。

9. 听声观影

由于英语是我国的第二外语,同时在英语使用上缺乏相应的语言环境,因此学生对于听力的兴趣并不高昂。而学习兴趣对于教学效果的影响作用十分大,因此在听力教学过程中调动学生兴趣成了提高听力课堂教学效果的重要手段。听音观影的方式是一种常见的提高学生听力理解兴趣的手段。

教师可以选择一些由英语本族语者录制的音像材料,如外国电台的广播节录、讲演、报告的节录等,让学生进行听音练习。这种练习既可以培养学生通过听觉吸收新材料的能力,又可以培养学生听懂正常语速外语连贯言语(独白言语)的能力。教师可以按照以下步骤来安排教学:

①让学生分段听标准录音(或唱片)。
②在听的过程中记下生词,听后通过查阅词典找出适合上下文的词义和相应的形式。
③重放录音 1~3 遍,学生边听边跟着重复。
④通过口译成汉语、用外语回答问题、转述等方式检查学生理解的程度。

此外,教师还可以在听音前发给学生生词表,扫清学生听音过程中的障碍,以便学生在听音时将注意力完全集中于所听的内容。放听时是否需要分段,取决于有声材料的长短。

观看英文原声电影也是提高学生语感与听力水平的重要途径。教学电影、录像一般都取材于原版音视频资料。因影片中既有解说词,又有人物间的对话,所以这种练习可同时训练听独白言语和对白言语(对话)。教师可以按照以下步骤来安排教学。

①听影片解说的独白和对话的录音(事先对影片原版录音经过转录处理,去掉不必要的音响和其他杂音)。

②讲解听录音过程中发现的生词。

③初看影片。

④教师向学生提出启发性(也是检查性)的问题。

⑤重看影片2~3遍。

⑥检查理解,可采用就影片内容回答问题、分段转述、匿谈等方式。

听力课堂的时间往往是有限的,只依赖课堂教学提高学生的听力能力是不够的,教师还应鼓励和指导学生在课下多听英语新闻。听英语新闻不仅可以锻炼学生的英语听力水平,也可以让学生了解国内、国际大事,拓展视野。学生听英语新闻时,不需要对一切信息都准确地把握,只需要关注自身感兴趣的东西即可。此外,学生在听英语新闻时心理上是轻松愉快的,没有任何压力和包袱,这样比课堂上带着任务听的效果要好。

上述各种听的练习形式及具体的方法步骤都不是一成不变的,教师应结合教学实际灵活运用,不断创造新的形式和方法。

(二)高级阶段教学方法

初级阶段的教学方法着眼于提高学生对英语语音的熟悉程度,而高级阶段的教学方法则以提高学生听力技能为目的。一般来说,教师可以通过以下六个方面的专项训练来帮助学生提高实际的听力技能。

1. 听前预测

预测是听力理解过程中的重:要一环,教师在听力教学之前要教会学生进行听前预测,即在做每个小题之前快速浏览题目及选项,捕捉信息,预测内容。学生通过预览可以事先掌握一些数字、人名、地点之类的特别信息,并可以预测要听到的句子、对话或短文的内容。例如,针对交际类的内容,要让学生先弄懂答句的意思,再预测可能要问的问句,根据答语找问句。针对阅读类的内容,让学生先根据问题预测短文涉及的内容,听前先找到听力的着重点。

2. 词义猜测

在听力实践过程中,交际者往往不能听清每一个单词,因此需要通过词义猜测的方式进行句意理解。

针对这种情况,在教学过程中,教师首先需要告诉学生这种情况是经常发生的,同时对学生进行鼓励,从而保证学生听力的积极性。同时教师还需要教授学生一些词义猜测的技巧,以帮助句意的理解。

通常情况下,凡是重要的信息都会在下文中通过重复、解释、举例或对比等方式来进一步强调,不重要的信息一般只提一次,所以一些不重要的信息即使没有听懂也不必过于紧张。如果后续的听力材料再也没有对它进行重复,那么我们完全可以放心地将它忽略。

如果后文对它进行了解释、对比、举例等补充说明,则可以断定它属于可以帮助理解全文的重要信息,这时我们可以利用上下文来进行猜测。

3. 要点抓取

很多听力水平不高的学生,在听力练习中习惯将注意力平均分配在每个单词上,从而造成精力分散,无法从整体上把握句子的重点。因此,听取信息时应该有所侧重,即要听主要内容和主题问题,捕捉主题句和关键词,避开无关紧要的内容。教师在听力教学中应该向学生灌输抓主旨的思想,并经常训练学生抓听要点的技巧。

4. 笔记记录

有一些听力材料较长,同时选项中存在很多的干扰项,这时仅靠大脑的短时记忆无法掌握全部的信息。学生可以采取边听边做笔记的方式进行记忆,从而保证听力的质量。

在教学过程中,教师可以教授一些有效的听力笔记记录方法。笔记不可能也没有必要记得很完整,因此教师要教会学生使用一些通用的符号或缩写把与题干有紧密联系的信息记下来,如时间、地点、数量、年龄、价码等数字和关键词。当然学生也可以建立自己的符号和缩写体系。

(五)语速适应

很多学生在阅读听力材料的文本时没有困难,但听起来却十分地吃力,这是由于他们长期停留于慢速阅读,朗读速度不过关或者说跟不上正常的朗读速度,所以在听力上就表现为不能适应较快的语流(speech flow),特别是连贯的言语(parole)。还有一些学生陷入听一个字翻译一个字、听一个词组翻译一个词组的听力模式中不能自拔。这在听力训练的初期是可以的,但如果形成这种听力惯性,则对今后的听力提高极为不利。因此,要将学生从慢速(slower speed)逐渐过渡到正常速度而且还须向快速(fast speed)方向发展,便成为听力提高的关键环节,只有突破这一难关,才能适应现实生活中与英美人交际的需要。对此,教师可以采取以下几个策略。

首先,要求学生养成朗读的习惯,但必须注意语音正确、吐字清晰、意群完整。然后再由慢速到中速,从中速至快速地朗读直到流利的程度。

其次,对有一定基础的学生可以建立阅读训练中的"倒连法",即从一个句子的后面词汇往前一个意群一个意群地连读,直到读得相当流利为止。例如,She likes to listen to records and play the instruments. 先读 the instruments 三遍,再读 play the instruments,然后再与前面的 listen lo records 连起来读,即 listen to records and play the instruments。几遍之后,连上前面的谓语 likes to 和主语 She,读完整句。这种方法坚持一段时间之后,学生的朗读速度都能有明显的提高。

最后,教师要鼓励学生勤学苦练,变被动为主动。长此以往,语流就会变得相对流畅,继而也就不难跟上听力材料的语速了。

(六)细节把握

在听力训练中,要对问题中的重要细节给予适当关注,因为有的时候仅仅从提问的方式就可以判断出正确的选项。这些问题中的细节往往与五个 W(when,where,why,who,what)有关,抓住了它们就抓住了英语听力的关键要素,就能准确理解听力的内容。

第二节 高校英语口语教学实践

一、高校英语口语教学与文化

交际中词语的正确使用，不仅涉及语法规则，而且涉及语体知识、文化背景和风俗习惯，因此交际中词语使用的恰当性十分重要。语言学习不是一个孤立的学习过程，任何一种语言都是由生活在一定语言使用区域中的人们在一定的语境下通过口语或书面语形式相互交际而使用的。同时一种特定的语言总是和使用这种语言的民族或国家，以及其历史、文化、社会背景等因素息息相关。语言和文化密不可分，语言的使用离不开社会生活环境，不同国家有着不同的语言和文化。在日常交际中，语言是交际的工具，交际的成功不仅受语言规则本身的制约，而且受社会文化规则的约束。时间、地点、场景、人物身份、性别、文化习俗和个人爱好等一些非语言因素构成语言使用的社会规则。

语言与文化密切相连，语言既是文化的载体，又是文化的反映。英语口语表达对于把英语作为第二语言的中国学生来说，是一种语言和文化的双重反馈。在口语教学中，要经历语音、朗读和表达三个阶段。在语音阶段，教师应系统讲解语音知识，让学生在无意中显现其固有的带有地域性的发音习惯，并进行系统化的纠正。在朗读阶段，关键是培养学生对语调、重音、节奏感的把握，争取让学生掌握地道的英语口语表达习惯。从文化视角来看，语音、语调以及与之相伴而行的高音、重音、语气和语速等副语言特征对语义的影响也是不容忽视的。这些发音特征显示了说话人的情感，其变化意味着传递的信息的变化。语音中升调、降调的变化，如同汉语表达中的反问语气一样，会表现出某种情绪。例如"He hasn't finished his homework yet."和"He hasn't finished his homework yet?"两句话的意思具有很大差异。前者是对事实状态的陈述，不含个人评价，而后者类似于中国文化中的反问句，表达对其还没有完成作业的不满。在口语表达阶段，应首先解决口语表达的素材问题，这要求学生平时准备大量的口语表达方式。为适应跨文化交际的需要，要求口语表达素材必须符合英美文化习惯，并通过创设文化情境的练习进行巩固，达到口语交际的目的。在语言的文化教学中，应重点关注如下问题。

(一) 词义与文化

一种语言的词汇可以看成是该语言群体所有的思想、兴趣和工作的总汇。由此可以看出，词汇具有丰富的文化意义。在中国和美国文化中，很多词汇本身蕴含着丰富的文化意味。例如，汉语中的"松、竹、梅、菊"本身就蕴含着一种高雅文化，英语中的"thirteen"则意味着西方宗教特有的文化意义。"china"在西方词汇中指代瓷器，也代表中国，实际是因为中国盛产西方人喜爱的瓷器，因而瓷器"China"也成为中国的代名词。由于文化差异的存在，很多词汇都有着不同的文化意义。例如，红色在中国文化中多意味着吉祥、兴旺，结婚穿红色喜服，过年使用红色对联、红包等；而在西方，结婚礼服为白色，象征纯洁。在跨文化交际中，有些很常见的日常词汇的文化含义往往要借助跨文化语言对比才能明确。词汇文化差异有三种情况：形式相同，意义不同；意义相同，形式不同；同型同义，分布不同。词汇文化差异要求在词汇学习时,关键是要记住词汇的文化意义和使用范围。在一个民族的词汇文化中,谚语和警句作为民族传统文化的沉淀,最能体现一个民族的价值观和生活方式。例如,西方谚语中所说的"Don't put all the eggs into a basket."体现了西方文化中分散损失的价值理念。最后,在中西方文化中,有些词具有极强的文化象征意义,已成为一种文化现象的代名词。综上,基于词汇的文化差异性,应加强文化语义学研究。

(二)言语使用与文化

简单的、看似随意的程式化的言语使用,体现着不同国家的民族文化的差异。问候语与道歉语能直接反映言语使用中的文化差异。

问候语通常是见面寒暄交际行为的开始,或对他人存在的认可。在不同的场合、针对不同的交际对象,人们使用正式程度不同、语音不同的问候方式。在口语表达中言语问候按照问候者关注点的不同包括祝愿式问候、关心式问候、交谈式问候、称谓式问候和称赞式问候。问候本身体现着不同的文化观念。在汉语交谈式问候中,打招呼通常以对方正在干的事情为话题,借助提问打招呼,如"打球呢"。在英语国家中这种表达方式较少,经常是以谈论天气作为切入点。在中国文化中,大家见面打招呼的方式通常是"吃饭了吗",对方只需回答"吃了"或"还没呢"就行,"干什么去"也仅是双方见面寒暄找话题的方式,没有特定的意义,而有些西方人对此不理解。在西方文化中,找话题、寒暄的方式可能是"今天天气怎么样",回答"不错"类似的表达,其交际的内容并非天气本身,只是双方见面的问候语而已。这可能与中西方对隐私问题的态度不同有关。在英语国家,工作、生活状况属于个人隐私话题,而天气是个中性话题,大家都可以谈。正式的问候语在不同文化中都有特定的表达方式。例如,英语中"How are you?"回答"Fine, how are you?"极为常见,但一般适用于熟人之间,语气较正式。英语中的"How do you do?"对方回应"How do you do?"一般适用于正式场合熟人之间的寒暄。对于"Hello!""Hi."之类的非正式问候语,以同样的话语回答即可。问候具有相互性,对问候置之不理是不礼貌的行为。一般来说,问候语总是和人称代词及称谓语连用的。问候语的正式或随便都应和称谓语前后一致。比如:

Hello, Jack. How are you doing?
(你好,杰克。你还好吗?)
How do you do, Professor Karl! I am very glad to meet you.
(您好,卡尔教授! 见到你很高兴。)

在英语中,问候形式会受到时间、地点、场合等因素的影响。"Good morning."是典型的例证,它用于早晨起床后至午饭前这段时间,在正式、非正式场合均可使用。但在文化含义上与汉语中的"早晨好"在时间上不对应,"早晨好"在汉语中多指起床后至早饭前这一短暂的时间段。英语中,"Good afternoon."是一句较为正式的午后问候语,限定在午饭后至下午6点钟之前这段时间里,其在汉语中并没有相应的表达方式,可能在中国文化里"一日之计在于晨",人们更重视清晨。在问候中,问候者和被问候者本身也是重要的影响因素。地位、身份或年龄的差异可能影响问候语的选择或者谁先开始问候。例如,学生和老师见面通常是学生先用正式的问候语向老师问候。当然,这种问候的顺序也会因双方的需要适当改变。

道歉是一种以保持或重新建立交际双方和谐关系为目的的言语行为,通常发生在一方做了他认为对对方产生不好影响的事情后,表示歉意、愿意承担责任的情况。道歉语的使用与各民族的文化传统息息相关。在美国文化中,"I am sorry."是在自己的行为给他人带来不便时的一种解释,使用频率较高,"regret"才是中国文化中使用的道歉一词的含义。在西方国家中,澳大利亚人对道歉情有独钟,他们认为在社交活动中会不会经常表达歉意是一个人有无礼貌和教养的重要标志。在道歉方式上,西方人通常直截了当,不喜欢扭扭捏捏的表达方式,要求道歉时真诚,不可敷衍了事。在道歉中存在直接道歉和间接道歉两种表达方式,直接道歉较为常见。受中国传统文化影响,中国人顾及面子,有时在道歉问题上采用婉转的方式,甚至不用言语而用表情或行为表示歉意,这一点通常发生在长辈对晚辈等表达歉意的时候。相比较而言,英语国家的间接道歉要相对少一些。

(三) 语用规则与文化

在语言交际中,仅仅使用语音、语法、词汇是不够的,具体运用语言时,还需运用语用规则。例如,在不同的文化中,人际交往的称谓语都是一个复杂的问题。在中国文化中,称谓随着社会生活的改变不断变动,并且存在一定的地域差异。在英语中社交的称谓较为稳定,但也有正式场合和非正式场合之分。英语中的称谓包括通称、职务称谓、职业称谓、姓名称谓和亲属称谓等,每种称谓都有其特有规则。英语中的通称,适用于社会各界人士。

"sir"(先生、阁下)和"madam"(夫人、女士)是一组男女对应的敬称语。"sir"和"madam"

一般不与姓氏连用,表达的人际关系不亲密。"sir"是晚辈对长辈、下级对上级、士兵对长官、学生对老师、商店店员对男顾客的通称。"madam"是对陌生女性的称呼,多见于商店店员对女顾客的称呼。在正式的公务信函中,对不熟悉的男士和女士也用此通称。通称中,"Mr."(先生)和"Mrs."(夫人)相对称,这一组称谓可以和姓氏或姓名连用,但一般不和教名连用。"Mr."(先生)多用于对无职称者或不了解其职称者的称呼,语气正式,适用于关系不密切的人之间。"Mrs."主要用于已婚女性的称谓,一般和其丈夫的姓氏连用。

在英语国家中,伴随着女权运动,出现了"Ms."(女士)一词,和"Mr."(男士)相对应,回避了女性的婚姻状况,常用于社交和公务活动中。在英语表达中,如果对方有职称时,一般用职称和姓氏称呼对方。称呼学术界人士,用"先生"而不用职称称呼别人,意味着对其学术地位的蔑视,在学术交际中很容易引起误解。在英语国家姓名称谓中用得最普遍的是首名或教名。以名相称是彼此熟悉、关系密切的体现。英语中的亲属称谓最能体现其与中国家庭文化的差异。英语中的亲属称谓主要用来称呼家庭或家族中的亲属成员,用于非亲属成员间的情形较少。从文化差异角度来看,中国文化中家庭居于核心地位,是一种大家庭或家族观念,亲属关系复杂;而在西方文化中,孩子成年后即独立生活,并建立以自己为核心的家庭。所以英语表达中"uncle""aunt"含义较为简单,是对中国"叔叔、大伯""婶婶、大姨、小姨"等的概括。

在人们表达思想时,不仅词汇能反映文化背景,表达方式、思维方式也能表现特定文化的特点。中国人经常说的"言不由衷,行动胜于言语",都在隐晦地表达言语的缺陷;相比中国人，美国人更重视言语的表达，美国人解决纠纷时常用的谈判，便体现了美国文化的这一特点。在说话风格上，美国人强调敢于表达自己的意见，如果出现冷场局面美国人会用讲话来改变，而中国人更注重倾听别人意见，保持适当的沉默状态。喋喋不休在汉语文化中是贬义词，而美国人认为沉默是紧张、尴尬或有敌意，是表达不满。在中国文化中打断别人讲话、接别人话是非常不礼貌的行为；而在美国文化中则是表达自己在认真听别人讲话，是对别人讲话的积极回应。中国人在讲话风格上很少咄咄逼人、直来直去，在中国文化中这是无礼的表现，主张采用中庸之道的委婉表达；而在美国文化中表达意见时应直言不讳，含蓄被视为是虚伪、思路不清、逻辑混乱的表现。西方人在交际时更多地利用言语表达，中国人说话的表情、姿态是语言表达时经常需要特别关注的辅助手段。由于文化的差异，西方人在跟中国人进行言语交际时，由于不习惯中国文化的交际风格，经常弄不清某些言语的意思。

二、以文化为中心实施英语口语教学

在英语口语教学中，学习动机和目的起着重要作用。学生的学习动机直接决定着学生的学习态度。学习动机可以划分为工具型动机和综合性动机。工具型动机认为英语学习单纯是为了文化交际，而综合性动机则认为在学习语言的同时，要学习相关文化，培养跨文化交际能力。因此，从动机对学生学习的推动性来看综合性动机能更好地促进文化学习。

（一）英语口语教学中导入文化教学

英语口语教学中的文化教学应注意习俗文化、思维文化和心态文化等内容。首先，应重视习俗文化的教学。语言在很大程度上是一个民族习俗文化的镜子。作为交际工具，语言的使用无不受这些习俗的约束。例如，称呼、问候、询问、道谢和告别等，不同的语言群体有自己不同的专门用语和表达方式。这些都是交际文化的外在表现，也叫表层文化。它包括行为规范与交际准则两方面的内容，以礼貌用语和礼貌行为为主，比较适合引入高校英语课堂的口语教学中。其次，语言是思维的工具，在文化教学中应重视思维文化教学。语言是一种广泛的心理现象，除交际之外，它的另一个主要功能就是思维。作为思维工具，语言的运用受交际者思维文化的制约。思维文化的差异广泛反映在语言结构上。汉语表现的是一种综合归纳的思维方式，而英语表现的是一种分析演绎的思维方式。语言结构中隐含着一个民族的思维方式，而思维方式对语言的词语、句子结构也有着内在的支配作用。习得一门外语的同时必须学习其思维文化。最后，应重视文化教学中的心态文化，包括宗教文化和社会意识文化的内容。

（二）英语口语教学方法与教学内容的文化拓展

在英语口语文化教学中，要培养学生的跨文化意识和对语言现象的敏感度，运用元认知理论培养学生对异域文化的元认知认识；鼓励学生对口语教学中遇到的文化现象进行教学反思，体会文化特点与差异性，从而逐步培养口语表达的文化交际风格的敏感度。

在英语口语听说教学中，要注重与文化教学的结合。口语交际中跨文化交际能力的提升，离不开对文化教学的重视。在文化教学中，要保证教学内容和过程的情景化。只有真实的内容才能起到良好的导向作用，因此在听说材料的选择上，首先要保障选材的客观真实,真实反映英美文化、风土人情与思维方式。由于时间的限制,可能在英语口语教学中仅选取片段,这要求必须择取有代表性内容,同时通过课外扩展学习展示全面的文化,避免出现以偏概全、一叶障目的情形,产生文化认同的成见。其次,在文化交际内容的学习上,不仅要考虑学生语言学习的需要,更要注重文化交际内容本身的系统性,不要片面迎合学生需要。这要求在文化交际内容的系统学习上,应侧重文化教学的方方面面,涉及宗教、道德、法律等各方面的内容。最后,英语口语交际中文化交际内容的学习涉及内容繁杂,需要运用现代多媒体教学手段,形成情景化的教学氛围,给学生身临其境的感觉,从情感上影响文化交际内容的学习。

在具体的英语口语教学中,为更好地把握文化差异,在教学时应注意涉及目的语国家的价值观、道德规范、历史、地理、传统习俗和生活方式等。因此,在教学中应注意以下几个方面:

第一,禁忌语的文化差异。不同语言中的禁忌语常常可以反映出不同民族鲜明的文化特征。在一种文化中被列为禁忌的,在另一种文化中却不一定,反之亦然。英语和汉语的禁忌语反映在社会生活的方方面面。宗教和宗教信仰是禁忌语存在的一个重要领域。除宗教用语外,种族歧视语也是语言禁忌的重要组成部分。在美国文化中,过去用来咒骂黑人或少数民族的种族歧视语在民族平等背景下成为完全禁忌语或半禁忌语。比如"nigger""niggard"或"nigga"(黑鬼)是侮辱性色彩强烈的完全禁忌语,"negro"(黑人)则带有轻蔑性。性别歧视语也是西方文化中的敏感词汇,对女性的蔑视语包括一些带有轻蔑色彩,专指中老年妇女的词汇,如"hen"(爱管闲事的中年妇女)。英语文化中,咒骂语和猥亵语也是语言禁忌的一种,绝对不能滥用。

第二,英汉词汇、习语的文化差异。在文化对语言的影响中,文化对词汇的影响最大。来自不同文化背景的人,带有不同的参考系统,在理解特定的词语时,往往以头脑中固有的参考系统为参照。在跨文化交际中,虽然使用同一词语,心里联想到的含义却不尽一致,因此词汇的文化内涵产生了差异。

第三,价值观念与思维方式差异。这一问题在中西思维差异中已详细阐述,在此不再赘述。

第四,节日文化差异。每一个民族都有自己的节日,中西方节日的风俗习惯明显不同,如西方人重视圣诞节,我国则重视春节。

第五,委婉语比较。委婉语指说话时迂回曲折,含蓄隐晦,不直陈某人某物,也能起到较好的语言交际效果。其出现和语言禁忌有着直接关系。委婉语一方面可以维持语言禁忌的功能,另一方面又可以用来保持良好的人际关系,促进言语交际的正常进行。例如,西方文化中对死亡的委婉表达有"to go to another world"(到另一个世界去),"to pay one's debt to nature"(向大自然还债了)等。死亡虽然是禁忌,但是可以用比喻的手段委婉陈述,表达美好的愿望,如"go to the heaven"(去天堂)等。英语交际中,对于某些生理行为如大小便、怀孕等普遍用委婉语表达。例如,"厕所"在英语中经常有"powder room, toilet, rest room, washroom"等表达。对于"怀孕"经常有"to be expecting a baby, to be a mother"等表达。英语表达中,对于身材、长相也有委婉语表达。例如,描述瘦人,一般用表达身材苗条的"slim"或"slender"而不用"skinny"(瘦骨嶙峋)。描述某人长相丑陋,除非在文学语言中表达某种情绪,不然很少用"ugly",而使用"plain. looking"(长相一般)表达。

三、高校英语口语教学中跨文化交际能力的培养

有些教师在课堂上虽然导入了文化知识,但并没有让学生将其转化为工具加以运用,形成文化与交际之间的鸿沟。换句话说,跨文化能力不等于跨文化交际能力。跨文化交际能力是建立在跨文化能力和语言能力基础之上的综合能力。强调学生对文化差异的敏感性、宽容性和处理文化差异的灵活性。目前的英语教学是语言先行为主,文化疲软现象严重,即先让学生掌握语音、语调、词汇、语法等语码信息,然后适当渗入文化元素。语言习得远远不能代表文化知识的获取。相对而言,我们强调语言与文化并行,无主次之分。从跨文化交际学的理论上讲,"语言植根于文化,文化赋予语言存在的意义"。如果脱离文化而单独地进行语言教学必然无法达到用语言交际的效果。

(一)英语口语教学中跨文化交际能力培养问题的解决思路

当前,随着我国教育工作者的不断努力探索,英语口语教学工作取得了很好的教学成果,但是也有很多的不足之处。在传统教学工作中,教师比较重视教授学生相应的单词知识以及基本语法,而不重视给学生讲解一些关于文化知识的相关差异,因此学生不能清楚地认识中国同其他国家的文化差别,在英语口语交流的过程中可能会遇到一些障碍,难以把握英语口语相关语言环境。

因此,在高校英语口语教学中应运用如下策略以提高学生的实际语言交际能力:

①语言输入和文化导入并行,其中需要解决的主要问题一是学生的语法恐慌,二是学生的跨文化知识匮乏;②语言、文化输出及反馈,其中需要解决的主要问题一是学生的语言输出心理障碍,二是学生的语用失误现象;③交际能力形成及应用。在实际的英语口语教学中应重点解决如下问题:

1. 采取固定教材与补充资料相结合的办法

统一的口语固定教材在编排时较多强调传统的文化交际内容,在口语交际文化的变化上显示出一定的不协调性。口语教学任务要求学习任务和活动个性化,这意味着教材内容应与学生的文化体验具有关联性,从而激发学生的表达意愿。口语表达材料的个性化需要教师提供教学补充材料予以辅助。

2. 注重交际规则的讲授

跨文化交际要求教师讲授两种规则,即语言规则(语音规则、词汇规则和语法规则)和交际规则(指导人们相互交往的行为准则),同时提升学生对两种规则进行灵活转化的能力。语言规则的转化对于提高学生语言能力至关重要。但跨文化交际能力的培养在很大程度上依赖文化交际能力。而交际规则的获得要借助文化体验,在很大程度上与学生的个人意愿密切相关。这要求教师在教学中应树立以学生为中心的意识,引导学生通过教学反思等手段增强自主学习意识。运用人本主义教学理论,从各方面调动学生的学习潜能。

3. 解决文化差异的敏感性问

提高文化差异的敏感性,需要接触多样化的文化种类,从而逐渐减少文化成见的消极影响。这要求教师在教学中应搜集大量的典型信息,借助语境化的教学材料,将抽象文化

与具体文化学习相结合,运用对比的方法,提高学生对文化差异认识的敏感性。

4. 增强学生对文化差异的适应和处理能力

对文化交际在口语教学中敏感度的把握需要频繁的文化体验。这些都要求学习活动和练习的多样化,多样化的练习能刺激学生对文化差异的把握。当然为增强学生的自我效能感,在练习的难度上要遵循由易到难、从具体到抽象的原则。在英语口语练习中不断改变虚拟场景,组织学生进行双人或小组对话,在对话练习中观察体验学生的应急反应,并及时做出纠正。例如,假定初次见面场景让学生相互打招呼,学生如果缺乏对文化差异的敏感度,很容易把谈话主题切入年龄、职业、婚否和收入等隐私话题上,这时应及时对学生的表现做出总结,第一时间告知学生西方国家特别重视隐私权的保护,而宗教信仰也是敏感性话题,从而提高学生对文化差异敏感度的认识。

5. 鼓励学生利用多种渠道、手段体验文化差异

影视欣赏是研究文化差异的有效手段。影视作为直观的、有效的信息载体,可以给学生带来震撼的感受。例如,让学生欣赏与文化差异有关的电影,其讲述的故事能让学生更深刻地认识到文化差异的深层次影响,强化学生掌握跨文化交际的动机,以减少文化误解。

6. 在口语训练中,采用听说结合的方法

在语言交际中,听和说是相辅相成的,不存在只孤立地说却没有听的场合。在口语实践中,若对对方的表达听不懂,可以通过对方的解释弄清楚。在语言教学中,听懂的内容稍加练习就会口头表达了。因此,鼓励听力和口语教学拓展为听说课,"说什么、怎么说"需要教师的引导,需要与听力材料有关,与学生的生活相关,从而提高学生参与的积极性。

(二)体验学习法对学生跨文化知识能力的提升

无论身处目的语文化的环境中,还是在本族文化的环境中,只要有来自目的语文化的群体,就可以利用参与观察式的文化学习方法,进行文化探索和跨文化实践。现在的高校,既有来自欧美国家的留学生,又有来自英美国家的外教,他们乐于与中国学生进行文化交流,这为学生参与观察式的文化学习提供了有利条件。基于文化差异的不同,为取得良好效果,需要对学生进行文化体验学习法的培训。

培训的重点在于教会学生如何与来自其他文化的群体交际,如何利用自由式采访技巧,了解目的语文化,反思本国文化特性,在文化异同比较中增强跨文化意识。参与观察法的七个步骤分别是:(1)确定研究对象。可以是外国文化,也可以是本族文化。(2)选择采访对象。愿意而且能够为研究者或学习者提供相关文化信息的人。(3)初步了解文化。通过相关书籍、杂志和手册等第二手资料,掌握一些文化的普遍知识和有关目的语文化的具体知识。(4)采访。以访谈的形式,引导研究对象对研究者或学习者所关心的文化做详尽描述。(5)分析资料,形成文化假设。对前面获得的第一手和第二手资料进行分析、综合,概括出关于不同文化主题的假设和描述。(6)对镜自照。反思自己的文化参考框架,比较目的语文化和本族文化。(7)将理论与知识应用到工作中。建议语言教师把以上文化学习的成果(具体文化知识和文化研究方法)纳入教材编写、教学计划和课堂活动中。对于学生而言,则应将这种认知和体验式学习相结合的成果应用到今后的文化

学习和跨文化实践中。

为培养高校学生的英语跨文化交际能力,教师应该尝试在英语口语教学中推广参与观察法。首先,在口语学习中为学生布置文化学习任务,即让学生选择自己感兴趣的文化学习内容。其次,让学生通过书籍、杂志和网络等第二手资料,掌握一些有关文化的普遍知识和有关目的语文化的具体知识,并与自己所选择的文化学习主题内容相结合,进行总结归纳。再次,让学生在搜集整理资料的基础上,与本族文化中的相同元素进行对比,找出文化之间的异同,这样更能促进其跨文化交际能力的提升。最后,学生把这些文化差异分析结果运用于英语口语学习中,从而促进英语口语交际能力的根本性提升。

(三)美剧在高校英语口语教学中的作用

高校英语口语教学要以提高英语运用能力和跨文化交际能力为核心。在目前的高校英语口语教学中,传统的授课方式是以固定的教材为依托,进行固定模块的英语听说技能的训练。这种传统的授课方式,在某种程度上来说有其长处,可以使学生循序渐进且系统地接受听说技能的训练。但同时也存在一定的弊端,往往会让学生感觉生硬、枯燥。作为教师,应该努力寻求一种生动的、真实的辅助教学材料。美剧是很好的选择。英语的学习和使用是语言输入以及输出的过程。正因为如此,在教学材料的选择上,应该尽量选择美国本土的、地道的视频或者音频材料。这样,学生输入的语言才是最地道的语言。这有助于大学生英语口语水平的提高,同时,语言是文化的载体,电影又是文化传播的一种媒介,因此,在提高口语的同时,也可以更好地了解美国的文化。

1. 美剧有利于口语水平的提高

以下内容以美国经典影视剧《老友记》为例做详细阐述。《老友记》的故事情节丰富,基本涉及美国人生活的方方面面,口语的话题非常全面,演员发音纯正,语速适中,比较贴近生活,信息量大,非常有助于中国大学生练习口语和听力。在很多高校里,《老友记》正以"学英语"的正当名义成为学生交流的热点话题。通过这部剧,学生既可以欣赏到风趣幽默的剧情,了解美国文化,还可以使自己的听说能力得到提高。

(1)纯正的英语语音语调

《老友记》无疑给学生提供了非常真实的语言环境,在《老友记》中,演员发音纯正,语速适中,正是学生练习口语的最佳题材。很多英语学习者虽然词汇量很大,但是要说一口地道的美音却非常困难,根本的原因就在于没有良好的语言环境。因此,可以通过观看《老友记》来模仿演员的发音,通过不断地模仿,和持续地修正,从而实现地道的发音。

(2)地道的表达

除了发音之外,相当一部分学生在提高口语方面面临的另外一个难题是不知道如何地道地表达一个完整的句子。他们表达出来的语句往往是中国式英语。更准确地来说,很多大学生不知道如何进行措辞。这就要求学生在英语学习中要注意语言使用的语境和语言习惯。

通过对美剧的欣赏和模仿,学生可以感受到真实的语言环境,地道的口语表达,同时,他们也可以在此基础上,以美剧为窗口,更好地了解美国文化。通过对美国文化的了解,可以引导学生用心体会不同文化的价值观和思维方式,从而更加有利于跨文化交际。

2. 美剧的文化渗透作用

对英语文化有一定的了解能促进学生英语水平以及文化素养的提高。所谓英语文化，是指英语国家中各民族的风俗、习惯、生活方式、语言行为、世界观以及价值观。语言作为其文化的载体，能够有效地表达和传播文化。语言的表达中包含了大量的典故、名言和历史等，因此学生只有充分了解了文化背景，才能熟练而准确地把握英语这门语言。美剧是美国人生活的缩影，是学习和了解美国文化最好的素材，它本身又承担着文化和价值传播的功能。因此，通过欣赏美剧，来了解美国文化，是不错的选择。

(1) 通过美剧更好地认识和了解美国文化

美剧《老友记》之所以在全美甚至全世界范围内广泛流行，更多的是因为它整体的风格是亲民的、生活化的，并且主要展示了美国年轻人的生活状态。首先，它体现了美国社会的核心文化以及美国历史，也体现着美国人追逐的"美国梦"。人们都依靠自己的才能和努力拼搏取得成功。其次，它体现了美国人对待亲情、友情和爱情的想法和做法，即理解、信任、宽容和支持。美国的传统节日是美国人生活中不可或缺的一部分，在这部美剧中也得到了淋漓尽致的体现。因此，学生可以通过《老友记》来更深刻地认识美国人的传统节日以及习俗等文化内容。

(2) 通过美剧更好地认识美国精神

所谓美国精神是美国民族精神中的"individualism"。"individualism"这个词，在国内被翻译为"个人主义"，其实并没有很好地传达出这个词本身的文化概念，但是在汉语中又没有更好的词汇来表达。美国文化中的个人主义和中国人所认为的个人主义截然不同。作为美国文化核心的个人主义，它深深根植于美国的社会历史之中。美国学者拉里·萨姆瓦指出："广义地说，个人主义的概念是描写这样一种学说，认为个人利益是，或者应该是至高无上的；一切价值、权利和义务都来源于个人。它强调个人的能动性、独立、行动和利益。美国人认为，作为一个人都应该具有独立性、责任心和自尊心。具备了这些，也才不负作为一个人而受到关注和尊重。"他认为个人主义价值观主要包括自主动机、自主抉择、自力更生、个性自由、尊重他人和尊重隐私等层面的内容。从这一意义出发，《老友记》中六个主人公在各自家庭中的自我独立，事业中的自我奋斗，爱情中的自我选择，朋友间的相互尊重，无一不体现了个人主义，这一美国文化价值观的核心。

将美剧灵活有效地运用于高校英语口语教学中，不仅可以给学生提供一个真实、生动、有趣的语言环境，同时也可以把它作为一个了解美国文化的平台。如果教师能充分有效地讲解美剧的经典台词、地道的表达，以及其承载的文化背景，相信学生定会受益良多。同时，也能给高校英语口语教学带来新的活力和气息。

第七章 高校英语阅读与写作教学实践

第一节 高校英语阅读教学实践

一、高校英语阅读教学与文化

（一）文化背景知识对阅读理解的影响

语言是文化的载体和折射，是文化的组成部分。大量的语言试验表明，英语阅读的障碍不仅仅存在于词汇和语法方面，语言所承载的背景知识和文化信息也是阅读理解的主要障碍之一。因为，在不同语言中，某些词语的概念虽然基本相同，但其表达意义和社会文化含义往往具有浓郁的民族特色，被深深地烙上了民族、历史、文化、习俗和政治的烙印。它不仅包含着民族的历史和文化背景，而且蕴藏着该民族对人生的看法、生活方式和思维方式。文化背景知识同语言知识相辅相成，是阅读理解过程不可分割的两个方面。学生只有语言文字与语言所负载的文化背景知识联系起来，意义、理解才产生，阅读的交际功能才得以完成。英语阅读理解要做到理解透彻就必须有足够的英语国家文化背景知识。

一般认为文化包括社会系统、思想意识系统、技术—经济系统和语言系统四大部分。社会系统主要包括社会制度、行政体系、教育体制、历史、风俗等；思想意识系统包括哲学、信仰、价值观等；技术—经济系统包括科学技术和经济诸领域的理论、运行模式等；语言系统则指语言、文字、语法、词汇、修辞规范等。

东西方社会是在不同文化的基础上形成和发展的，所以人们的思想、信仰、习俗等都有不同程度的差异。语言是一种特殊的社会文化现象，是人们在长期的社会生活实践中约定俗成的。而思维方式是沟通文化和语言的桥梁，既是文化心理特征的体现，又是语言生成和发展的深层机制。英语教学中的文化背景主要指英语国家的地理、历史、风土人情、传统习俗、社会生活、文学艺术、行为规范和价值观等。每个民族都有自己独特的风俗习惯和文化背景，人们总是根据自己的文化背景及语言习惯用自己固有的思维方式去理解别人所说的话。所以，如果不熟悉英美国家的文化背景知识，不懂得用西方思维方式去理解英语语言，就会产生误会，造成交际障碍。

（二）文化背景知识的教学方法

1.通过课堂教授

文化是人类在社会历史发展过程中创造的精神财富和物质财富的总和。可以说，它是一门综合性的杂学,反映了不同历史时期不同国家、不同民族特点的一些基本常识。文化背景知识的传授应是一种密切结合语言实践的教学,一般应与阅读实践课同步进行,文化背景传授要为语言实践服务。换言之,传授文化背景知识的目的是使学生更深刻地理解英语,更恰当地使用英语。提高学生跨文化意识的途径多种多样,如开设课程、举行讲座、举办展览和开展课外活动等,但最有效的是结合日常的英语教学进行文化对比。结合日常教学可以从各个层面进行,如词汇、语用、语篇等。

(1)利用词汇教学学习文化背景

词汇是语言的基础,是一个民族文化概念的指代方式,具有丰富的文化内涵。要使学生准确地理解、把握英语词汇(包括单词和习语、成语等)的含义和用法,需要深入了解英语国家文化。在讲解词汇时,要介绍词汇的文化内涵,进行文化知识的渗透,避免学生从字面意义上做主观判断。如在中国,称中年以上的人为老人,是表示尊敬;而在西方,老却意味着衰朽残年。所以,美国的老人不喜欢别人称其为老人(elderly people),要用年长的公民(senior citizens)这一委婉语来代替。再如"intellectual"(知识分子)在中美各自的文化背景中含义大不相同。在汉语中,"知识分子"泛指有一定文化科学知识的脑力劳动者,如科技工作者、文艺工作者、教师、医生等。

由于文化背景和思维方式的不同,英语中几乎没有与汉语完全对等的词,即使有一些英文词汇概念意义和中文一致,也可能是表达不同的文化心理和文化内涵。因此教师在传授学生这方面词汇时应特别注意结合相关的文化背景知识,使学生充分理解这类词汇在英汉意义上的区别,避免日后实际应用时出错。

(2)利用翻译教学学习文化背景

高校英语教学中不可避免地会涉及英文句子或文章段落的翻译。翻译是两种语言的相互转化,也是不同文化之间的转化,文化知识在翻译过程中占有很重要的位置。例如,汉语中人们常用"挥金如土"比喻花钱大手大脚,但是在翻译成英语时,"土"变成了"水"(water)。因为英国是一个岛国,历史上航海业十分发达;而中国位于亚洲大陆,人们的生活离不开土地,因此正确的翻译应是"spend money like water"。

(3)利用课文讲解学习文化背景

讲解课文时,教师应充分挖掘文章蕴含的英语国家文化知识,帮助学生深刻理解文章的思想内容。

在讲解类似的文章时,教师可以选取文化冲突比较明显的部分做特别说明,对比两者异同,从而引出更多的文化背景知识,在比较与对比中让学生学习、了解不同国家的文化。

(4)通过多种渠道帮助学生体验异国文化

可以通过邀请外籍教师做文化差异的讲座,引导学生涉猎各种形式的文学作品,阅读简易本的名著,观赏精彩的外国影视录像,欣赏格调高雅的外文歌曲等为学生提供直观感受异国文化的机会,使学生有身临其境的真实感受,努力培养学生对于文化差异的敏感性,使他们主动地、自觉地融入新的文化环境。

在上课前,教师必须弄清楚要讲的课文中含有什么样的文化背景知识,并估计中国学生对该文化信息的了解程度如何,做到心中有数,有的放矢。若觉得学生对文中所涉及的文化背景信息不太熟悉,教师就必须提前做好资料搜集工作,可在开始讲授课文之前为学生系统地讲解一下该文章的文化背景,或者组织学生对西方的风俗习惯、风土人情进行讨论。由于不同的学生对同一文化背景知识了解的程度不同,讨论能给学生提供交流想法的机会,能激发学生的表现欲望,也能使学生从别人的谈话中了解到自己以前所不知道的知识,使学生在轻松愉快的氛围中相互学习,获取知识。

2. 通过课外阅读

英语阅读教学并不仅限于课堂的讲授和学习,教师应指导学生积极利用自己的业余时间进行课外阅读。在课外阅读过程中,教师可以有针对性地给予指导,给学生推荐一些文化含量较高的阅读材料。首先,可以让学生阅读一些英美经典名著,它们是西方文化的支柱,英语中有很多习语、俗语来源于此,多阅读一些这方面的文章,对了解和熟悉西方文化有巨大的帮助,还可以扩大学生的词汇量,使学生学到原汁原味的英语。其次,要鼓励学生进行广泛的阅读,多阅读一些有关英美国家历史、社会、政治、经济和地理等方面的书籍,进行广泛的阅读可以使学生对整个西方文化有一个全面的了解。最后,有条件的话可以让学生经常看一些英美国家近期的报纸、杂志,这样学生可以贴近英美国家当今鲜活的现代文化。然而,对英美国家的文化背景知识的了解是一个漫长的、潜移默化的过程。在平时的英语教学中,要积极鼓励学生通过各种渠道接触和了解英美文化,教师也应尽量多地为学生创造一些文化学习的机会。比如,定期举办一些英美文化知识专题讲座,系统地给学生介绍西方文化;利用多媒体教学,组织学生观看外国影片,并提醒学生注意西方人的生活细节,以及具体场合下所使用的语言;经常举办一些英语晚会,邀请外籍教师参加,使学生多与外国人接触,切身体会外国人表达思想感情的方式,直观地感受外国文化。

在课堂教学中,教师应当注意两个问题:第一,注重文化背景知识的教学并不表示忽略语言本身的教学。文化背景知识教学的目的在于加强和补充语言教学,因此教师不能厚此薄彼,要妥善处理好两者的关系。第二,在学习外国文化的同时,应加强对本国文化的学习。学习外国语言和文化可以深入地了解本国语言和文化,因此教师应加强自身对双重文化的理解能力,具备用英语准确表达本民族文化的能力,这样才能在课堂教学中更好地启发、引导学生,调动学生的积极性,有效地组织以学生为中心的课堂教学,提高学生的人文素质。

总之,在高校英语教学中,教师必须注意语言教学与文化教学相结合,这样不仅可以激发学生学习英语的兴趣,而且能够使学生认识到学习和了解英语国家文化背景知识对于英语学习的重要意义,以便更有效地运用英语进行跨文化交际。

二、以文化为中心实施英语阅读教学

(一)以文化为中心实施英语阅读教学的原则

1. 文化知识、语言知识和语言中的文化因素三者并重

由于多种原因,传统的阅读教学常常把重点放在语言知识的教授上,结果培养出的学生往往知其然而不知其所以然,在实际交往中,常令对方尴尬不已。鉴于传统教学的偏颇,如今必须同步教授语言中的文化因素已成定理,人们都已认识到:如果学生不了解一个词的文化含义,他就不能理解该词的意义(尽管他也能说出或译出这一词),有时这种无知会造成严重的后果。因此,一方面,只教给学生怎样说一个词是不够的,必须同时教

给他们该词可以在何种情况下使用,在何种情况下应避免使用。语言表达不得体主要是由于缺乏语言语境或文化因素知识造成的,但听话者往往会将其与说话者的道德修养连在一起,认为是缺乏修养所致。另一方面,如果一个人说话流利、语音标准、表达得体,但言之无物,缺乏思想深度,这种情况则与说话者的知识结构、文化水平有关,是文化匮乏所致。这两种情况都有悖于高等教育培养德才兼备人才的初衷。因此,在强调文化因素导入的重要性的同时,不能忽视文化知识对塑造学生总体能力的作用。虽然语言是使人类得以进行交际的工具,但它同时又具有非工具性质。

让·保罗·萨特曾说:"我就是语言。"此话有两层意思:一是我作为语言而存在着,我的语言所达之处就是我的存在之所在;二是我是我所说的话语,语言的内容就是我的本质。也就是说,一方面,什么人说什么话;另一方面,语言的运用、表达和创新是说话人的独立思想和人格的反映。因此,一个人说什么、怎样说、为什么这么说体现的是一个人的全部知识以及才华,唯有博览群书、兼收并蓄,方能符合时代发展的要求,成为有知识、有文化、有创新、高素质的社会有用之才。

然而,文化知识浩如烟海,语言中的文化因素又遍及语言的各个角落,怎样在有限的教学时间内最大限度地使学生获取最多的知识?对此,我国学者就英语学习中文化的导入原则与方法提出了各自的观点。束定芳先生提出了"实用性、阶段性和适合性"三大原则;鲍志坤先生提出了"层进、适度、主流、系统"的原则。这些对英语阅读教学都有很强的指导和借鉴意义。只是鲍先生提出的"主流"原则还有待商榷。在当今文化多元化或文化全球化的语境中,文化交际的出发点是了解不同文化以及亚文化之间的差异,在对比中找出共性。如果只强调目的语国家的主流文化,忽视其中的亚文化,势必会将他国文化概念化、俗套化、成规化,得出类似美国人都很富有,不拘礼节,讲究实利,而且过于友善;意大利人都易动感情,情绪外露;英国人都含蓄、礼貌、爱喝茶;德国人都很固执、勤劳、井井有条、爱喝啤酒;东方人都含蓄、礼貌、机敏的结论,这势必会造成因缺乏了解带来的盲目误读。中国有句老话"兼听则明,偏听则暗"。在当今"从边缘走向中心""解构中心"的话语潮流中,只有"兼听"才能明辨是非。

由于文化同样也是一种建构,体现在读者与文本的互相作用中,因此,在教学中还应从读者参与文本建设的角度,提供本族读者对文本的解读,以及作为外国读者对文本的反映,使学生在对不同文化读者的反映的对比中培养自己独特的思维能力。

2. 知识和能力并重

知识和能力并重在阅读中体现在三个方面:语言知识与语言能力、阅读知识与阅读能力、文化知识与文化能力。语言知识指的是包括语音、词汇、语法的知识,语言能力指的是对该语言的运用能力;阅读知识指的是在阅读中获取的文本知识,阅读能力指的是包括阅读速度、阅读策略、阅读效率以及获取文本隐含意义的综合能力;文化知识包括学生的文化知识面,文化能力指的是总体分析问题、解决问题的能力,即所谓的文化创造力。主张三者中知识与能力并重,因为一方面,知识是能力发展的基础,是前提。没有知识,能力的发展如无本之木、无源之水,不久就会枯萎、干涸。另一方面,能力的发展离不开知识这个基础。能力是获取知识的目的,如果不以发展能力作为目的,知识就像一堆枯木、一潭死水,无用武之地。因此,阅读教育中对这三个能力的培养构成了跨文化交际能力的三大重要组成部分。语言运用能力是衡量学生语言有没有学到家的主要标准,体现在跨文化交际中便是语言运用的得体性、规范性、准确性。阅读能力是反映学生能不能掌握阅读方法、阅读技巧、辨认作者态度、挖掘文本"复调"的关键,体现在跨文化交际中便是对他者话语的认识判断能力上。文化能力是在语言能力和阅读能力的基础上发展起来的高层次的体现个体整体素质的综合能力。如果语言能力和阅读能力强调的是认知的话,那么文化能力则侧重行为,具体体现在跨文化交际中是建构自身独特意义的创造力,即"入乎其内,出乎其外"的能力。

(二)以文化为中心实施英语阅读教学的方法

回顾高校英语阅读教学所走过的路程,从 20 世纪 70 年代前以教师输入为主,强调词义辨认、结构分析、难句翻译,到 20 世纪七八十年代以"预习—讲解—练习"为主,再到 20 世纪 90 年代至今运用多种灵活方法,强调学生认知活动的重大转变。这种转变深受西方认知理论和阅读理论的影响,是从语言学到认知学的一个飞跃。众多理论表明,阅读过程中,教师的作用是辅助性的,学生才是主体和中心。教师的职责是选择学生感兴趣的、语言程度适宜的教材,提供具体的指导,并计划辅助活动以鼓励学生阅读。这里涉及的选材、上课、辅导三个教学环节,互动互联,缺一不可,哪个环节做不好,教学都会面临失败。

1. 选择课上和课外阅读材料

由于阅读是读者与文本之间的互相作用,所以,选择什么样的教材既要考虑到学生的因素,如现有的语言能力、阅读能力、阅读水平、阅读兴趣、阅读目的、知识结构和认知结构等,又要考虑到文本的因素,如语言的难易程度、词汇的覆盖面、文字表述、句子篇章结构、文化内涵、思想内涵、时代特色和文本类型等。尽管各种阅读教材很多,但是可以说,没有也不可能有哪本是万能的,能满足所有不同层次学生的需求。有些学校仍在使用老教材,这些教材的某些篇章在内容、语言、练习上已显陈旧,既不能体现时代特色,语言与文化又脱节。这不符合培养学生跨文化交际能力的教育目标,当然也不能激起学生的学习兴趣。如今修订或新编的精读、泛读教材在原来的基础上已有很大的改进,由原来比较单一的文学作品转向多学科、多题材、多体裁、短小精悍、时代感强和交际性强的精品美文,基本上能满足大纲对教材的要求。

鉴于阅读教材的某些不足,普遍的做法是:课上不足,课外补。因而,课外阅读的选材显得极为重要。当然,由于教学本来就是一个灵活多样的过程,会受学生水平、学生兴趣、教学侧重、教学目的等多方面的影响,选材的角度、标准也会因人、因材而异。一般来说,教师可以围绕课本课文的某一方面,如思想内涵、文本题材、词汇典型和写作方法等提供类似的课外阅读材料。这样既可以帮助学生巩固所学的语言文化知识,又可以激发学生的学习兴趣,扩大学生知识面,培养学生文化创造力。教师还可以扩展文章的思路,以文化间的交际、冲突为主题,给学生介绍、推荐阅读、观看当今流行的小说、影视作品,之后组织讨论。有条件的话,还可以就课文内容邀请各国学生参与有关"他者眼光与阅读"的讨论,了解异文化间产生理解以及误解的机制与根源,以加深对他者以及对自身的了解,培养学生文化创造力。

2. 课上提供具体指导

由于教师的职责是帮助学生进行阅读,因此,课堂教学不是教与学、输入与接受的过程,而是调动学生一系列思维、认识、判断和理解等的活动,使学生的"前结构""认知结构"充分参与阅读过程以及文本意义的建设,引导学生朝高层次的鉴赏性和批评性阅读方向发展。由于教师个体的差异、课型的不同、文本类型的不同,以及学生总体水平的高低,阅读教学见仁见智,没有千篇一律的方法,许多教师提出的文化导入方法也值得学习和借鉴。

3. 有计划地辅导,鼓励学生阅读

计划辅导主要是指围绕阅读教学展开的一系列能够激发学生学习兴趣,培养学生良好的学习习惯,鼓励学生扩大知识面、提高自身素质、正确了解社会人生的课外辅助教学活动。它是阅读教学中不可或缺的一个重要组成部分,包括两个方面:一是针对课堂教学,具体体现在检查作业、了解学习情况、询问学习效果、回答学生疑问等方面,其作用在于对教师来说,它是一种教学效果的信息反馈,是日后调整教学、改进教学的一个途径;对学生来说,它是一种及时了解自己的学习情况、认识自我的必要补充。二是针对学生的整体素质,培养学生的个体能力,发展学生各自的潜力,形成积极向上的世界观、人生观。具体体现在辅助学生课后阅读,与学生交流谈心,参与学生活动,帮助学生处理个人问题,引导学生健康成长等方面。通俗地说,就是既教书又育人。

不难看出,在提出上述"文化知识、语言知识和语言中的文化因素三者兼顾,知识与能力并重"教学原则的同时,其实也是在向英语阅读教师提出新的要求。在信息爆炸时代,文化知识变化发展的多样性、广泛性首先对英语阅读教师发起了挑战:英语阅读教师既要精通各英语国家的语言与文化,又要熟悉自己的本国文化;既是恰当的文化内容的传授者和获取文化背景知识的促进者,又是挖掘和发展学生跨文化交际能力的组织者和执行者。

当然,一位优秀教师还应具备多种能力,如不凡的语言能力、教学经验、人格魅力、表演才能、洞察力和敬业精神等。因此,英语阅读教师除了"传道、授业、解惑"以外,还得不断丰富、更新自己的知识结构。

三、高校英语阅读教学中跨文化交际能力的培养

在全球化浪潮的冲击下,高校英语教学在习得英语语言的基础之上,已经将跨文化交际能力培养作为一个重要的要求和目标。仅仅将语言看成一种符号系统,把阅读课的教学局限于语音、语法和词汇三个部分已经不能满足目前高校英语阅读教学的需要。语言和文化密不可分,语言是文化的载体和表达符号,文化是语言的基石和内容。目前,许多高校英语教材中的课文题材广泛,信息含量大,若没有充足的西方文化知识的支撑,学生在阅读英文文章时往往会出现理解的偏差,无法准确地领会作者的表达意图,从而产生跨文化阅读的交际障碍。

(一)在阅读教学中提高跨文化交际能力的必要性

培养学生的阅读能力是高校英语教学大纲规定的主要任务。阅读理解是读者对读物进行的一种积极的思维过程,可以大致包括既互相联系又互相区别的两个层次:浅层次理解(字面理解)和深层次理解(推理理解)。对于字面理解层次来说,其主要依赖于阅读者的词汇水平和语法能力;对于推理理解层次来说,其常常涉及文章的文化背景和情景,需

要把握文章的深层次语义结构,其至篇章的总结构。深入研究语言的社会文化因素,培养学生对所学语言的文化意识对提高学生的推理理解能力起着重要的作用。

阅读是具有交际性和创造性的一种活动。阅读也是一种交际过程。英语阅读过程是学生通过阅读文字材料与作者进行的一种跨文化交际,不同的文化背景可能使这种跨文化交际产生障碍,从而影响英语阅读教学的顺利进行。文本的作者在写作过程中,是在有意识地同他心目中的读者进行一种间接的交际,是一种制码的过程,作者试图通过他笔下的文字反映出他希望输出的信息。当读者来自不同的语言和文化背景时,作者和读者的这种交际就是跨文化交际的过程。然而,文本作者试图表达的信息是否能够被读者接收,即文本的读者能否准确地接收并按照原意解读,不仅取决于读者在词汇、语法方面的语言功底,而且取决于他们对于作者所处文化的了解。理解课文的能力不仅取决于读者的语言知识,还取决于他们的一般常识,以及在阅读的思维过程中这些常识在多大程度上被调动起来。这里的一般常识包括英语国家的价值观念、思维模式、社会习俗、宗教信仰、历史典故、风土人情和历史背景等方面。若对这些一无所知,即使学生在阅读文章之前把所有的生词和语法知识都通过查词典等方式掌握了,对整篇文章或者部分段落仍可能是一头雾水,不知所云,或者自以为读懂了作者的意图,实际却曲解了文章的意思。这是因为读者的知识体系中虽然具备了语言知识,却缺少了文化知识作为支撑。

传授文化背景知识,可以扩大学生的知识面,激发学生的学习兴趣和求知欲,调动学生的学习积极性。近年来,各高校所使用的高校英语阅读课本虽然不尽相同,但是选材的思路有共同之处:课文题材广泛,涉及西方社会生活的多个方面,文章题材形式多样,在思想内容方面也具有一定的深度,此类教材为教师介绍西方社会文化知识提供了条件。在学生方面,高校英语课程面对的学生已经基本具备了一定的语法知识和词汇储备,因而对教师授课方式以及内容方面的要求也与之前有所不同。一般来说,高校英语课堂上的学生希望在巩固英语基本功的同时,扩充知识面,学习其他国家的历史、文化、风俗。若教师的讲授仍然只停留在对阅读文本中词汇和语法的分析讲解上,学生就会感到枯燥无味,丧失学习的积极性,从而影响学习的效果。同时,大学生的英语已经达到可以听懂教师使用英语介绍文化背景知识的水平,并且他们有能力通过互联网、工具书对相关话题进行调研和学习。因此,在高校英语教学中适当引入对英语国家文化知识的介绍,会增强学生学习的积极性,提高他们的学习效率。

(二)阅读教学中跨文化交际能力的培养

阅读理解能力不仅包含阅读技能,也包含对目的语文化背景知识的掌握。因此,在阅读教学中,教师肩负着传授正确语言形式和社会文化知识的双重任务。语言词汇、语言结构的教学应与文化知识的传授有机结合起来,引导学生观察、学习不同语言的文化差异,减少他们对另一种文化的陌生感,从而避免人们常说的"文化冲击"。

1.加强阅读中的词汇教学,注重诠释词汇的文化内涵

语言结构知识和词汇量是掌握任何一门语言的必备条件。然而,当学生不具备相关的背景知识,或对所读文章的上下文理解不充分时,就会造成理解上的困难。那么在教学中如何处理好阅读理解与词汇的关系,阅读理解与背景知识及上下文相关知识的关系,语言知识和相关知识之间的关系,这些都是教学中面临并亟待解决的问题。美国现代外语

阅读理论的发展大约经历了三个重要的阶段,这三个阶段的研究始终是围绕阅读理解与词汇之间的联系而展开的。第一阶段是 20 世纪 60 年代中期以前,称为古典阶段,也是注重词汇的阶段。古典阶段的理论强调,词汇是理解的基础,外语阅读是在弄懂词汇的基础上达到理解,词汇不通就无法理解。第二阶段是 20 世纪 60 年代中期至 80 年代中期,称为认知论阶段,此阶段强调在阅读理解过程中,背景知识的作用大于语言知识的作用。认知论的逻辑是:如果不具备相关的背景知识,就会造成理解上的困难;语言知识的欠缺在很大程度上可以由背景知识来弥补。第三阶段是 20 世纪 80 年代中期以后,称为对认知论的反思阶段。这一阶段重新强调了词汇在阅读中的作用与地位。从表面上看,这三个阶段似乎形成了循环。但实际上,对认知论的反思阶段不是对古典阶段的单纯重复,也不是对认知阶段的片面否定,而是在两个阶段基础上的进步与发展。

在英语阅读教学中,如果遵循古典阅读理论,片面强调词汇在阅读理解中的作用,而忽视了阅读过程中其他因素的作用,教学的重点势必落在词汇讲解和词汇训练上。试想,一篇好端端的文章在穿插了大量的词汇讲解和词汇认知训练之后,就会被分割得支离破碎,面目全非。学生充其量只是记住了几个单词或只言片语的内容,至于文章的整体内容、主思想、内部联系和引申意义等就知之甚少了。

在指导阅读的过程中,应注重认知论同阅读教学的实际结合。在认知论的指导下,每讲述一篇阅读文章,都应向学生提供相关的背景知识,以便他们更好地理解文章。大量的教学实践表明,学生在了解了相关的背景知识之后,他们对文章的理解并没有明显的进展。这是因为文章中的生词造成了他们阅读过程中的障碍,由于不知道词汇所要传达的准确信息,他们只好对文章的内容进行猜测,陷入盲目与混乱状态。同样一个词,尽管在两种语言中的指示意义、概念意义完全相同,但往往因民族文化的差异而产生不同的或相反的文化内涵,即发生不同的联想意义。例如,在英语中有些表示动物的词汇就是由于其深刻的联想意义而失去或淡化了概念意义。中国人认为"布谷鸟"(cuckoo)是春天的使者,它的叫声是在催人播种;而俄罗斯人认为此鸟是哀愁的象征,用于形容单身妇女;美国俚语中却用其表示"疯狂的、愚蠢的"。再如,在中国,"牛"(ox)常与那些勤勤恳恳、任劳任怨的人建立起联系,鲁迅先生的"俯首甘为孺子牛",即赞誉那些无私奉献、默默无闻、甘当人民老黄牛的人;而在英美文化中"horse"(马)才是吃苦耐劳的象征,而"ox"(牛)则很少干活。有了这些文化背景知识,人们就会理解"to work like a horse"(埋头苦干)、"to eat like a horse"(饭量很大)、"a willing horse"(积极工作)的内涵了。显然,引导学生正确地理解词汇的文化内涵,以达到准确无误地理解阅读内容是阅读教学的重要内容。

2. 帮助学生正确把握阅读中涉及的交际文化信息

人类的交际过程是一个十分复杂的过程。交际的成功与否取决于交际双方对有关交际文化因素的考虑与取舍。有一篇文章讲述了这样一个故事:一位美国人,30 年前与一位丹麦姑娘相爱了。当他回到美国筹备结婚时,给她寄了一封信,里面只有一张纸条,上面定着约会的地点和日期"12/11/13"。但由于丹麦与其他欧洲国家的日期表示法存在差异,导致了他们约会的失败。文章的末尾,作者解开了"He didn't keep the date because of a misunderstanding?"之谜。这表明,通过阅读帮助学生了解不同民族、不同文化的差异是英语教师教学中应注意的一个重要方面。

3. 通过阅读吸收社会文化知识

由于语言是文化的载体和结晶，它们必然会具有民族、政治、历史、文化、宗教和习俗的烙印。要掌握好一门外语就必须有足够的该语言的国情知识，这样才能提高对该语言的理解和使用能力。通过阅读讲解，教师可以帮助学生学习、掌握不同民族文化的巨大差异，从而培养他们对跨文化交际的重要性的认识。

由此可见，背景知识、相关知识同语言知识同样重要，在阅读的过程中，二者都是学生完成阅读理解必不可少的条件，是阅读过程中不可分割的两个方面。在阅读的过程中有两种活动同时双向地进行，并贯穿始终：一种是根据对阅读文章背景知识及相关知识的了解，对文章提供的文字信息及其含义进行选择、推测，达到理解；另一种是根据文字所反馈的信息对理解进行核实。英语教学应该围绕一定规律展开。

4. 在西方文化输入的同时，结合中国国情进行中西文化对比

跨文化交际能力包括三个方面：文化差异的敏感性、对文化差异的宽容性、处理文化差异的灵活性。在课堂上向学生介绍目的语文化的同时，教师应该结合我国自身的文化进行对比，有意识地培养学生对于不同文化差异的敏感性。由于不同文化背景下的人们所处的环境不同，包括历史影响、政治制度、风俗宗教和家庭模式等，造成他们从饮食起居到生活方式等各方面的差异。能够意识到这种差异，是进行跨文化良好沟通的前提。因此，教师在介绍目的语文化时可以联系我国本土文化，将介绍与对比相结合，在潜移默化中增强学生跨文化差异的敏感性。

此外，教师需要在阅读课堂上有意识地培养学生对不同文化的包容性。一切文化都是独特的、互不相同的，并无优劣高低之分，刻板印象和文化中心主义是跨文化交际的两大主要障碍。如果学生习惯于用本我文化作为评判标准，去衡量他者文化，并带着对其他文化或歧视负面或过度抬高的刻板印象去观察和阅读，那么难免会出现片面甚至错误解读的跨文化交际障碍。这就要求教师在传授文化背景知识的时候，引导学生比较中西文化之间的差异，用对比的眼光和角度去看待一种文化、理解一种文明、阅读一种语言，以求更加全面、透彻地理解西方文化和中国文化，在此基础上培养、增强学生的民族文化平等意识，有利于学生养成在文化交际中对他者文化的开放、包容的态度和情怀。

学生只有具备了较高的跨文化敏感性，并用一种包容的心态去了解和体会文化的差异，才能在阅读文章时体会跨文化现象的存在，并能够用客观、理性、平和的态度去进一步学习目的语文化的背景知识，从而灵活地处理、正确地解读。

由于语言和文化密不可分的关系，在跨文化交际中，发生碰撞的不仅是两种语言，还有语言所反映的文化差异，以及理解和表述现实世界的方式。高校英语教学面对的挑战是要让母语为汉语的非英语专业学生在母语文化背景下习得英语、了解英语文化。在高校英语阅读教学中，阅读理解的主要障碍已经不仅仅存在于语言本身，也存在于对英语国家社会文化知识了解的程度，文化背景知识成为影响学生阅读理解的一个重要因素。因此，要完成教学大纲中所提出的任务，作为教师，应该在阅读教学中利用不同的教学方式，多方位地进行英语国家相关社会文化知识的导入，提高学生的阅读理解能力，同时增强他们的文化差异敏感性，增强他们处理跨文化交际障碍的灵活性，培养高水平的跨文化交际人才。

第二节 高校英语写作教学实践

一、高校英语写作教学与文化

英语写作是一项衡量学生实际语言应用能力的实践活动,既涉及英语语言知识,又涉及英语文化。写作时文化障碍要比语言障碍更难跨越。因此,高校英语教师应在英语写作教学实践中融入英语写作文化,并将语言知识的输入和写作文化的教学有机结合,优化英语写作教学模式,提高学生英语写作水平。

(一)写作文化教学及必要性

1. 写作文化和写作文化教学

写作文化是通过文章反映出来的人们在写作行为中透露出来的某一特定时代的心理状态,即人生态度、价值观念、时空情绪、思维方式等写作行为的准则、规范和追求。关于写作文化教学,一方面,教师应把跨文化交际所涉及的核心层(价值观、交际规则、思维方式等)向学生作宏观的理论性介绍;另一方面,结合理论对影响交际的词语、句子、篇章的文化内涵作微观分析,以便学生对目的语的文化有一个全景式的印象。

2. 写作文化教学的必要性

语言文化的研究日渐受到关注,学者和语言教师们开始从文化的角度研究语言迁移现象,他们把那些涉及文化因素的迁移称为文化迁移。一些阻碍英语学习的文化负迁移会导致语言错误,甚至交际障碍,因此必须在教学中采取相应的策略。母语的负迁移包括思维和文化,会对中国学生英语写作产生影响,应融英语写作文化于英语写作教学中。当学生进入一定的语言应用阶段,英语写作中汉式思维的负迁移会表现得更加明显,提倡对比英汉两种不同的思维模式可以作为写作文化教学的一方面。学生对目的语文化知识缺乏了解是导致文化负迁移的主要因素,因此教师有必要对英语写作教学进行改革,实施写作文化教学。

(二)语言层面的跨文化对比

1. 从汉语的同义反复到英语的言简意赅

汉语在表述同一事物时,往往会采用意义重复的词语来表达,以加强语气或避免歧义。又因汉语讲究音律和对仗,很多时候为了追求音律和谐、形式工整,不惜使用重复的辞藻。然而,英语在这方面是截然不同的。英语强调语言的逻辑性,讲究用词清晰明确、言简意赅,忌讳同义反复。

由此可见,汉语用词上同义重复的习惯是有悖于英语措辞简明扼要的原则的。对于英语的这一特点,中国学生应给予足够的关注。

2. 从汉语的突出主题到英语的突出主语

在汉语中主语和谓语间的语法关系与其说是施事与动作的关系,不如说是话题和说明的关系。正因为如此,汉语省略主语的句子很常见,因为汉语是重主题的语言,任何句子都会突出主题,在有的句子中是否交代动作的发出者并非关键所在,如"今天不想去看戏""在学校没看见他"等。与之相反的是,英语是形式上很严谨的语言,陈述句必须交代谓语动作的发出者(主语),在结构上是不允许省略主语的,即便在主语不明的情况下,也要补上形式主语"it",如"It's raining."(下雨了)。

因此,中国学生在进行英语写作时必须重视汉语与英语在构句上的差别,不要让汉语的主题式构句思维影响英语句子的主谓完整性。使用状语做主题式主语的汉语句子不能直译成括号中那样的中式英语,要在英语中为原句补充恰当的动作施事(主语)。

3. 从汉语的人称句到英语的物称句

受中国文化里"天人合一"的哲学思想影响,汉民族的思维讲究主、客体相互融合,习惯以"人"为中心,认为只有人才能做出有意识的动作。因此,汉民族一般对思维意识的主体和客体不加以区分。汉民族的这种主体意识思维在语言上表现为:汉语习惯于人称化的表达,主语常常是能施行动作或有生命的物体,且多采用主动语态。而受西方"神凡二元""主客二元"的哲学思想影响,英语民族的思维注重客观事物对人的作用和影响,对主体和客体有着严格的区分。在语言使用上,英语重物称,常常选择不能施行动作或无生命名词做主语,多采用被动语态。正式的英语书面语总是惯用无生命名词做主语的被动语态,也常用到"it"这样的形式主语,尤其不会用"I""you""we"等来直接指称作者和读者。

基于英语的这一思维方式,大学生在英语写作中应该特别注意由汉语的人称句到英语物称句的转换,比如"大家都知道……"和"大火几乎使这家有名的旅馆全部烧毁。"这样的汉语句子转换成英语就更适合用物称句来表达,译作"It is generally known that."和"The famous hotel had been completely destroyed by the big fire."。

4. 从汉语的偏爱动词到英语的偏爱名词

汉语讲究形象思维,英语讲究抽象思维。这种思维差异在语言上的表现是:汉语句子多呈现动态,即好用动词;而英语句子多呈现静态,即偏爱名词,特别是抽象名词。根据这一差异,不难发现许多汉语里常用动词表达的意思在英语里用名词表达就显得更地道。

5. 从汉语的谓语动词到英语的非谓语动词

在动词的使用上,汉语和英语有着显著的差异。汉语的动词一般充当谓语,并且连续出现,形成排比铺陈之势;英语中如果多个动词并存,则有的充当谓语,有的充当非谓语,所以在英语中常见到现在分词、过去分词以及动词不定式充当句子其他成分的情形。中国学生往往容易忽视汉语与英语的这一差异,在英语写作时总是大量使用谓语动词,要么在一个单句里堆砌谓语动词,要么让多个主谓结构的短小单句排比林立,使语言显得松散拖沓。

其实,在英语写作中应该试着习惯把汉语里的谓语动词转换成英语里的非谓语动词,这样可以使意思更加连贯、紧凑,语言形式更加灵活多样。比如,用英语表述下面的中文意思时,就不必一个谓语动词对应一个英文单句,可以把汉语句子中有的谓语动词转换成英语的非谓语动词,只用一个单句来表达原意。

(三)语篇层面的跨文化对比

语言学研究领域中的语篇这个术语,对于不同的语言学家,其含义也各不相同。但一般认为语篇是指一段有意义、传达一个完整信息、逻辑连贯、语言衔接、具有一定交际目的和功能的语言单位或交际事件。在同一主题下,英语和汉语的语篇及语篇模式有许多相似之处。比如说,大多数语篇都由单词、短语、句子、段落等构成,要求内容一致、意义连贯,要求具备完整的语义信息和交际功能,要求遵循一定的组合规律等。具体包括以下几个方面:

1. 从汉语的意合到英语的形合

英语语法是硬的,没有弹性的;中国语法是软的,富有弹性的。因为其是硬的,所以英语语法有许多呆板的要求。事实上,汉语和英语的本质区别在于汉语重意合,结构松散,语句的逻辑关系是暗藏、隐晦的;英语重形合,结构紧凑,语句的逻辑关系是明显外露的。语言学家认为英语采用的是"竹节句法",即英语的句内成分或者各个独立的单句都是依靠各种表达特定逻辑关系的连接词衔接起来的,宛如节节相连的竹子;而汉语采用的是"流水句法",所谓"流水"是指汉语句子内部或者句与句之间都极少乃至不用连接词来明示某种逻辑关系,但是文字在意义表达上仍是流畅自然的。

2. 从汉语篇章的暗示主题到英语篇章的明示主题

中西方在布局谋篇上的一个显著差异是:汉语篇章重铺陈和烘托,不喜欢把主题直白明了地说出来,讲究从旁映射,完全让读者自己去体味、参悟,或者直到文章末尾才含蓄点题,在汉民族看来这是一种有深度的表现;相反,英语篇章重事实和逻辑,喜欢明明白白地交代主题,让读者一目了然。

在这方面,中国学生受母语负迁移的影响是很明显的,他们的英语作文总是表现出主题不鲜明、观点模糊不清的问题,在对包括英语专业和非英语专业在内的200名中国人民大学的学生进行作文测试时,发现59%的作文没有主题思想。而众多外教在分析了中国学生的英语作文后也得出结论:中国人看问题往往从事物的正反两方面出发,采取不偏不倚的"中庸之道",所以写文章时爱搞平衡,既说优点,又说缺点;既指出好的一面,也指出坏的一面。何去何从要由读者自己做出选择,而不明确提出自己的观点。其实,英语并没有优劣之分,为了达到跨文化交际的目的,应该学会尊重不同的价值观,试着从个人立场出发来叙事抒情,明示主题,有结构、有层次地论证主题,才不至于使外国人看得一头雾水。

3. 从汉语篇章的螺旋式结构到英语篇章的直线式结构

汉语语篇与英语语篇在阐述主题的方式上也存在差异。汉语语篇的主题往往不是通过直截了当的方式阐述,而是通过曲折起伏、隐喻含蓄、断续离合、迂回间接的方式阐述;英语语篇则总是以主题段或主题句的方式使篇章显得重点突出、结构紧凑、层次分明、逻辑严谨。正如英语思维是直线式的,汉语思维是螺旋式的。也就是说,中国人在写文章时,思路是一环扣一环、螺旋式发展的,通过在主题外围做许多铺垫来一步步接近主题;而英语语篇一般按照一条直线展开,往往开头点明主题,接着分点说明,层层深入,最后概括总结,通过重申强化主题。由此可见,英语教师应该特别提醒学生,在对英语作文谋篇布局时有意识地把汉语螺旋式的论述方式转换为英语直线式的论述方式,从而让读者更明确地把握作者的写作意图。

高校英语教师在平时带领学生精读课文或向学生讲解特定写作练习的英语范文时,应该从跨文化视角出发,着重为学生讲解汉语与英语的差别,强调英美民族的思维模式和思维特点,提醒他们在自己的英语写作里有意识地避免汉语思维,留心模仿英美人士的行文习惯,在语言输入环节就帮助他们树立深刻的跨文化交际意识。这种意识一旦形成,学生对他们英语文章中不合英语表达习惯的汉语思维痕迹就会有所觉察,并且会重视它们对语言交际功能的危害,从而在下笔前就防患于未然或者在下笔后自觉修改,不给中式英语留下任何生存空间。再者,目前的高校英语写作教学面临学生多、教师精力有限的困境,教师无法把每位同学的作文都批改得细致入微,只能从大方向上把握评改的原则。那么,以上所探讨的中英语言间的差异就可以作为教师评改英语作文的重点。同时,有了作文评改的基本标准,同学之间也可以互评互改,共同提高跨文化交际意识。

二、以文化为中心实施英语写作教学

(一)培养学生的跨文化意识

跨文化意识是指对影响人们行为和观念的自身文化和其他文化的理解。培养跨文化意识意味着了解另一文化群体成员的行为、价值观和思维方式,并了解他们行为的深层原因。在写作教学中,教师要有意识地将语言教学和跨文化意识的培养相结合。课内,教师可将跨文化交际中的核心即价值观和思维方式向学生作宏观介绍,提高学生对英汉两种文化的比较和鉴别能力。课外,教师可营造良好的英语文化氛围逐渐发掘学生潜在的文化意识;鼓励学生课外阅读和讨论,跨越阅读过程中的文化障碍,增加英语文化知识的积累。在这一过程中,教师要引导学生注意文化细节,更深层次地理解语言背后的文化因素。

(二)优化英语写作教学模式

基于宏观和微观相结合的写作文化教学思路,在教学中形成系统而稳定的对比式写作文化教学。从宏观层面上讲,教师可以对比英语文化和汉语文化,侧重分析英语文化的思维方式和价值观,引导学生去深入了解。从微观层面上讲,写作文化教学主要从遣词、造句以及谋篇这三个方面入手,对词汇、句子和篇章的文化内涵做微观的分析,充分挖掘它们的文化内涵。

1. 思维方式和价值观

思维方式和价值观的表现范围非常广,教师可以选择与跨文化交际最相关的四个方面开展写作文化教学:①主体意识与客体意识。中国人有较强的主体参与意识,语言上表现为多以"人"作主语。西方人注重理性分析,执着于主、客体的分离和区别,所以他们根据实际需要或以"人"这个主体为主语,或以事物这个客体为主语。②整体思维与分析思维。中国人重综合、整体的思维方式决定了在用中文叙述、说明和评论事物时,习惯从一般到特殊、从整体到个体,先因后果。西方人强调个体意识,因而在叙述、说明和评论事物时,习惯从特殊到一般、从个体到整体,先果后因。③重意合与重形合。汉语重意合,侧重于意义的表达,即通过词语或句子本身的含义来表达意义和逻辑关系,很少或甚至不用介词和连接词等。英语重形合,侧重于句子结构和形式的完整性,即通过语言形式手段,如介词、连词和关系词等来表达意义和逻辑关系。④螺旋式和直线式思维模式。中国人的思维方式呈螺旋形,而英美人的思维方式是直线型。

2. 遣词

写作词汇要经得起"推敲"。提高词语在语境中表现力的关键是把握词汇深层含义，优化词汇质量。英语写作词汇教学主要围绕以下三个方面：①词的意义，即在写作中，需要了解各英语词汇的本义、含义和搭配三个方面的意义；②文化意蕴，即文化传统附加在词汇本义上的文化内涵，英汉语中本义相同的词汇，其文化内涵可以部分相同或截然不同，甚至缺失；③泛指词和特指词，英语常用词多为泛指，表达的意思一般较笼统，不及特指词汇表现力强。因此，选择尽可能具体的词汇能使描写更形象生动，说理更充分有据。

3. 造句

就英汉句子结构的差异，英语句子写作教学主要围绕以下四个方面：①汉语多短句，英语多长句。汉语是"人治"的语言，语义通过字词直接表达，不同的意思通过不同的短句表达。英语是"法治"的语言，只要结构上没有错误，许多意思可以放在一个长句中表达。②汉语多主动，英语多被动。汉语虽然也有"被""由"之类的词表示动作是被动的，但这种表达没有英语的被动语态那么常见。英语中多被动语态，科技英语尤其如此。③汉语多补充，英语多省略。英语既注重句子结构，又多使用省略。英语省略的类型很多，有词汇和句法的省略，也有情景方面的省略。④汉语多后重心，英语多前重心。汉语是由因到果、由假设到推论、由事实到结论，即重心在后。英语是判断或结论等在前，事实或描写等在后，即重心在前。

4. 谋篇

教师可以在语篇分析理论的指导下开展语篇分析教学，把教学从以讲授词汇和句法等语言知识为主提高到分析语篇的层面上，引导学生分析并对比英、汉语篇，以改变语言教学中只见"树木不见树林"的现状。英语文化的思维方式在写作中的具体表现是：强调文章内容的一致性、连贯性和可续性，文章结构形式上具有较强的逻辑性，作者开门见山地陈述观点和态度，主体段落中主旨句不可或缺等。汉语文化的思维方式在写作中呈现为迂回式的语篇思维模式，习惯于从侧面阐明外在因素后再点出中心，不太重视形式逻辑。因此，教师有必要在英语写作教学中教授英语的语篇模式，讲授英、汉语篇模式的差异，从而避免学生写出"英语句子+汉语思维"式的作文。

英汉两种语言的篇章结构与其思维模式相关，有什么样的思维模式就有什么样的语篇组织结构。西方文化注重线性的因果式思维，而中国文化偏重直觉和整体式思维，这就导致语篇结构方面存在巨大差异。英语句子组织严密，层次井然有序，其句法功能一望便知。而汉语句子成分之间没有英语那么多的黏合剂，较少使用连接手段，句子看上去显得松散，句子间的逻辑联系从外表不易看出。汉语思维模式呈螺旋式，其思维习惯在书面语言上的表现形式是迂回曲折，不直接切入主题，而是在主题外围"兜圈子"或"旁敲侧击"，最后进入主题。"文若看山不喜平"是典型的汉语修辞模式，也是衡量文采的标准。英语篇章的组织和发展是直线式，通常先开门见山、直抒己见，以主题句开始，直截了当地陈述主题，然后用事实说明，即先有主题句，后接例证句。英美人的思维方式决定了英语写作中出现主题句的必然。

例如：Soccer is a difficult sport.

①A player must be able to run steadily without rest.

②Sometimes a player must hit the ball with his head.

③He must be willing to bang into and be banged into by others.
④He must bear with aching feet and sore muscles.

这段话的第一句就是主题句,是段落的中心,上面四句话是用来说明和支撑主题句的。而在汉语中,人们习惯于先分后总,先说原因后说结果,即所谓的前因后果,这段话用汉语会这样说:足球运动员必须不断地奔跑,有时得用头顶球,撞击别人或被别人撞,必须忍受双脚和全身肌肉的疼痛,所以说,足球运动是一项难度较大的运动。这样通过对比,使学生了解中西写作思维模式的差异,学会运用英语思维,写出地道的英语文章。

在高校英语写作教学中实施写作文化教学可得出以下启示:首先,写作文化教学能帮学生有效减少因文化负迁移所导致的各种错误,对提高学生的英文写作水平有积极意义;其次,写作文化教学在词汇理解和语篇布局方面的教学效果比较明显;再次,写作文化教学的重点是思维训练,因其是影响学生构建句式的重要原因,应贯穿于写作教学的始终;最后,在通过写作文化教学削弱汉语影响的同时,要加强学生英语语言积累,培养学生文化差异敏感度,增强学生写作意识。

三、高校英语写作教学中跨文化交际能力的培养

和口语一样,写作属于语言四项技能中的输出环节。它在语言交际中起着非常重要的作用,是四项基本技能里综合性最强,也是最难提高的一项技能。要提高写作水平,加强交际能力的培养,就必须增强对写作结构的认识,加大必要的语言输入。

(一)在英语写作教学中培养跨文化交际能力

1. 培养学生直接用英语思维的习惯

中国大学生不习惯直接用英语思维,在英语写作练习中往往采取用汉语写草稿,然后再译成英语的写作方式,这种方法极其不利于英语学习,严重阻碍英语写作能力的提高。所以,教师应该鼓励学生尽量用英语思维思考、写作。为了实现这个目标,在写作训练中教师要引导学生转变思维模式,培养用英语思维的习惯。在布置写作任务前,先发给学生一些与写作题目相关的背景资料,让他们进一步了解在创作中可以使用哪些相关的英语文化背景知识,应该使用哪些英语习语表达方式。经过一段时期的训练后,学生会逐渐养成用英语思维的习惯,摆脱汉语负迁移的影响。

2. 比较分析英汉语言文化异同

比较学生的母语和目的语的异同会帮助学生对两种语言都有更深刻的理解。众所周知,中国学生都是在汉语环境中学习英语的,英语语言环境极其匮乏,因此应该将文化教学贯穿于高校英语写作教学的始终。在写作教学中,教师让学生了解中西方文化存在的差异,主要包括地理环境、宗教信仰、民俗风情和思维方式等方面,比较分析英汉两种语言文化在各个方面的异同,培养学生按照英语习惯进行英文写作的能力,避免中式英语。

3. 提供必要的语言输入

语言输入决定语言输出这种观点已经被广泛接受。大量的语言输入可以帮助学生有效避免母语的负迁移作用,并发展英语思维模式。具体做法是,教师在布置写作任务之前,和学生一起讨论该范文的特色以及可取和借鉴之处,并将其和写作题目进行对比和分析,找出范文和类似体裁及内容的汉语写作明显不同的地方,这样跨文化知识就能自然地

融入写作教学中。

4.转变教师的教学观念

在以往高校英语的课堂上,教师只注重词汇、语法等语言知识的教授,忽视对学生跨文化意识的培养。为了使学生在英语写作中能正确、地道地表达思想,英语教师要转变旧的教学观念和方法,采用先进的教学理念。同时,这对英语教师的文化素养提出了更高的要求,教师不仅要掌握语言知识,还要了解西方文化,并且能够将文化教学融入语言教学中,让学生充分了解中西方文化的异同,更深刻地体会汉英写作的差异,这样才能培养他们在英语写作中的跨文化交际意识和能力,形成英语写作习惯。

(二)通过背诵加大语言输入

母语对二语写作造成干扰是二语习得过程中正常的现象,这种现象通常会随着对二语掌握程度的加深而消失。在教学中可以发现学生在英语写作时由于受汉语干扰而常犯低层次错误,这种情况一旦持续到高年级阶段,就会导致学生的英语作文中总是有无法消除汉语干扰的痕迹。究其原因还是语言输入量严重不足所致,而背诵则是保证足够的语言输入的一条重要途径。

1.背诵有利于强化语言输入,克服母语负迁移,对语言输出起监控作用

中国学生学习英语过程中普遍存在着母语负迁移的现象,其根源在于目的语输入不足。学生大脑中储备的语言信息极为有限,惯用词汇、句型及表达积累太少,以至至于不得不用汉语的思维加上英语的词汇和语法编造句子。学生在没有足够的语言输入的情况下,必然产生大量不规范的语言输出,从而严重影响语言输出的质量。而背诵有利于积累语言知识,可为比较地道的英语语言输出——写作打下坚实的基础。

有意识的学习能起到监控和编辑的作用,用以检查和修正习得系统的输出。背诵是一种有意识的语言输入活动。通过背诵输入,学生可以逐步积累交际中必需的语言知识和篇章构建技巧,在此基础上可对母语负迁移进行监控和修正,从而排除母语干扰,更好地运用英语进行写作。

2.背诵可以培养和增强语感,促进语言习得,提高学生的写作能力

学生的语言知识可分为显性语言知识和隐性语言知识两种。显性语言知识指学生意识层中的所有目的语的语言知识,包括语音、语法、词汇等;隐性语言知识指那些内化了的语言知识,它们存在于学生的潜意识层中,学生不一定能清晰地表达出来,但能不假思索、流利地使用语言,便是人们常说的语感以一个人的隐性语言知识越多,熟练使用目的语的程度就越高。为此,教师在平时教学中应设法将学生已有的显性语言知识转化为隐性语言知识,并尽可能扩展学生的隐性语言知识。

背诵输入加强了对学生语言知识的积累和巩固,因而能将原本是显性的语言知识转化为隐性的语言知识,学生的语感也因此形成,这势必能促进其语言习得。随着背诵输入的不断增加,学生对目的语语言现象的敏感度也会不断增强,隐性语言知识将不断得到扩展,语感也将不断增强。学生的隐性语言知识不断得到扩展、语感不断增强,标志着他们已具有许多目的语言形式和规则的知识,这将有助于学生摆脱母语干扰,克服母语对目标语写作的负迁移,促进学生写作水平的提高。

英语写作能力是高校英语教学的核心。在英语写作教学过程中不仅要培养学生遣词

造句的能力,还要培养学生以英语思维方式进行英文创作的能力。因此,高校英语教学应把文化教学与英语写作教学有机地结合起来,把培养学生的跨文化交际能力贯穿于语言教学的各环节中,通过对比中西方不同的思维模式、宗教信仰、民俗风情等,有效地转换思维模式,提高学生对文化差异的敏感度、认识度和熟悉度,增强他们的跨文化交际意识,最终提高学生的英语写作能力和跨文化交际能力,使其成为满足国家经济建设与发展需要的现代化、多元化的高级人才。

第八章　高校英语语法与翻译教学实践

第一节　高校英语语法教学实践

一、语法教学的重要性

英语语法学习是英语学习的重要组成部分，英语语法教学的水平直接影响着学生的语法能力。在此将语法教学的意义归纳为以下几个方面。

(一)语法教学对学生听、说、读、写、译综合语言技能的提升具有重要的作用

具体而言，学生的语法水平直接制约着英语语言的理解能力和水平，并和五项语言技能的综合发展直接相关。例如，在一些专业知识领域的英语文章中，存在诸多结构复杂的句子，对这些句子的理解往往需要借助于语法知识加以结构分析。又如，如果仅仅简单地积累了大量的词汇，却对词汇的用法以及句子和篇章知识了解得不透彻，对语言内容也很难透彻地理解和把握。因而，语法教学是语言综合技能提升的保障和基石。

(二)语法教学对学生听力理解以及口语表达的精确性有很大的推动作用

语法作为语言组织的规则，它能够让学习者在有限的词汇量下按照一定的语法规则创造出无限的句子。从这一点上来看，也体现了语言交际任务的目的。如果在具体的交际环境中频繁使用毫无语法规则的句子，往往会产生交际障碍，同时也不利于交际活动的正常进行。语法教学围绕交际任务进行，并在交际中恰当适时地融入语法知识，不仅利于提高交际的准确性，还能保证交际的有效进行。

(三)为学生英语技能的可持续发展夯实基础

换句话说，语法教学能解决语言学习的"石化"现象，对语言知识和现象的学习和关注利于语言学习的长远进步。英语作为一门在工作和国际交流中的重要语言，校内对语言知识和技能的学习很关键，毕业工作后能够让学生具备对语言知识和技能的自学并深化的继续学习能力，也是英语教育者教学和学生的要务之一。而扎实的语言知识能让学生在自学过程中占优势。

总之，语法教学具有重要的意义和作用，应在英语教学中占据一席之地。在中学阶段，学生已经基本掌握了一些语法项目，但在深度和广度上述很有限。为了更好地为以后的交际服务，大学阶段还需要进一步进行语法知识的学习并深化语言交际技能。

二、高校英语语法教学的内容与目标

(一)高校英语语法教学的内容

在大学阶段,不仅要进一步深化对词法和句法的学习,还要进一步学习章法。具体包括以下两个方面的内容。

1. 词法和句法

词法和句法是英语语法教学的主要内容。词法又可以分为构词法和词类。

构词法讨论不同的词缀、词的转化、派生、合成等内容,词类可以进一步分为静态词和动态词。当然,静态词并不是绝对不变。例如,形容词有比较级和最高级的变化,名词就有格、数、性等的变化。动态词主要包括动词以及直接与动词相关的语态、时态、分词、动名词、不定式、情态动词、助动词、虚拟语气、不定式等。

句法可以大致分为三大部分,分别为句子分类、句子成分和标点符号。句子的分类有不同的标准,可以按句子的结构分为简单句、复合句和并列句,也可以按句子的目的分为陈述句、祈使句、疑问句、感叹句。与句子有关的内容还包括主句、从句、省略句等。句子成分主要包括主语、谓语、宾语、定语、状语、表语、同位语、独立成分等。标点符号也是句法学习的内容之一,此外还有词组的分类、功能、不规则动词等。

2. 章法

在语言学习的高级阶段,章法也是语法教学的主要教学内容。学习者对于词法和句法进行一段时间的学习之后,已经打下坚实的语法基础,此时在进行章法的学习就比较容易。章法的教学内容主要涉及句子之间的逻辑关系、篇章的结构逻辑等。

英语语法内容纷繁复杂,许多学习者在学习语法知识时常常顾此失彼,这就成了学生在语法学习和使用中最困难的地方。因此,语法教学必须有一个核心。语法教学的核心是整个语法知识和技巧发展的基点。而从词法上看动词形态变化和从句法上看主谓基本结构就是英语语法的一个核心和基点。

(二)高校英语语法教学的目的

关于高校英语语法教学的目标,《高等学校英语专业英语教学大纲》在教学要求上按级划分,每学期为一级,分别为入学要求、二级要求、四级要求、六级要求、八级要求。

入学要求:

①能识别词类。

②区分名词的可数性和不可数性,区分可数名词的单、复数形式。

③基本掌握各种代词的形式与用法、基数词和序数词、常用介词和连词、形容词和副词的句法功能、比较级和最高级的构成及基本句型、冠词的一般用法。

④了解动词的主要种类、时态、语态及不定式和分词的基本用法、句子种类、基本句型和基本构词法。

二级要求:

掌握主谓一致关系、表语从句、宾语从句、定语从句和状语从句等句型、直接引语和间接引语的用法、动词不定式和分词的用法、各种时态、主动语态、被动语态和构词法。

四级要求:

①熟练掌握主语从句、同位语从句、倒装句和各种条件句。
②初步掌握句子之间和段落之间的衔接手段。
六级要求：
较好地掌握句子之间和段落之间的衔接手段，如照应、省略、替代等。
八级要求：
①较好地掌握句子之间和段落之间的衔接手段，如照应、省略、替代等。
②熟练地使用各种衔接手段，连贯地表达思想。

三、高校英语语法教学方法创新

在教学改革的背景下高校英语语法教学的探索和研究也形成了两种对立的观点，其一是在高校英语教学中淡化甚至取消语法教学，其二是在高校英语教学中主张或继续强化语法教学。然而，就教学目标和改革的趋势来看，高校英语语法教学应思考的问题是如何运用切实有效的语法教学方法更好地为英语语言交际服务。

（一）语境法

运用语境法教授语法是指结合具体的语境对语法知识加以阐释。这种教学法于无形中解决了传统语法教学中对外在语言环境的忽视。例如，可以在模拟的情景中扮演角色，在布色扮演中巧妙地创设语言情景来设计语法教学。这样不仅能克服非母语教学的缺陷，而且还利于激发学生对于语法学习动力和兴趣，提升教学活动的效果。

（二）竞技法

竞技法是运用知识竞赛来促进语法教学的一种方法。这种方法能通过对学生好奇心、求胜心的调动来提高学生的语法学习的兴趣。对大学生而言，这种方法也对课堂氛围的调动具有积极的作用。在语法教学中，运用竞技法可按如下步骤展开教学。

对学生首先进行分组，每讲完或要求学生看完 1~2 个语法现象之后，向学生提问。问题的形式可设置为必答题和抢答题两种。答题方式可按组为单位也可由组代表来回答。同时，教师还W以根据各组回答情况的好坏，让其他组同学给予适当的精神上的掌声鼓励，以勉励回答差的个人或小组。下课之前，教师还应留给学生几分钟的时间，让他们全面浏览自己本节课的语法笔记，并以个人或分组的形式就刚讲完的语法知识进行竞赛，进而巩固当天所学。

事实上，这种竞技法的语法教学的开展方法不止一种，教师可以根据班级情况采取多种多样的方法。

（三）教学法

四步教学法是根据语言学家们提出的交际语言教学模式即"交际—呈现—练习—再交际"演变而来的，这种教学法将语法教学分为"展示—解释—练习—评估"四步课堂教学程序。在具体的教学中，可按如下步骤来实践。

1. 展示

语法项目的展示方式可根据具体情况而定。例如，可将语法项目在课文、对话、情景或训练材料中展示，并组织学生观察、归纳语法点的含义和结构。但展示的材料和方式应尽量多样化，以激发学生语法学习的兴趣和注意力。

2. 解释

教师从语法结构所在的上下文中提取出来,并对其作用、结构、使用规则和意思进行解释。同时,还要启发学生观察句型的结构特征,采用发现性的方法或策略,让学生自己去理解、分析并总结语言的使用规则。此外,在讲授新的语法项目时,教师还可以运用熟词、句型、短句等将语法规则融入具体的语言环境中来分析。但值得注意的是,难点不宜太集中,也不应过于沉淀在规则以外的特殊情况。解释应简单明了,适当的用母语并辅助实例来讲解。

3. 练习

语法的规则和用法展示完以后,可提供一些课堂练习,让学生通过控制、半控制练习以及自由运用来逐渐掌握语法项目。练习的方式也应灵活、多样,可以是口语活动,也可以是书面练习,甚至可以以信息和任务为目的,即运用所学知识完成与语法知识相关的各种任务,但应注重形式与意义相结合。语法练习还可以体现交际的成分,突出语用原则。

4. 评估

继语法练习之后,还应借助于相应的语法测试类的检查测试对新学的语法的掌握情况进行评估。利于教师和学生客观地了解教与学的情况,并对存在的问题进行及时的纠正和反思。如果有必要,还应补充课外训练,达到内化语法规则并熟练运用的目的。

(四)简图呈现法

由于语法本身具有抽象性的特点,有些语法项目比较难以用语言清晰表达,或表达出来后学生还是感觉很费解。因而可以使用简图、表演、图片等方法使其形象化。

(五)多媒体语法教学法

在英语教学中,运用多媒体教学也具有很多的优势。在语法教学中运用多媒体是指,在课堂上利用多媒体计算机演示预先制作好的多媒体教学软件,利用计算机综合处理和控制教学软件中的符号、义字、声音、图像等教学信息,按教学要求和教学进度完成多媒体操作,同时设置学生参与教学活动的教学过程。

多媒体语法教学的方法能让学生在不知不觉中将所学的知识转化为能力。在新课讲授的处理上具有其本身的优势。

多媒体语法教学集语言、声音、文字、图像等多种信息于一体。它是一种新型的科学化的教学手段,师生能够在课堂上很好地互动,打破传统课堂沉闷的氛围,在轻松愉悦的环境下加深学生对语法知识点的记忆和理解。同时,使用多媒体教学还可以创设情境、感染学生,增添课堂教学的兴趣和活力。对学生自主学习能力的培养和思维灵活性和创造性的开发也具有很好的作用。

(六)归纳法和演绎法

1. 归纳法

运用归纳法进行语法教学,可以先让学习者大量接触一些含有要学习的语法规则的语言材料,并在教师的引导和启发下,观察语法规则并概括出有关规则。

这种语法教学方法能避免单纯抽象的讲解,学生通过对大量生动、具体的语言实例的接触来寻找和发现语言规律。他比较符合语言习得的自然顺序,同时还能培养学生探索语言的精神,启迪学生的思维活动,调动他们学习的主动性和积极性,从而形成学习的内在动机。

很多语法点通过归纳法进行讲授都能取得良好的效果。学生通过自身亲自思考、观察、分析和对比总结出来的规律性规则，印象也会比较深刻。但是如果归纳法使用不当，就会使过程烦琐，费时费力。

2. 演绎法

演绎法正好和归纳法相反，它是用一般原理证明个别性论断的一种方法。其运用过程遵循一般到特殊的过程。运用演绎法进行语法教学时，教师可先简单地向学生提出抽象的语法概念，再加以举例说明，将抽象的概念引用于具体的语言材料，并结合大量类似的练习材料让学生在练习中能够独立运用。

运用演绎法进行语法教学过程简便，省时省力，非常适合学习动机很强烈的学习者。这种教学方法侧重语法规则的讲授，也迎合所有学生的智力水平。如果在演绎法教学时处理不当，也会让学生有语言学习就是完全的语法规则学习的感觉。

由此可见，归纳法和演绎法各有利弊-在教学中如果仅仅采用归纳法，也可能会因设计方法不当产生事倍功半的效果。如果仅仅采用演绎法，很容易造成填鸭式教学，对学生积极性的发挥产生不利影响。因此，在选择教学方法时，根据学习者的英语程度、学习目的、语言材料等不同而不同，同时也而将两者有机结合起来，以归纳为主，适当地结合演绎，注重方法之间的区别、联系和侧重点，尽可能做到相互补充。

（七）显性和隐性教学法

显性学习受意识控制，需要意识参与并采取一定策略的学习方式，这种学习方式是有选择性的、有目的的。这种教学方法对成人而言比较明显。

隐性学习是无明确意识或无法陈述出控制学习者行为规则的具体内容，但是却获得了这种规则的学习方法。

近年来，使用显性的方式还是隐性的方式来教授语法也引起许多专家的关注。不同的专家和学者对显性和隐性的语法教学的看法也见仁见智。

显性教学是直接教授学生语法规则，然后加以练习。隐性教学是指学习者从所给的例子中归纳语法规则。

显性教学指的是以正式的陈述来学习语法规则；隐性教学指的是学习者通过接触英语理解语法和句法。

总之，显性语法教学侧重于学习者对语法规则进行有目的的学习，来达到准确、高效地使用语言成分的程度，并通过各种方法将学生的注意力转移到语言形式上。在具体的教学实践中，显性语法教学也往往采用演绎的方法，教师在讲解语法规则之后在引导学生做有一定语境的练习。总体上呈现出由总体到具体，由理论到实践的具体教学步骤。

隐性语法教学侧重于让学生置身于可理解的、有意义的语言环境中，并尽时能自然地习得目标语语法。在具体的教学实践中，隐性语法教学多采用归纳的方法，由具体到总体，教师引导学生从大量的语言材料和具体的语言实践中归纳出语言规则。

在具体的语法教学实践中，究竟采用哪种教学方式还应充分考虑学生的个性差别，使教学方法尽可能和学生的学习风格相适应。同时也不能割裂显性语法教学和隐性语法教学之间的内在联系。尤其是在高校英语语法教学中，应将两者有机结合起来，适当增加显性教学的成分,即将语法教学处于显性和隐性的动态平衡中,在不同的学习阶段,针对不同学习者的个体特征采用不同的显性和隐性教学方式,帮助学生切实有效地将语法知识转化为语法能力,达到语法教学的目的。

(八)互相式教学法

互动式教学法是一种很有创意和实效的教学方法。它以社会互动论、人本主义为基础,又被称为互动教学法或互动合作学习法。语法教学过程中的互动活动的形式也是多样化的,主要有以下两种类型。

1. 生生互动

用所学语言进行交际是语言学习的根本目的。生生互动是让学生通过用英语进行交际来完成预设的学习任务。这同时也体现了合作学习的一种形式,并将枯燥的语法项目置于生动的语言交际活动中,给学生提供更多的语言交际的实践机会,引导和组织学生运用所学的语法知识进行互动的活动,学生入情入境,展示自我。因而,在教师的课堂教学中,应充分利用教材创设情境,组织学生运用英语语法知识进行有意义的互动,培养学生之间的合作精神。

2. 师生互动

师生互动是师生关系在课堂上的现实化和具体化,也是教师和学生利用目的语进行有意义的交际的活动。教师在互动式教学中作为课堂活动的参与者和设计者,不仅要注重对学生自主性和独立性的培养,还要帮助和引导学生在语言实践中习得语法。

师生在语法教学中的互动主要体现在"问"与"答"上,尤其体现在教师"问"的环节上,高质量的问题更能有效促进学生积极的参与意识和激发学生的思维,并通过问题的环节对语法项目理解得更透彻。

教师和学生之间通过简单的交流和互动来导入和进一步学习虚拟语气的规则,并对语言知识和现象进行归纳总结,让学生于无形中接受了语法项目。

(九)任务+语篇动态教学法

任务+语篇动态语法教学法目前已被应用于语法教学中,旨在提高学习者的语篇语法意识和形式的意识程度。根据埃利斯的观点,任务+语篇的动态语法教学有以结构为基础的产出型任务、理解任务以及增强意识任务三种类型。但这些任务都是交际性的,学习者必须参与以意义为主的任务。

产出型任务需要使用目的语的形式来完成纯粹的交际活动,从性质来看,任务材料不仅局限在语法形式,且学习者需要借助目的语的结构来完成这些任务。理解型任务目的是让学习者理解和注意经过精心设计的输入材料中的语法形式,并做出适当的反应。

产出型任务和理解型任务都是以隐性的形式在交际情景中介绍目的语的语法形式,并对学生学习语法时应置身于可理解的有意义的语言环境进行强调,同时结合具体的语言实践和大量的语言材料来推导语言规则,使学习者尽量自然地习得目标语语法。

增强学习者语法意识的任务则以完全显性的方式要求学习者用目的语结构完成任务。这种任务首先向学习者提供目的语语法结构的例子,再要求学生把握这些结构,从中推断出一定的规则。

第二节 高校英语翻译教学实践

一、英语翻译教学的定位

(一)英语翻译教学的思考

1. 完善英语课程设置体系

无论教授什么内容,首先必须有一个科学合理的宏观的课程体系,对整个课程的实施进行宏观的指导。21世纪教育部颁布修订后的《高校英语课程教学要求》对非英语专业本科生的英语能力提出了"一般要求""较高要求"和"更高要求",对听、说、读、写、译分别规定了量化指标,体现了层次性、灵活性和选择性。这便于各个高校根据实际情况制定出适合于本学校的行之有效的教学大纲。但是高校英语翻译教学缺乏整体规划和设计,使得教师在教学实际中难以操作。因此,我们应该首先完善高校英语课程体系。

英语课程体系应该跟上时代发展的步伐,在课程设置上需更加注重市场需求和学生实际应用能力的培养。高校英语课程设置不应简单地分为听说课和读写课,应该设有翻译课。高校英语基础阶段学时有限,学生也是打基础的阶段,不必单独开设英汉翻译课。但到了第二学年,可以为学生举办翻译讲座或开设翻译选修课,讲解一些基本的翻译理论和技巧,鼓励对翻译感兴趣的学生进行自主训练和深入学习。

2. 优化教材

为了有效地提高教师的翻译教学水平和学生的翻译能力,编写适用于非英语专业的翻译教材迫在眉睫。这种教材应当有别于英语专业学生使用的翻译教材。因此,在组织高校英语翻译教材的编写过程中,应充分考虑"难易程度是否与师生水平相适应"以及"教材自身的系统性",编写出融知识、理论和技能训练于一体的有针对性、科学性的系列教材。本文认为应当将英汉对比和应用翻译列为本教材的主体,适当增加篇章翻译、各类文体翻译、文化与翻译、修辞与翻译、不同题材、不同风格的译文赏析等内容。翻译课离不开理论与实践,作为非英语专业的翻译教材,翻译理论应当简明扼要,翻译的基本知识、原则及翻译技巧都可以简洁明晰,重点在于培养和提高学生的实际翻译能力,所以各章节后需附有相关的翻译练习,通过大量的课堂讨论与实践使学生掌握各种翻译技巧,培养其实际应用能力,以便对今后的学习和工作有所帮助。

3. 更新翻译教学模式

翻译教学的核心任务是培养学生的翻译能力和强化学生对翻译的认知。关于翻译能力,刘宓庆先生做过较为明确的论述。他将翻译能力分为五大方面:语言分析和运用能力;文化辨析和表现能力;审美判断和表现能力;双向转换和表达能力;逻辑分析和校正能力。就高校英语翻译教学而言,可以将翻译理论与翻译技巧穿插在翻译实践之中。英汉互译的方法有许多种,教师应该把基本的方法介绍给学生,以提高学生的翻译能力。常用的翻译方法有直译法、意译法、直译意译结合法、增译法、删略法、词类转换法、长句拆译法、替代法等。这势必对教师提出了更高的要求。教师首先要努力丰富自身的翻译理论和技巧知识,这样才能有效提高翻译教学的水平和效果。翻译理论的指导性在于减少实践的盲目性、因循性,从而提高科学性、功效性。中国的许多翻译理论都是从翻译实践中得来的宝贵经验,对于指导实践十分有效。同时,许多国外的翻译教学理念也为国内的翻译教学提供了借鉴。

在翻译训练的体裁上,除了传统的文学翻译外,还应加大应用文翻译的比重,包括科技论文、政府文件、新闻报道、商贸信函、产品说明书等等。在教学过程中,以学生的需求为中心,使教学内容多变,教学方法灵活、多样化,最终使学生在整个的学习过程中主动并且积极地掌握翻译的基本理论和技巧,提高自己的翻译能力。21世纪是一个国际化的高科技经济时代,讲授各种实用文体的翻译技巧,对振兴我国的国民经济及对培养和造就大批科技人才都具有十分重要的现实意义。

在实践中,教师应摒弃传统的"老师讲解多,学生实践少"的模式,取而代之的应是"精讲多练"的教学模式。翻译能力的提高离不开大量的实践练习,课堂上教师应充分调动学生的积极性,努力培养学生的独立思考能力。同时,要引导学生自主学习,让学生利用课余时间进行翻译实践。

4.重视培养学生的语言能力

语言能力指的是语言理解能力和表达能力。翻译的过程既是理解原文的过程,又是创造性地用另一种语言再现原文的过程,而理解原文是表达的前提。以某些大学生为例,他们不仅在理解英语原文方面欠缺,而且即使理解了其中的意思,要他们用母语汉语表达出来也是洋化的汉语表达方式,晦涩难懂。同样,让他们把汉语译成地道的英文也不是一件容易的事,译文为中式英语。鉴于此,着重培养学生的语言能力是高校英语翻译教学的主要目标。通过翻译教学提高学生语言能力的具体途径有三个:一是通过互联网自主学习,提高自身的语言感受能力。让他们通过互联网或其他途径来构建自己的语料库,感受名作、范文的遣词造句、布局谋篇,并定期、不定期地与学生交流,分享阅读后的感受和收获。二是在课堂上开展适量的翻译欣赏课,或让学生翻译一些名家名作,然后把他们的译文与名家的译作比较,并总结心得体会。三是以小组为单位进行合作型翻译活动。教师可以将学生分成小组进行翻译。在一个宽松的学习氛围中,学生可以充分发表自己的意见而不受约束,同学间对译文互评互改,相互取长补短。通过译文比较和讲评领悟翻译的基本原则和技巧,这不仅能启迪学生的思维,加深他们对翻译的理解和思考,同时也培养了其译文欣赏与翻译批评的能力。

(二)英语翻译教学的重要性

1.翻译有助于写作能力的提高

翻译有助于写作能力的提高,特别是"中译英"对于学生的写作能力大有帮助。如,"我们通常在家和地铁之间来往,这是他上班的必由之路。不管什么样的天气,无论自己的身体状况如何,他都坚持上班,从不旷工。在别人不能坚持的情况下,他也会到办公室去工作,因为这对他来说是一种自豪。"翻译成:"We usually stay at home and the subway between, this is the route one must take him to work。No matter what the weather is like, regardless of their own physical condition, he insisted to go to work, never absenteeism。In the case of others can not insist on, he will come to the office to work, because it is a kind of pride."

教师在讲完第四单元后,给学生布置了一篇与环境有关的作文,学生普遍的做法,就是先将作文用中文把内容的提纲列出,如:环境对于人类的重要性有哪些;当今,我们身边环境恶化的现象有哪些;对每一项现象进行原因分析;结论,地球只有一个,地球是我们的家,呼吁全社会爱护环境,要从身边做起,从一点一滴的小事做起。然后鼓励学生将每一部分翻译成英语,对框架结构进行内容上的补充,使得文章更加充实。学生在英语方面的不足主要来自母语的影响,学习英语并不是不要去想母语,而是想办法将母语与英语相结合,更好地服务于英语。

2.翻译可以提高大学生的阅读能力

大学生英语中的翻译,可以将这一过程分解为准确的理解、恰当的表达、校对三部分。其中的理解是表达的基础,高校英语教学过程中,针对校对这一环节,是在对原文翻译的准确基础上,通过口语的表达衡量学生对课文的理解程度。

如,"Wherever they occurred, inefficiency and waste were attacked and nonessential projects were brought swiftly to an end.""他们的出现,我们要反对效率低下与浪费的现象,还要控制工程项目。"这样翻译的占15.3%。出错的原因在于学生对于"他们"涵盖的主要内容是什么并没有理解,也就是并没有对全文加以理解,只是把字面上的内容翻译下来了而已,句子中的"效率不高和浪费现象"根本就是适合英语的表达习惯的。英语中,一般是名词做主语,主、从复合句中的主语相同的情况下,从句的主语是要用代词代替的。根据这一习惯,就可以看出来句中所指为一件事物。我们根据语境在译成汉语的基础上,需要根据西方英语的用词习惯和语境做调整。那么上面的句子就应翻译为"无论效率不高和浪费这两种现象发生在何处,我们都坚决地反对。还有,需要结束那些其实属于不必要的项目"。

又如,"We believe, they died in search for a panacea to allay the winds of dogma and the gusts of revolutionary tendency towards a more peaceful, freer and more harmonious society。""我们相信,他们为了寻找一种万应灵药,以遏制教条的风气,防止革命的风暴,为实现一个和平、自由、和谐的社会而牺牲生命。"分析:该译文主要存在两个问题,一是对wind s和gust s这两个词在这里的比喻用法意思理解不准确,wind在这里的意思是something that disrupts or destroys,这一用法在一般的词典上很少提及;二是译文定语部分太长,读起来很别扭,不符合汉语表达习惯。试译为:"我们认为,他们献出自己的生命,为的是寻找一种万全之策,以减轻教条主义和革命倾向带来的动荡和破坏,建立一个更加和平、更加自由、更加和谐的社会。"

可见,良好的阅读理解能力是英语翻译的基础,英语翻译又能促进学生良好的阅读习惯的养成,对关键的词句的推敲,可以帮助学生阅读水平和效率的提高。

二、英语翻译教学的实效性与艺术性

(一)英语翻译教学的实效性

1.翻译评判上:翻译无定本

在翻译教学中很多学生期待有最佳译文的出现。这很大程度上与教师在翻译课堂上提供的"范文"有关。教师提供范文,其初衷虽然是为了帮助学生课后学习,但是在一定程度上也误导了学生。这让学生误以为总有一个标准的范文存在。因此,学生们对教师提供的范文产生了依赖心理。他们在翻译过程中努力模仿范文中的翻译方式,而对于自己的译文则信心不足。这在很大程度上抑制了学生创新能力的发展。从语言本身来说,标准的"范文"本身就存在一定的问题。范文的出现与语言学的本质是相背离的。语言的翻译不同于解一道数学题,它没有唯一的答案。译文不可能与原始文本具有相同效用,因为译者向别人表述的是自己所理解的,译者自我的理解取决于译者本身因素。翻译在本质上就是以译者为主体进行的两种语言之间的转换。翻译受到了翻译主体的经历、文化内涵、心理素质以及语言掌握程度等方面的影响。所以翻译无定本早已经是公认的。在实际的教学中,为了向学生传授这种意识我们可以对某一原文进行翻译,在翻译的作品中找出不同的译文,让学生对翻译效果进行评价。不同的译文各有所长。因此,高校应鼓励学生形成自己的翻译风格。这可以帮助学生们开阔眼界,破除"范文"的观念。

2. 翻译取义上:原文词典为蓝本

对翻译者来说,英语词典的恰当使用是一项重要的能力。词典一般分为对照词典和原文词典。在初学翻译的时候很多学生喜欢使用对照词典。这样可以明确地把一种语言翻译成另外一种语言,但是我们经常在翻译的时候发现翻遍所有的词典也没有相对应的词汇,这是因为从语言学来讲有些词汇在某些语言中根本没有相对应的词。所以说对照词典对于学生来说具有一定的蒙蔽性。我们可以在教学中让学生使用原文词典,原文词典最大的优势在于使用原文解释词义,避免了解释不到位的情况。原文词典的利用可以让译者在更大程度的理解中重塑文本。这也弱化了学生在寻找文本对照词中的纠结。

在实际教学中我们可以让学生在查字典的时候首先使用原文词典,搞清楚词的原有的含义。在很多经典翻译作品中,译者可以根据语境或者创造语境义来把握游离不定的词汇含义。教师要让学生形成使用原文词典的习惯,不要盲目以词典为权威。

3. 翻译体例上:文本类型规范化

明确文本类型和确定翻译策略是翻译教学意识启蒙的主题之一。学术界一般将文本类型分为信息类、文献类、工具类。职业翻译家在对于不同文本的处理上翻译策略也是不同的。文献类文本需要侧重源语文本,判断译文的好坏的标准在于和原始文本是否等值。工具类文本需要侧重译文受众的理解,判断译文好坏的标准在于功能上是否等效。两种不同的文本从翻译策略上来说,一个是侧重原文本身,而另一个是侧重受众,并且文本不同翻译的策略也是不同的。因此,在日常教学中要让学生相信意译也是对的。

4. 翻译技法上:翻译技能全面化

在翻译教学中,很多学生认为只要上课时对知识点掌握得好就能把翻译技能学到手。这样的想法是极其错误的。因为翻译教学的目标是培养翻译的技能型人才,所以学生的翻译技能需要与实践相联系。学生只有通过大量的翻译实践,才可以掌握好翻译这一技能。学生的翻译技能是运用知识的能力。学生对于翻译不仅要知而且要会。因此,翻译教学要练字当头,这在学术界已经达成共识。学生只有通过长期的翻译的实践才可摸索出翻译的经验,将感性认识上升到理性认识。翻译技能和翻译技巧是有高低之分的,因此,学生要想有较高的翻译技能和技巧就要不断练习。要想达到具备翻译实践能力的水平至少需要十万到十五万字的翻译量。只有这样才能消除两种语言之间转换的障碍感。因此,翻译技能意识的培养应从第一节翻译课开始。

(二)英语翻译教学的艺术性

为了确保高校英语翻译教学的效果,一定的辅助性策略必不可少,艺术性的英语翻译教学便是其中之一。对于具体教学策略的选择和设计上,研究者们依据不同课程,从不同视角出发,观点各异。对于高校英语翻译教学而言,本文结合具体教学对象的层次和学习积极性等诸多因素,最终设计部分辅助实施其艺术性的翻译教学。

首先,建立专门的视频网站和视频库,以便能提升学生的学习兴趣,扩展他们的课外知识,扩充其知识面和视野范围。在翻译训练上,也有教师将相关翻译题设置成游戏模式,旨在丰富具体教学过程。游戏模式为单词、短语、单句、段落逐层递进的模式,相当于闯关游戏。每位游戏者必须先通过单词关,才能进入下一关短语关,如此类推。

其次,在对高校英语翻译教学方法艺术性改革之后,教学效果的检验上系列竞赛将被设计。这些竞赛具体包括单词式竞赛、短语式竞赛、短文式竞赛等。它们不但能促使教学手段的变化,而且还将提升学生的学习积极性。

最后,借助网络媒体等现代化技术手段,以加强对学生课后学习的监管和引导。例如,建立专门的网络交流群,由教师发布相应翻译素材,小组组员在线实时讨论。这种教学策略不仅可以突破传统教学在课堂上进行的固定模式,打破空间限制,而且在时间上也相对灵活,从而打破时域限制。

总而言之,在高校英语翻译教学的艺术性上,课堂设计应遵循"X+1+Y"模式,即"课本训练+网络训练+课后训练"模式。在总方针上,高校英语翻译教学应该遵循知识的"输入—输出—训练—巩固"的一般性规律和基本发展过程。无论是怎样的教学设计,何种教学手段及教学设备,教师在高校英语翻译教学艺术性策略的设计和选择上要充分考虑学生的主体性地位。在具体的实施过程中,艺术性高校英语翻译教学策略应以促进学生学习积极性为目的,以提升教学效果为主旨。

三、英语翻译教学的模式

(一)以学生为中心的英语翻译教学

1."以学生为中心"教学的概念

"以学生为中心"的教学是由于翻译教师仅作为知识的传授者和指导者的角色已远不能满足教学的需求,因此教师应通过多种途径突出学生的中心地位,形成课堂上的新型师生关系的一种教学模式。这种教学模式认为翻译是对两种语言的创造性运用,因此翻译活动应涵盖在交际框架下的语言活动、文化活动、心理活动等内容。这种教学模式重视英语翻译教育的发展趋势,特别重视翻译教学环境和学生作为教学主体这两个因素。由于翻译教学环境趋向于提倡、建立一种交际性的课堂教学形式,也就是要努力创建一种能培养学生独立开展创造性语言转换以及语言交际的环境,因此也就应该特别重视社会背景和文化迁移在翻译教学中的作用。此外,这种教学模式认为教不应再被认为是翻译操练中的带头人、翻译材料的介绍人或译文好坏的评判者,而应在翻译教学的过程中,明确学生才是积极的创造者,而不是消极的接受者;要重视学生的不同个性、学习风格、学习策略以及在学习过程和学习内容上的学生智力因素。总而言之,以学生为中心的翻译教学就是要充分重视学生在学习过程中的积极作用,充分调动学生学习的积极性和自信心,要尽量让学生自己控制学习内容和方法,鼓励学生参与到教学活动的各个环节中来,鼓励学生更多地对自己的学习负责。

2."以学生为中心"教学的特点

(1)教师引导,学生为主体

在传统翻译教学模式中,教师通常会处于相对的权威地位,所以人们常常可以看到教师在台上一板一眼地讲,学生在台下不停地记笔记,这也是一种"填鸭式"的教学方法。而"以学生为中心"的教学模式则要求实现教师角色的转移,也就是要将教师角色由主演转变为导演,从而更好地引导、辅助学生学习翻译;而将学生转变为主演,将翻译知识掌握并付诸实践。

(2)教师和学生融洽合作,教学突出实践

与传统翻译教学模式以教师为中心不同,以学生为中心的翻译教学模式强调翻译教学过程中学生的主体性。认知理论认为,教学不是知识的传递,而是学生积极主动地获得。在"以学生为中心"的翻译教学模式中,教师与学生应形成积极的合作关系,也就是说双方应扮演翻译教学中的合作者。

实行"以学生为中心"的教学模式并不代表教师失去权威性,而是仍要以教师作为课堂活动的引导者,采用多种途径突出学生的中心地位。传统的教学法一般是"以教师为中心"的教学方式,这种教学方式通常"将改错作为教学手段,将教师提供的参考译文作为翻译课的终极目标,不符合真实情况下翻译的本质特点,在一定程度上扼杀了学生学习翻译的主动性与创造性"。可见,传统的翻译教学方式由于过分依赖教师的主导地位,从而在很大程度上忽视了学生的主体地位,也就很难激发学生的积极性,学生不仅没有选择回答问题的权利,而且教师也很难把握及满足学生的真实需求。

"以学生为中心"的翻译教学模式,首先便是让学生在"译"中学习技能。同时,翻译是一门理论与实践相结合的课程,好的理论以实践中获得的材料为依据,好的实践又以严谨推断出来的理论为指导。学生在学习英语翻译的过程中要以理论为基础指导,通过大量的实践练习和与参考译文对比来使他们更好地掌握所学的翻译技巧,从而进一步提高翻译能力。

新的现代教学理念认为,在翻译课上,是先鼓励学生去译,在"译"中学习。也正是因为学生在译的过程中,需综合运用原有的知识经验,查阅工具书以及其他相关资料。所以,学生可以从新的角度去思考和考虑已学过的内容,并能有时间去理解这些理论和翻译技巧或方法,最终达到掌握相应知识和积累经验的目的。

(3)共同参与评价

"以学生为中心"的教学方式要求改变传统的以教师为主体的评价方式,并要实现评价主体多元化,组织学生间、师生间的自评和互评相结合的多层面评价方式。至于如何将评价权利充分赋予学生的问题,则应通过以下几个步骤来实现:

①教师应先将学生分成若干个小组。

②在完成一种翻译方法或技巧详解和示例后,教师应给学生们布置课前选定的相应

翻译练习。

③学生完成练习之后,可以考虑进行小组讨论进而评选出能够获得小组成员共同认可的好译文。

④教师检查完各小组译文之后,应对其分别加以评价,并指出这些译文中的翻译较好的部分和不妥之处。

⑤最后教师还应为学生提供参考译文,并鼓励学生指出其中可能存在的不足之处,进而实现师生共同探讨某种译法的效果。

(4)重视学生独立翻译能力的培养

"以学生为中心"的翻译教学模式的目的是培养学生独立的翻译能力,而不是只教学生学会翻译某些句子或文章。这种教学模式重视翻译过程,旨在通过教师的指导,帮助学生学会如何理解原文,并且通过恰当的技巧来表达自己的译文。此外,为了树立学生的自信心,教师必须对学生的作业持积极的批改态度。

3. "以学生为中心"教学的活动安排

(1)开列阅读书单

由于翻译是一项实践性较强的活动,所以在翻译教学的所有阶段都必须重视实践练习环节,翻译课程安排则应以实践活动为主线。但也要重视理论指导实践的重要作用,应当清楚的是,如果离开了科学的理论指导,也就没有办法采取高效的实践活动。所以,为了帮助学生在较短的时间内掌握科学的翻译理论知识,教师向学生推荐阅读书单是一个很好的办法,教师可为学生开列如《翻译简史》《翻译理论与技巧》《中英文化习俗比较》等方面的书籍,学生们可以通过这种方式学会用普遍的原理来处理个别的实例,之后再经过老师的指点,学生就可以将实例接通到理论上去,做到真正的融会贯通。

(2)多进行笔译、口译练习、消除文化障碍

学习口笔译的学生不仅要具备坚实的双语素养、文化知识和运用翻译策略的技巧。特别是在口译教学中,跨文化沟通认知对学习口译的学生十分重要。许多口译初学者在翻译过程中出现错译或误译,并非是因为他的语言能力欠缺,而是因为他遇到了无法解决的文化障碍。所以,只有进行不断的翻译实践,才能消除可能出现的文化障碍。

(3)采用多媒体教学手段

由于语言运用是一种多感官的体验,可以通过不同的媒体或者不同的感官渠道传输语言信息,所以很有必要采用现有的多媒体技术进行英语翻译教学。目前很多的学术讨论会、记者招待会或者国际之间的互访宴会等都会采用同声翻译录像、光碟,在翻译教学中就可以利用这些录像、光碟,来创造模拟的现场效果,从而进行英汉或其他语言的互译实践。

4. "以学生为中心"教学的不足

"以学生为中心"的翻译教学模式并不是十全十美的,它同样存在以下局限性:

①如果同一组学生在一起讨论问题时间过长,一些学生的精力就会逐渐开始分散,有时候他们会讨论某些个人的事情,忘记了正在进行的问题。

②这种方式会助长部分学生的惰性,特别是那些经常处于中下水平的学生,他们会依赖小组成员,而不去思考,他们常常只会等待其他人来回答,也就是说会造成"窃取他人

成果"的现象。

③这种教学模式会让部分学生感到困惑,尤其是那些处理语言解码和语言编码能力较差的学生,这种教学方式会使他们对自己的翻译能力感到自卑。

(二)翻译教学中应注意的环节

1. 技巧知识传授与理论知识讲解相结合

高校英语的翻译教学大都以教授翻译技巧和翻译知识为主要内容。但是,如果教师能把翻译理论融会贯通在技巧和知识的传授中,则会有助于学生在翻译实践中学会独立解决问题,通过理论分析克服实践中遇到的困难,认识翻译活动的基本规律,尽快提高自己的翻译实践能力。就非英语专业课程而言,高校英语精读课中的单句或段落翻译练习是基础阶段综合训练的一个非常重要的组成部分。大学生有一定的英语基础,又有较高的汉语修养,如果教师能在授课中增加一定的翻译理论指导,对学生稍做点拨,便会收到事半功倍的效果。

2. 翻译能力与其他能力的提高相结合

翻译教学是包括理解与表达的教学,涉及英语的理解能力和汉语的表达能力。对学生翻译能力的培养,不应只依赖单方面的翻译理论及相关知识的传授和技巧的训练。听、说、读、写、译五种语言基本技能不是孤立的,而是相辅相成的。所以在语言教学中,培养翻译能力还要从诸多方面入手,通过加强词汇和语法教学,夯实学生语言学习基础;通过精听、泛听、精读、泛读训练增加学生的语言输入,为语言输出做好质量上的前提准备;通过加强中、西方文化的对比分析,培养学生语言学习和运用中的文化意识,提高文化素养。

3. 阅读的"面"式教学与翻译的"点"式教学相结合

翻译教学与阅读教学有着紧密的联系。阅读和翻译对理解的要求不尽一致,对阅读的要求是理解准确率不低于70%,而对翻译准确率的要求则是100%。因此翻译教学是以阅读教学为基础,翻译教学经常融于阅读教学中。在阅读教学中进行点式翻译教学,对于阅读教学的深化大有裨益。阅读教学中一部分学生不求甚解,对难句、关键句或难度较大的段落含义不甚清楚,因而要通过翻译表达的反作用,加深学生对原文的理解,进而完全消化吸收。翻译教学有机地融于阅读教学过程中,作为阅读教学过程的一个环节,也将传统的语法翻译教学法与现代的交际教学法有机结合起来,使之相得益彰又各取所需。

4. 英语理解的准确性与汉语表达的审美性相结合

尽管高校英语翻译的教学和测试标准主要是考查学生的准确理解力,但表达的问题也不可忽略。表达水平直接反映对原文理解的程度和翻译的质量。理解的程度只有凭借表达,才能得以显现。虽然高校英语教学对翻译教学在语言形式上要求并不很高,但翻译作为一种语言活动必然涉及审美问题。在翻译过程中,审美意识是一种积极主动的心理活动。对翻译语言作美学上的评价和欣赏,必须把语言所表达的思想感情内容与语言形式统一起来,把语言表达与交际语境统一起来,才能对文本语言做出恰当的审美判断并获得美感。语言审美包括语音、文法、修辞等方面。在翻译教学实践中,学生自身因忙于做抽象的词义及语法分析而忽视语言审美,教师需要在讲授翻译知识和技巧时,注意唤醒学生的审美意识,引导学生在理智分析语义的同时,联系具体语境中的语言形式、交际场合、交际目的等诸多因素,进行具体或整体的感性理解。要说明的是,高校英语翻译教学毕竟不同于其他类型的翻译教学,审美意识的渗透和培养要适时适量,不可喧宾夺主。翻译教学作为高校英语教学的一个重要组成部分,应当予以充分重视。本节简要分析了翻译教学中的一些现存问题及应注意的几个环节。另外,教师应更深入地钻研教材,更合理地设计教学方法,学生也应端正对翻译的学习态度,积极配合教师,扎实、勤谨地进行翻译练习和实践,以达到教学互动、教学相长之境界,使学生的实际翻译能力和水平得到实质性提高。

(三)翻译教学中实践应用

翻译理论的重要性更体现在它对翻译实践的指导意义上。古人云:凡事须由其途,得其法,方能终其果。英汉互译自然也需要科学理论的指导,此处的理论其实就是翻译实践的必由之路和原则法度。"翻译实践水平的提高,不能依靠提高劳动强度,只能依靠与自然科学和社会科学水平相适应的理论指导。"翻译理论的启蒙性、实践性与指导性不容我们忽视对其基本理论的传播。另外,翻译理论也能促进翻译教学水平的提高。深刻参透新的翻译理论,必然会扩大教师的专业视野,丰富教师的专业知识。这些新的理论经由教师的筛选,融入翻译教学,进而指导学生的翻译实践,必将更快、更有效地为国家培养翻译人才。

1. 关联理论与翻译

(1)关联理论

关联理论认为,若文本话语的内在关联性很强,则读者在阅读中无须付出太多推理努力,就能取得好的语境效果(语境含义或假设);反之,若文本话语的内在关联性很弱,则读者在阅读过程中需付出较多推理努力,才能取得好的语境效果。从文本的创作或翻译看,好的文本或译本并不是要向读者提供最大的内在关联性,而是要提供最佳的内在关联性。从文本或译本的解读看,读者理解话语的标准就是在文本话语与自己的认知语境之间寻求最佳关联,而不是最大关联。这里的最佳关联就是用最小的推理努力,取得最大的语境效果。文本的内在关联性往往与文本的创作意图、社会功能、写作风格和文体色彩等有关。例如,以信息功能为主、含义单一明确的实用文体,往往提供较清楚的内在关联性,读者很容易直达其意;而意境深远、蕴含丰富的文学作品,其内在关联性较为含蓄,为读者留下丰富的想象和推理空间。但无论文本的文体、风格或功能如何,都应该设想为读者提供最佳的内在关联性,才能使读者从文本话语中获得最大语境效果。

关联理论是以认知和交际为基础的。在关联理论中,关联性被看作输入到认知过程中的话语、思想记忆、行为、声音、情景、气味等的一种特性。语境则是一个心理结构体(psychological construct),它存在于听话者头脑中的一系列假设(a set of assumptions),包括:

①上下文,即在话语推进过程中明白表达出来的一组假设。

②会话含意(conversational implicature),即按照语用原则推导出来的一组假设。

③百科知识,即涉及上述两类假设中相关概念的知识或经验。

任何一个交际行为都是明示——推理的过程。听话人为了理解说话人的意图,必须根据关联理论把对方具有最佳关联性的言语刺激以及当时的交际情景当作信息输入,并从记忆中提取相关的百科知识与之匹配(即做出语境假设),在大脑中枢系统中采用演绎规则对它们进行综合加工(付出一定的努力),最终获得语境效果。因此,话语理解的过程就是通过语境进行推理的过程。翻译的本质也是一种言语交际活动,原作作者与译者构成交际双方,译者和译语读者(接受者)又构成交际双方。原作中的每一个语句、每一段话语对译者而言即是明示刺激(ostensive stimuli),这种明示刺激或明示性话语就是一组语境线索,译者在这种言语刺激作用下,就会激活其认知语境,利用词汇知识、逻辑知识及百科知识寻找关联,进行推理,推导出作者的意图,进而理解原文;另外,译者要将自己的理解传达给接受者,就要调用译入语方面的认知语境,尽量将原作内容和形式忠实地表达出来,使译文符合接受者的期待。因此,关联理论框架下的翻译就是一种对原语进行语内或语际阐释的明示—推理活动,这种明示—推理活动要依靠语境实现。

  关联理论认为语境不是在话语生成之前预先确定的,而是听话者在话语理解过程中不断选择的结果,它会随着交际过程的发展而不断发展和变更。语境是一系列假设,是一个大范围的概念。在话语理解的过程中也使那些最为相关的语境被激活,通过推理作出判断。要使交际成功,就要寻找话语与语境之间的最佳关联,也就是要找到对方话语同语境假设的最佳关联,通过推理推断出语境暗含,最终获得语境效果。制约相关性的两大因素就是语境效果与推理努力。语境效果大,推理时所付出的努力小,关联性就强,反之亦然。由于认知语境是因人而异的,对同一话语的推理往往也有不同的暗含结果。比如在朋友家聊了一段时间后,起身准备离开,这时天正下着雨,朋友说:"在下雨呢。"如果朋友是坐着说这句话,根据已有的认知语境,即下雨时主人常留客人。结合朋友的话便可以得出结论:主人要留客人。但是,如果朋友一边递给客人一把伞,一边开门说这句话,客人就要调整认知语境,搜索有关的信息:朋友大概有事,主人为客人开门常有送客之意,下雨出门可以打伞。根据这一组信息,结合朋友的话,就可以推出结论:朋友至少不反对客人离开。因此,话语理解的过程实际上就是不断激活相关语境,寻找关联,进行推理的过程。

  翻译的本质是一种交际活动,译者扮演着信息输入(对原作的理解)和输出(言语产出)的双重角色。不同的译者有着不同的认知语境,同一个译者处在不同的时间、地点也会有不同的认知语境。在翻译过程中,译者必须依赖语境,从原作的言语或语句的刺激中寻找最佳关联,再把这种关联传递给译语读者,也就是说译者把自己的理解传递给译语读者。由于译者的认知语境是动态的,加上不同语言构成的语篇或文本受不同语义、文化等诸多因素的制约,译文不可能完全对等于原文。也就是说,翻译是动态的、波动的。那么,是否说翻译的这种动态和波动性就使译文无章可循呢?不是的。翻译的成功取决于相关因素间的趋同。趋同与趋异是相对的两个概念。"翻译的成功"指的是翻译的效度(validity),它与趋同度成正比,与趋异度成反比。即趋同度越高,则趋异度越低,翻译的效度就高;反之,趋同度越低,则趋异度越高,翻译的效度就低。所以,要提高翻译的效度,必须尽量使译文向原文趋同,以提高翻译的信度(fidelity)和质量一。

  翻译的本质是一种交际活动。译者必须从原作的语句刺激中寻找最大关联,通过认知语境进行演绎推理,识别作者的交际意图,进而用正确的语码传递给接受者。译者只有在原语和译语之间找到它们最大的语义和语用关联时,才能使译文最大限度地趋同于原文。因而,翻译的趋同可分为语义趋同和语用趋同。

  语义趋同指在语言形式和规约意义上的趋同,语用趋同则指在内容和隐含意义上的趋同。规约意义的识别受语境的干扰较小,而隐含意义的识别必须借助语境进行推理才能实现。翻译中,译者必须依赖语境,寻找关联,通过推理识别作者的交际意图,并对接受者的认知语境做出正确的假设,选择适当的译语,努力使原作作者的意图与译语读者的期待相吻合。翻译的本质是交际的、语用的。因此,质量好的译文必须兼有语义趋同和语用趋同,仅有语义趋同,有时译文可能传达不出原作的意图,变成"曲译"或"死译",当然,在无法兼顾语义趋同和语用趋同时,就应该想方设法做到译文的语用趋同,以传达出作者的意图。

(2)关联理论在翻译教学中的作用

关联理论对翻译教学有很大启示,它首先告诉人们,要翻译,先要理解原文。根据关联理论,要准确无误地理解原文的语境,根据语境做出认知假设,找出原文与认知假设间的最佳关联,从而理解原文语境效果。寻找关联要靠译者的百科知识,原文语言提供的逻辑信息和词语信息。因此,寻找关联就是认识推理的理解过程。更为重要的是,翻译是作者——译者—读者三元关系,原文作者和译者的认知环境不同,作者力图实现的语境效果同译者从原文和语境中寻找关联而获得的语境毕竟是两回事。这样一来,原文信息和译文传达的信息就不可能完全对等,翻译只能做到"达义""对体""求形"。所谓"达义",就是正确地表达原文的意义,意义是交际的核心内容,意义的篡改、歪曲,谈不上是在翻译,只有准确无误地表达原文的意义才是翻译的首要任务。无论是明说还是暗含,意义的语码转换是可行的。"意义"包括两方面的意思,一个是"意",一个是"义"。"意"是指意图,原文作者的意图,翻译就是译意。

综上所述,关联理论对外语教材的编写、词汇的记忆、阅读理解教学、翻译等有着十分重要的借鉴作用,语言教师应学点语言学,改进教学方法,掌握教学技巧,培养更好的人才。

2.认知语言学意义观与翻译教学

(1)认知语言学意义观

传统的意义观主要包括指称论、使用论、行为主义论、真值条件论、概念论、成分论等。这些意义观是四种主要语言学范式的意义观的具体体现,即传统哲学、对比语言学、结构主义语言学和转换深层语法。这四种语言学范式虽有其不足之处,但都属于客观主义语言学范畴。

然而,认知语言学则与客观主义语言学持明显不同的观点,它认为意义不是来自语言本身而是来自对体验的理解。语言仅仅只是起激活意义的作用,语言与意义之间是导引与被导引关系,而意义就是概念化。具体地说,意义存在于人们的大脑中,而不是语言中,语言的作用只是激活意义和其所属的概念框架。意义或概念化存在于现实世界和概念结构之间的人类认知过程的结果,而认知过程是指人类识解现实世界的过程,因此,意义或概念化是人类用识解方式感知体验现实世界过程的识解结果,每一层意义不仅包括具体的概念内容,还含有相应的识解方式。语言意义应该由概念内容和识解构成,一种有挑战性的意义观尤其不能忽视后者。由此可知,能够激活相应概念框架中的某一意义的表达必定反映隐含在意义中的某一识解方式。换句话说,某一具体语言构造的使用,事实上赋予了所构造的场景某一具体的意象。

另外,为了说明认知语言学的意义观,句子尤其是被动句常常用来作为说明例子。在此,必须指出这一做法大大局限了普通读者对认知语言学语义观的理解,甚至会使其误认为认知语言学语义观只适用于句法层面。事实上,词汇和句法都可用来示例这一意义观,因为两者之间没有明显的区分。词和句子形成了一个符号元素的连续体。这就意味着词和句法都是语言构造,都可以构造该概念或场景,赋予概念或场景识解方式。名词属于词的范畴,由此可推导出指称每一个指称概念的名词实际上都体现了相应的识解方式,以下将以认知语言学意义观为指导具体探讨名词的翻译教学问题。

(2)认知语言学意义观对名词翻译教学的启示

在具体名词翻译教学过程中,教师首先需结合认知语言学意义观探索出具体的名词翻译原则,然后在此原则的指导下以引导的方式与学生探讨具体名词的翻译。

如上所述,意义由概念内容和识解方式构成,译者在用某一名词激活某一意义的同时也是在选择某一意象、构建某一场景,而翻译的性质又是在目的语中再现源语的意义。据此,可以认定翻译名词的原则,即名词翻译应该以认知意义为导向,即意义的概念内容和识解方式都应该在目的语中再现。然而,词本身所具有的特点使得这一名词翻译准则的具体实施困难重重。首先,与句子相比,词虽与句子构成一个连续体,两者没有明确的界限,但是词在结构上比句子稳定,而句子较灵活,更具有兼容性以及词无法可及的优点,比如英语句子"His disappointed feelings became the object of her compassion",孙致礼就充分利用句子的灵活性,把其译为"他的沮丧情绪也引起了她的同情"。显然,原句的意义在译文中得到了很好的再现,因为原句的识解方式和概念内容在目的语中得到实现。然而,如果根据本文所提出的翻译原则把名词 paperclips 直接译为"纸针"的话,其后果可想而知,虽然原词的识解方式在目的词中得到再现,但是人们无法理解"纸针"为何物。另外,人们所涉及的名词都已经深深扎根于汉英两种语言中,因为这些名词所指称的名词性概念在主要来自人类所共有的基本领域,如衣食住行等,这就意味着这些概念汉英两种语言都存在并且都有自己约定俗成的词汇表征。因此,如果按照上述翻译原则把汉语名词直接翻译到英语里,结果就会是:虽然原词所激活的概念内容和识解方式在英语里得到体现,但有可能在英语里无法激活与在汉语里一样的概念,甚至会导致误解,反之亦然。因为汉英两种语言在概念化同一实体时所采用的识解方式完全不同,自然无法激活同一概念,如"床头柜",如果根据上述翻译原则把其译为 bed-head cabinet,就很有可能在英语读者头脑里激活的是像衣柜那样的实体,而不是摆在床边的小桌子。因此,以上提出的名词翻译原则只是描述了一种理想状态,考虑到原语意义的成功传递和目的语读者的理解两个因素,名词翻译原则应进一步修正为:在翻译名词时,译者首先应该尽量在目的语中再现源名词的概念内容和识解方式,若无法达到两者的同时再现,译者应该舍弃源名词的识解方式,而选择与目的语一致的识解方式。

综上所述,翻译则是指在目的语中再现源语的意义。根据认知语言学的意义观,意义就是概念化,由概念内容和识解方式构成。在此基础上,人们提出了名词翻译原则:在翻译名词时,译者首先应该尽量在目的语中再现源名词的概念内容和识解方式,如无法达到两者的同时再现,译者应该舍弃源名词的识解方式,而选择与目的语一致的识解方式。在该翻译原则的指导下,人们提出了名词翻译的三种策略,即传承法、参照法以及传承参照结合法。传承性翻译策略是指源语名词所表征的概念为两种语言所共有且此概念在目的语中也体现相同识解方式的词汇,翻译时源语名词所表达的概念与体现的识解方式在目的语中同时获得再现。参照性翻译策略则指源语名词所表征的概念为两种语言所有,但源语名词表达的概念在目的语中是以不同识解方式得以表征的,翻译时则采用符合目的语识解方式的词语。传承参照结合法则指参照与原概念所在的框架相似的目的框架中相关概念的识解方式,然后决定是否传承源名词所激活的识解方式。

(3) 翻译教学中认知语言学的意义观与译者主体性

传统意义观根植于客观主义,认为意义是客观存在的,每个句子都有一个客观意义,这个意义并不关乎任何一个人,而是独立存在的。而现代意义观的哲学基础是经验现实主义,认为没有独立于人的认知以外的所谓意义,语言符号不是对应于客观外部世界,人的认知参与了语言的意义和推理。因此,人们说意义不能独立于人的认知以外而存在,而这也同样适用于隐喻的意义。王寅(2003)在分析隐喻的工作机制时认为,同一种语言和文化中的交际双方共享的语境知识、文化因素、常规模式等因素是隐喻得以实现其交际价值的基础。在这个基础上隐喻意义才得以形成和识别,即双方达成对某隐喻意义的共识,这样隐喻也才获得其存在的可能,才会具有生命力。但是他同时指出人的认知能力是有差别的,这会导致对隐喻理解的偏差。从跨文化交际的翻译角度来说,这种偏差是大量客观存在的。不同文化背景的目的语读者能否通过翻译来感知到源语中作者要表达的隐喻意义,无疑是检验翻译质量的一个重要标准。翻译是一种语际交流,是一种跨文化交际,也是意义通过译者从作者向目的语读者传递的过程。传统翻译观认为译者居于从属地位,是原作者和读者之间的隐形人。解构主义颠覆了这一想法,认为译文不再是原文的附庸,从此,译者在作者和读者间逐渐开始显露其存在和作用。

20世纪70年代翻译界出现文化转向也一定程度上凸显了译者的主体性。

"译者从被动、从属的地位中解放出来,享有翻译主体的充分自由,使平等对话与创译成为可能,译者也因此能突显个人的意志,张扬个性,发挥译者的主观能动性。"但是谈译者的主体性并不意味着译者可以任意妄为。译者的主观能动性必须是建立在客观文本的基础之上的,也必须以译者本身的认知结构为依托,并体现作者的认知结构和对目的语读者认知能力的预测。无论译者在翻译过程中体现怎样的个人意志,采取怎样的翻译策略,译者主体性所起到的作用最终还是为传达意义,即为跨文化交际这一目的服务的。也就是说,译者既要面对原作者、原作,又要面对读者,考虑到读者在自身文化中的接受能力。宗教词汇隐喻的翻译对译者提出了较高的要求,译者须以传达意义为目的,力求在源语和目的语以及两种文化之间取得完美的平衡。

3. 言语行为理论与翻译教学

言语行为(speech act)早在20世纪50年代就是语言哲学家的研究对象。所谓言语行为指人们为实现交际目的而在具体的语境中使用语言的行为。言语行为并非"言语的行为",而是一种交际活动,涉及说话者说话时的意图和他在听话者身上所达到的效果,即言语就是行为。言语行为理论的创始人是英国哲学家Austin。他设想了言语行为的三分说:言内行为、言外行为以及言后行为。

言内行为指的是"说话"这一行为本身,即发出语音,说出单词、短语和句子等。这一行为本身不能构成语言交际。言外行为是通过"说话"这一动作所实施的一种行为,如传递信息、发出命令、问候致意等。言后行为指说话带来的后果,即说话人说出话语后在听话人身上产生了哪些效果。例如,"我饿了"这一言语行为,其言内行为就是说出这三个字;言外行为是实施说话人的一种"请求"行为,请求听话人能提供一些食物;对方提供食物与否就是言后行为。在这三种言语行为中,语用研究最感兴趣的是言外行为,因为它是同说话人的意图一致的。说话人如何使用语言表达自己的意图,听话人如何正确理解说话人的意图是研究语言交际的中心问题。

(1) 理解原文的内涵

翻译是一种跨语言、跨文化的交际行为。根据认知语用学的观点,要确定话语意义,就必须充分考虑说话人的意图或语用用意、交际场合以及听话人的背景知识、信念、态度等语境因素,而语境因素往往又不止一个,它"可以是语言语境(上下文),也可以是具体语境(交际场合),也可以是认知语境(记忆和知识结构)",说话人正是通过这一系列语境信息来传达他意欲表达的话语意义。从言语行为角度论述翻译,就是要求译者正确领会原作者的主观意图,教师要使学习者认识到,翻译绝不仅仅是一种从原作到本族语的转换,根据言语行为理论,译者在翻译过程中,不仅要理解原文的字面意义,更重要的是要弄清原作者的真正意图,同时根据不同的交际情景、文化传统、社会条件、思维方式、语言结构和表达方式等有的放矢,才能译出精品佳作来。

(2) 翻译时注意言外之意

翻译最主要、最根本的任务是再现原文的意义。美国翻译理论家奈达说:"翻译就是翻译意义。"可见,意义及语用意义是翻译的出发点和归宿点。由于他设计了两种语言的语用原则,推导出原文所示的言外之意并使译文读者理解这一言外之意,使两种不同的语用意义的差异得到沟通、融合。

所以,教师在教授学生时,要让学生了解不同文化内涵及其言外之意。英语和汉语之间有着由人类共性所决定的语言共性,这是英汉语之间得以互译的前提。但英汉语言分属于两种截然不同的语系,两种语言在语音、词汇、语法、语义等各方面差异很大。尤其是两种语言根据其语法关系的习惯用法表现在句子结构和表达方式上存在很大的差异,正是这种差异给两种语言的顺畅互译带来了障碍。

第九章 高校英语教学理论与实践的创新

第一节 个性化教学与实践

一、个性化教学

传统教学对学生一刀切,忽视学生的个体差异,难以调动学习者的积极性,教学效果也大打折扣。在当今社会竞争日益激烈的情况下,个性化教学的开展显得尤其重要。本节就来讨论与个性化教学相关的问题。

(一)个性化教学概述

关于个性化教学的定义可谓"仁者见仁、智者见智"。我们先来看一些比较有代表性的观点。詹金斯在《个性化教学策略》一文中使用"个性化教学"等词汇来描述个性化教学,将其含义概括为以下两点:一是特别强调每一个学习者的需要、天赋、学习风格、兴趣和学术背景;二是要求学习者不断地进步。《韦伯斯特词典》将"个性化"的含义总结为以下三点:一是保持个性,养成一个有特征的人。二是使个体进入自我管理的状态。三是调整或顺应个体的需要或特定环境。

尽管上述观点所使用的术语各不相同,但他们都不同程度地体现出个性化教学的一些内在特点。综合上述观点,所谓个性化教学就是以了解和尊重学习者的个体差异为前提,以最大限度地发展每个学习者的能力为目标,以充分调动学习者的学习自主性为方式,以灵活多样的教学形式为依托的教学模式。

(二)个性化教学的原则

教学的组织原则是教学活动的基本准绳,决定着教学活动的质量与效果。个性化教学要想实现理想的教学效果,也必须遵循一定的组织原则。具体来说,我们可以从以下几个方面来把握其原则:

1. 形式的个性化

只有将学生内在的动力激发出来,学生的潜能才能得到充分发挥,并逐渐养成自主学习的行为、习惯、态度和精神,学习才可能达到预期的目标。因此,采取什么样的教学形式就成为至关重要的问题。对学生而言,学习活动是发生性的。这就意味着教学必须是个性化的,要受到学生的经验、意向、兴趣、水平、需要等因素的影响。教师应对学生情况进行汇总和分析,并在此基础上采取小班化教学、个别辅导、小队教学、同伴辅导、探究性学习、合作学习、自主学习等多种形式来弥补传统教学的不足。此外,教师还应在实践过程中不断总结经验、不断创新。

２．手段的个性化

现代科技的发展尤其是现代信息技术的发展为教学提供了更多可供选择的手段,为个性化教学提供了强大的物质基础。具体来说,这些技术上的进步不仅提供了许多硬件设备,如录音机、投影仪、电视、电影、电脑等,还提供了许多储存容量大、功能强大、界面友好的软件与应用系统,如网络、音频视频播放软件、多媒体课件制作软件等,为个性化教学的有效实施创造了更加便利的条件。因此,教师应充分利用校园文化资源、乡土和社区资源、广播电视手段、计算机技术手段、网络技术手段等,将个性化教学更好地向前推进。

３．目的的个性化

目的的个性化就是通过教学,我们要培养的是个性化的人才,而不是规格化、标准化的人才,不是众人一面,而是人人生动活泼,具有丰富多彩的表达方式,具有冒险和创新精神。

教师们认真对待每个学生的特质、兴趣和学习目标,并尽最大可能地帮助他们感受到自己的潜能。此外,教师应根据教学内容、教学对象的不同创造性地设计各种适宜的、能够促进学生充分发展的教学方法与策略,使学生能以向他人(包括自己)展现他们所学的、所理解的内容的方式去了解和掌握教学材料。随着时间的推进,学生会积极主动地寻求与自身智力相匹配的教学机会,逐渐从传统智力的藩篱中脱离出来,最大限度地发挥自身潜能。这样,教学的个性化色彩越来越浓,学生与学生之间的差异也越来越明显,大大增加了学生学习成功的可能性。

４．理念的个性化

理念就是理想的观念,换句话说,就是我们追求的观念。教育理念的个性化意味着我们所追求的不是标准化的教育,而是内涵丰富、多姿多彩的教育教学,是独特的教学。

艾默生曾说:"教育应该像人一样广泛。人的无论什么都应该得到充分培养和表现。如果他是灵巧的,他的教育就应该使这种灵巧表现出来;如果他能用他的思想利剑对人们加以甄别,教育就应该把他的思想利剑亮出来并使它锐利起来,这些人社会都需要。"可见,每个学习者与生俱来就各不相同,教师不能忽视学习者之间的智力差异,也不能假设每个学生都拥有(或应该拥有)相同的智力潜能,而是应该努力确保每个学生所接受的教育能最大限度地发挥其智力潜能。个性化教学以了解每一名学习者智力特点为前提,强调在可能的范围内发展不同的教学方式,使具有不同智力的学习者都能受到同样好的教育。教师不应使用刻板的印象或命中注定的方式去看待学生,而应在了解每个学习者的背景、学习强项、兴趣爱好的基础上,确定采用学生自身最新的学习框架去做最有利于学习者学习的教育决定,从而确立最有利于学习者学习的教育方式。

５．内容的个性化

内容的个性化可以从理论与操作两个层面来分析。从理论层面来看,教学内容的个性化包括两个方面的内容：

(１)个体的多样性与课程的选择性

不同的学生倾向于不同类型的学习活动,如创造性学习、理念性学习、经验性学习或理解一个主题、构思一个故事、描述一个人物的特征等。个性化教学就是要使人尽其才,使每个学生的潜能与优势都得到最大限度的发挥。因此,建立课程的选修制度,适应学生主体的多样性是促进学生个性自由发展的必由之路。从操作层面来看,应优化教学资源,结合学生情况开展选修课程。此外,还应进行课程的分化统整,做到在分化中统整,在统整中分化,使课程的设置与安排尽量与学生的个性化差异相符合。

(2) 自我的完整性与课程的综合性

个性化教学以培养学生的自由人格为目的。冯契先生认为,自由人格就是有自由德性的人格,在实践和认识的反复过程中,理想化为信念,成为德性,就是精神成了具有自由的人格。这种自由人格是在"基于实践的认识世界和认识自己的交互作用过程"中实现的。因此,课程的综合性就显得十分必要。课程必须具备一定的综合性,这是培养学生自由人格的前提和基础。

(三) 个性化教学的实施

在个性化教学的具体实施中,教师决定着教学理念的选择、教学目标的制定、教学活动的安排以及教学效果的质量,是最重要、最核心的环节。在开展个性化教学的过程中,教师应从以下几个方面来努力:

1. 创造宽松教学氛围

实践表明,在高度焦虑的状况下,学生处于一种被压迫状态,学习效果并不理想,更谈不上培养学生的创造性。人的创造性和学习效果都只有在一种较为自由的状态中才能够发生。在这样的环境中,学生没有任何顾虑和压力,心理安全、自由,不必担心自己没有按照教师的要求去做而受到指责批评。可见,宽松自由的教学氛围,是促进学生个性发展的前提条件。教师应尊重学生的个性、禀赋选择,建立平等的师生伦理关系,使学生有展示个性和发挥潜能的舞台,这样学生才能找到学习的乐趣和奋斗的动力。

2. 提升个人综合素质

个性化的教师,是指那些对教育教学理念有独特见解并采取与之相适应的教育教学行为方式的教师,这种教师是教师个人气质、性格等人格特征在教学活动中的反映和体现,主要包括教师的个性化教学观、知识结构、能力结构、教学艺术和管理艺术等。个性化的教师既有自己的独到见解,又能遵循教学的基本原则,是个性化教学有效实施不可或缺的重要条件。因此,每位教师都要努力提升个人素质,加强自己的理论修养,积极探索,努力创新,争做优秀的个性化教师。

3. 采取个性化的教学策略

每个学生在学习能力、学习经验、兴趣爱好和心理特征等方面都有自己的特点,这就使得学生在学习的每个环节上也会表现出个体差异。因此,在教学过程中,教师应针对性地制定适合不同学生的教学计划,并采取灵活多样的教学策略。下面这些策略可以有效帮助教师解决在个性化教学过程中遇到的问题。

(1) 自主学习教学策略

自主学习策略充分尊重学生的自主性,教学活动以学生为中心,使学生在积极主动的意义建构中形成自己完整的人格。自主学习是个性化教学的基本精神,应体现在所有个性化教学的实践中。以教学单元为方式的自主学习策略运用较为广泛。其具体操作步骤如下:

第一,建立行为目标。行为目标就是可以操作的目标。行为目标包括各阶段为不同特点的学生设计的学习目标,通常由专家、教师和家长根据现行的各种教材、教科书、补充读物制定。

第二,设计教学单元。教学单元的根本目的是使每一个学生都有适合自身特点的学习计划。教学单元包括教材、学习路径、媒体利用等项目,在教材的结构、进度、广度、深度、媒体、环境等方面都不尽相同。

第三,设计学习评价系统。评价系统以标准参照测验为基本形式。经过一段时间的学习后,学生可以自行决定是否接受测验。若通过测验可进行下一单元的学习;若未通过测验,教师应及时给予指导以帮助学生最终掌握。

第四,建立计算机教学辅导和管理系统。计算机辅导与管理系统可以使教师实时追踪学生的学习状况,从总体上把握学生的学习进展情况。

(2)同伴辅导教学策略

同伴辅导是学生配对的个性化教学策略,指在多样化教学情境中,教师安排学生通过一对一的搭配促进学生互相帮助的教学策略。同伴辅导可以通过以下三种方式展开:一是,不同年级学生之间的辅导,通常是高年级学生辅导低年级学生。这种方式不仅可以帮助被辅导者的学业,还可以帮助学生发展其社会性品质。二是,两个学生之间平等的互相帮助,共同参与学习活动。这种方式的扩充形式是合作学习。三是,同一班级内学生之间的互相辅导。这种方式最为普遍。

(3)风格本位教学策略

教学风格指教师在教学过程中稳定的行为样式,涉及教师的情感和态度等个性特征。教学风格的核心是行为和方法策略在一定时间范围内的稳定性。因此,只有从事了一定时间的教学,积累了丰富经验的教师才能够谈及风格本位的教学。风格本位的教学策略要求调整教学环境,以适应不同学生的差异。鲁宾提出了改进型、信息型、程序型、鼓动型、互动型、陈述型六种教学风格类型。

风格本位的教学策略需要教师在课程教材方面进行改革,契约活动包是最常用的方法。契约活动包是为那些倾向于结构化学习环境的学生或追求自我选择的学生提供的教材大纲,代替了全班课堂教学的课程教材,向学生提供可供选择的作业,以满足个性化教学的需要。学生完成一项活动并记录达到每一个目标的经验。

(四)影响高校英语个性化教学的因素

1.学生因素对于个性化教学的影响

(1)学生的英语基础知识

在中国,绝大多数学生上小学就开始学习英语,但由于我国各小学的师资与教学条件存在巨大的差距,城市与乡村的英语教学水平也存在着很大的差别,这些差别造成了入学大学生的英语水平参差不齐。

(2)学习模式的转变

从中学英语学习模式向高校英语学习模式的转变是影响学生大学阶段英语学习的一个重要因素。长期以来,我国的高校英语教学一直存在着与中小学教学相对脱节的问题。由于长期以来没有对大、中、小学的整体外语教学进行系统的研究,因而形成了各自为政、各行其是的外语学习缺乏渐进性的局面。其后果一方面使整个外语学习耗时长、效率低，另一方面也由于教学内容上的重复、交叉，致使学生产生厌学情绪，不同程度地挫伤了学生学习外语的积极性，同时也造成了教育资源的浪费。

(3)学生的学习兴趣与学习动机

动机是直接推动有机体活动以满足某种需要的内部状态，是行为的直接原因和内部动力。有机体的各种行为和活动都是由动机所引起的。动机由内驱力和诱因两个基本因素构成。内驱力是指在有机体需要的基础上产生的一种内部推动力，是一种内部刺激。诱因指能满足有机体需要的物体、情景或活动，是有机体趋向或回避的目标。学习动机是影响学生学习活动的重要因素，它不仅影响学习行为的发生，而且还影响到学习的进程和学习的结果。

学习兴趣就是学习者对所学知识的一种喜好的情感。学习者的学习兴趣是学习者学习态度的一个重要方面。学习兴趣会对学习者的学习动机间接产生重要的影响。学习者对学习材料是否有兴趣、对教学活动的组织是否感兴趣，这些都会影响学习者的学习情绪和学习效果。为此高校英语教师在教学中应考虑学生的实际情况，教学进度不要太快，教学要求要适当，应采取从易到难，由少到多，循序渐进的教学方法。同时，教师应注意解决学生，尤其是基础较差的学生在英语学习中的实际困难，提高他们对英语的学习兴趣和信心，进而提高英语教学的效果。

2. 教师因素对于个性化教学的影响

(1)教师的教学观念

教学观念是人们对教学和学习活动内在规律认识的集中体现，有什么样的教学观念就会产生什么样的教学行为，教学行为受教学观念的支配。由于种种原因，目前许多高校英语教师仍然存在严重的传统的应试教学观念。由于某些学校教师对四、六级考试认识不到位，把重点放到了片面追求通过率和应付考试上，为考而教，为考而学，在教学中忽视了学生应用英语能力的提高。

教育应把人的发展作为出发点和归宿，教育的目的应是提高每个学生的全面素质，使他们通过亲身体验加深对学习价值的认识，在思想、情感、意志、精神境界等方面都得到升华。只有这样，才能培养出适合当今世界发展潮流的人才，才能真正实践教育、教学的精神实质。

(2)在教学手段上，主要采用"粉笔+黑板+录音机"的方式

在教学手段方面，我国的外语教学多年来基本沿用黑板、书、粉笔、老师加课堂的方式，现代教育技术没有得到很好应用，多数学校缺少高质量的教学软件，即使使用多媒体教学也只停留在将黑板搬上屏幕的水平。在对某大学的高校英语教师在课堂上采用的教学手段的调查中发现，大多数英语教师的教学手段还是比较传统的"黑板+录音机+粉笔"，而对计算机、语音设备等现代化教学手段的使用率比较低。

这种传统的"黑板+录音机+粉笔"的教学形式一方面不能为学生的英语学习创设必要的语言学习和应用的情境，不利于学生英语综合应用能力的培养；另一方面这种教学缺乏教学上的互动，不能体现出学生英语学习上的主体地位，也不能为学生的英语学习提供自主性，不利于个性化教学的开展。

(3)遵循"讲解—接受"的教学模式

多少年来,我们的外语教学一直保持着教师主讲、学生主听的课堂教学模式,而且多数是大班上课,完全是传统的单向式的课堂教学。这种教学模式能在短时间内灌输大量的知识,大幅度提高学习成绩,在教育史上发挥过重大作用。但随着时间的推移和形势的变化,它的弊端也日益显示出来。它难以培养学生的创新精神和创新能力,阻碍学生个性和特长的发展,不适应当今社会经济和文化发展的要求。

(4)在教学内容上,侧重知识传授,忽视能力培养

在现代社会,获取能力比单纯掌握知识更为重要。知识只有转化为能力,才能够有效地发挥作用。个性化教学与传统教学的最大不同就在于个性化教学的FI标主要在于培养学生的能力;而传统的应试教育以知识的传授为教学目的,培养的学生往往是高分低能,难以满足现代社会发展的需要,同时也束缚了学生个性的发展。

(5)评测方式

长期以来,高校英语教学存在着注重知识传授、轻视能力培养的现象。教学评估体系则将考试作为学习的终极目标,使考试等同于评价。许多教师在对学生学习的评价上,使用终结性评价较多,使用形成性评价偏少。大多数教师习惯于单纯用分数作为评价语言能力的手段,测试手段单一,存在缺陷,无法真实、全面地反映学生的语言综合应用能力和个性化学习能力的养成与发展。

(五)实施高校英语个性化教学的对策

1. 转变教学观念

转变教学观念,真正实现以学生为主体、以教师为主导的高校英语的个性化教学。高校英语教学多年来一直以培养学生具有较强的阅读能力和一定的听、说、写、译能力为目标。《高校英语课程教学要求(试行)》则将高校英语的教学目标定位为培养学生英语综合应用能力,特别是听说能力,使他们在今后工作和社会交往中能用英语有效地进行口头和书面的信息交流。同时,增强其自主学习能力,提高综合文化素养以适应我国经济发展和国际交流的需要。教学主体从以教师为主的课堂教学转变为以学生为主的课堂教学。同时,还要摒弃应试教育的思想,树立培养学生英语应用能力与全面发展个性的教学观念。

2. 教学形式多样化

第一,采用大班和小班授课相结合的班级授课形式。高校英语的语言能力主要分为语言的基础知识和语言的应用能力。如听说课程主要是体现在师生间和学生间的互动,这类课程宜实行小班的授课形式;而语法、词汇、阅读性的课程,这类课程主要以教师的讲解为主,即使大班人数多一些也不会对教学效果有太大的影响,所以可以适当地使用大班的授课形式。这种大、小班授课相结合的授课形式,适合不同性质课程的需要和要求,易于提高教学效果。而且,可以在一定程度上缓解大学学生多、教师不足的现状,节省一部分教师的精力和时间,使他们能够有充足的时间去学习、充实自己,不断和提高自身的英语水平。

第二,采用第一课堂教学与第二课堂教学相结合。第二课堂教学能克服第一课堂教学时间、教学教材等因素的制约,以其灵活的方式、新颖的内容激发学生的兴趣,将学生的

被动学习转化为自主学习,可发展学生自主学习的能力。同时,第二课堂也是对第一课堂教学的有益的扩展,通过第二课堂的教学,学生可加深对第一课堂所学知识的理解。理解了的东西就容易记得住、用得活,用的过程也就是把语言知识变成语言能力最基本的过程。通过参加内容广泛、形式多样的英语第二课堂,不仅培养了学生的主动性和创造性思维,同时也符合现代教育、教学理念中所倡导的充分考虑学生的个性特点的民主教学观念。

3. 教学手段现代化

要真正实现以信息技术、网络技术与多媒体技术为依托,以学生个性化自主学习为主的教学模式。多媒体电脑的普及和网络技术的发展对于外语教学产生了巨大的影响。随着英语教学观念的转变,教学模式的改革,以多媒体、网络为代表的现代教学手段引入英语教学势在必行。多媒体及网络教学有着很多传统教学无法比拟的优越性,主要表现在如下几个方面:①创造优美的视听环境。②多感官刺激,强化记忆。③学生可以自主学习,自我调节学习的进度。④信息量大,节省时间。

4. 改革测评机制

第一,适当使用开卷的测试方式。目前,我们高校英语测试主要采用闭卷的形式,客观性试题的比重过大,不利于检测学习的创造性思维和使用有效的策略与方法解决问题的能力。在开卷试题中应增大写作和翻译主观性的试题的比重,以此来评测学生灵活运用所学知识解决问题的能力。

第二,大规模的标准化测试与学生的自我检测相结合。学生的自我测试、自我评价对于自身的英语学习可以进行有效的调控,可以使学生不断修正自己的学习策略与方法,从而最终获得适合自身特点的个性化的方法与策略,为以后自主学习能力的养成打下坚实的基础。

第三,教师出题测试与上机测试相结合。在计算机上进行英语测试要比在传统的试卷上进行测试更能体现测试、评价的公正性。计算机是不会受情感因素的影响的,而教师在阅卷过程中有的时候难免会有失公正。计算机上的试题,由于计算机的声音与画面或图像的完美结合,更能体现出试题的真实性和情景性,更有利于学生形成对英语学习和使用的领悟和理解能力。

二、个性化教学的实践

(一)个性化的学习目标

个性化的学习目标对于不同的学生形成了不同的标准,相应的学习过程、采取的方法也因人而异。因此,教师应根据所教学生的需要、兴趣和潜能来进行教学设计,依据不同学生的智力结构特点和认知发展规律,由简到难,依次螺旋式有层次地提出,为不同层次的学生制定各自较为合适的努力目标,这一目标允许学生用不同的时间和速度来完成,其间也可以调整自己的学习目标。例如,在要求学生记忆单词时,英语基础好的同学要全部掌握(包括发音、拼写、意义、词性及常见用法),甚至还可要求他们掌握大纲词汇以外所遇到的单词;对于一些基础薄弱的、背诵单词确实有困难的同学可适当降低要求,可帮他们缩小范围,要求他们背诵一些常用的较重要的词汇,教师要设法使每个学生体验到学习的快乐和成功感。

(二)个性化的教学方法

教学方法个性化是强调以学生的个别差异为出发点,以学生的兴趣与需要为中心,以班级教学的调适与分化为基本方向,以每个学生能力与个性的最大发展为目标,培养学生的主体精神、参与意识、独立思考能力和创造能力,创设多元化的情境,创造条件使每一个学生都有机会展示和发展自己的强项,从而使每个学生在各自的基础上获得进步,使得教学质量全面提高。

1. 自主选材的英语演讲

英语演讲是我们设计的课堂教学的第一个步骤。每堂课前,由值日生到台前用英语演讲,内容包括:报刊上的时事热点、美文故事或学生感兴趣的话题。值日生在课前先将自设的一个问题板书在黑板上,这样便于其他学生在听的时候捕捉信息。演讲后,其他学生根据问题自由抢答。

通过这个活动,学生可将平时在阅读中读到的好文章与同学共享,同时也可以提高自己的阅读能力与选材能力,进一步增强学生上台演讲的自信心和成就感,从而提高学习兴趣,对其他同学也会起到激励作用。更多的学生提高了听力和阅读能力,扩大了知识面,演讲者的口语、胆量、个性、兴趣都得到了锻炼和发展。这样的活动打破了教材的局限,体现了个性教学的优势。

2. 激趣开放的课堂导入

课堂导入是激发学生学习兴趣的重要措施。如果导入成功了,学生从一开始就会进入状态,从而积极主动地参与教学活动。教师通过英文歌曲、趣味游戏、多媒体、图片或讲故事、情景对话等多种方式创设情景,让学生情不自禁地去看、去听、去想、去做,立意激趣、渗透主题、带入情境、振奋情智,为进入主题做好铺垫,使每个学生自信地学习,并有所作为。

3. 自主合作的学习方式

自主学习是指做到"以参与求体验,以创新求发展"的教学,能够有效地促进学生发展的教学,能够激发学生强烈的学习需要和兴趣的教学,给学生充分展示自我的空间和舞台。

(1)才艺表演

教师时以适时地在课堂上给学生提供唱英语歌、说英语故事、进行英语诗歌朗诵和英语情景对话表演等机会,不给他们任何限制,完全由学生即兴发挥创造,各尽其才。

(2)自习能力的培养

培养学生自习能力需要教师精心引导。要求学生配备好自习的工具,并根据不同的教学内容、不同层次的学生,布置不同的预习任务,而且还适时提高预习要求。学生在英语自习的过程中,既能形成良好的学英语的技能,又能充分显示其自主性,他们的个性在丰富多彩的自习过程中也能得到完善和发展。

(3)小组的合作活动

根据教学目标和内容,在英语课堂教学中给学习小组布置各种任务,根据学生不同的特长担任不同角色,学生既能发挥个人的优势智能,又能习得他人的优势智能。通过对课堂教学活动的精心安排与组织,培养全体学生主动参与课堂教学活动的积极性,使每一位学生感到自己的进步并努力成为班上更好的学生。这样,不仅丰富了课堂教学活动,活跃了课堂气氛,激发了学生的兴趣,它还让学生的优势智能得到了互补,为学生提供了更大的实践空间和语言环境。

(4)各抒己见的讨论

讨论是英语课堂中培养学生进行自主交互式学习的有效手段。教师为学生创设情境、提供话题,可以让学生围成圆圈自由组合,带着明确的目标,积极主动地学习并进行小组讨论,通过思考、实践、调查、讨论、交流和合作等方式学习和使用英语,完成学习任务。与此同时,教师应强化学生的学习动机,提高学习兴趣,形成学习策略,培养合作精神,增进对文化的理解,发挥想象能力,培养发散思维和创造精神等综合素质的发展,促进英语学科与其他学科的相互渗透。

(三)个性化的作业

教师设计作业时要关注不同学生的不同需要,让每位学生都能体验到成功的喜悦,从而使学生的积极性得到保护,个性得到张扬。

1. 书面作业

书面作业偏重于基础知识的巩固和积累,突出教材的重点和难点;学生只要上课认真听讲,在书本或者听课笔记上就能找到相应的答案。这类作业一般分为两种:一是全体学生必做题,二是学生自选题。这样,既让基础稍差的学生跳一跳能摘到果子,又避免基础较好的同学存在"吃不饱"的现象。例如,在讲解对比可数名词和不可数名词时,教师可以选择这样的作业题:There(be) some people in the park 和 There(be) some water in the glass 根据所学知识,学生经过思考便能给出答案 are 与 is。结束后,让学生做与教学重点相关的书面作业,有利于教师重点复习某一知识点,加深了对语言内涵的理解。这类作业,按习题的深层结构对习题进行分类,看似简简单单的一道题,却包含有很大的思维训练价值。这样,学生对学习充满了信心,学习成绩差的学生更是如此。

2. 预习作业

教师在英语课堂教学活动中,以抛砖引玉的方式先给出一些预习题,让学生思考,然后教师再进行讲解。重要的是学生开动了脑筋,启发了思维,获得了一种满足感与愉悦感,使得学生爱学、乐学。教师只有自己摸索钻研过,才知道怎样正确地引导学生去学、去做。

3. 拓展性作业

拓展性作业是教师根据教学需要,设计出与教学目标相关的作业,这种作业源于教材,又高于教材,各层次的学生都能根据自己的基础和能力完成这份作业,而且效果很好,它能够考查学生能否把熟知的知识和技能运用于新的环境。

另外,为了给学生更多地运用英语进行交际的机会,发展学生的个性,可以设计和组织具有趣味性、拓展性的课外活动。如组织英文书写、演讲、单词接龙等各种比赛;成立英语角、演唱英语歌曲、开设英美风俗文化知识讲座等,让学生在这些活动中互相帮助、互相感染,进而共同提高英语水平,长久保持学习英语的兴趣;培养学生在生活中自觉学习英语的兴趣和习惯,提高学生个性化学习的能力。

(四)个性化教学的评价

1. 对教学环境和教师教学质量的评价

(1)观察法

观察法是以观察为主要方式对外显行为变化进行评价的一种方法。评价目的不同,需要观察的内容也有所不同。例如,若想评价学生之间的相互影响力,则需要观察学生的相互作用;若想评价教学对学生的影响力,则应观察师生之间的相互作用;若想评价教师的教学是否与学生的水平相适应,则应观察学生在教学过程中的反应;若想评价教师教学的运作是否灵活,则应观察教师讲课时间的安排;若想评价个性化教学是否充分发挥学生的自主性,则应观察学生自由学习的时间。

(2)讨论法

讨论法指师生在宽松、民主的气氛中以群体讨论的方式来对教学环境和教师教学行为进行评价的一种方式。在这种气氛下,学生可以畅所欲言,既可以暴露相应的缺点,又可以展现其他途径不可比拟的优点,从而对教学做出评价并以此促进教学计划的改善。

(3)问卷法

问卷法是通过问卷的方式来对教学做出评价的一种方法。问卷法主要用来评价教学环境、教师教学水平以及学校整体教学效果的适宜性。问卷法的具体操作步骤如下:①确定评价对象及目标项目。②根据目标收集材料,制作问卷。③自己审定或聘请专家审定问卷的效度。④进行小规模问卷以考查问卷的效度。⑤对问卷进行修改、调整。⑥正式进行问卷的调查、统计分析和评价。

2. 对学生学业成绩的评价方法

(1)个性分析法

个性分析法是在学习活动开始之前,将学生的自我介绍与教师的综合考察相结合,以此来确定学生学习起点的评价方法。描述性报告以文字形式对学生已有的发展状况做清晰地描述,以帮助教师具体把握每个学生的个性特征和个体差异,为每个学生的个性化教学设计提供基础,因而成为个性分析法的主要方式。描述性报告中对学生的描述包括情感、态度、技能、动机、能力倾向、未来方向等内容。

(2)成果展示法

成果展示法是指经过一段时间的学习后,学生以多种方式如朗诵、演讲、表演、图画、广播等来展示其学习成果并体验成就感的评价方法。成果展示法在实施过程中应让每个学生都参与其中。目标成果之间不做横向比较,而只对同一个学生的成果进行时间上的对比,如将现在的成绩与一个月之前的成绩进行比较。

(3)亲师互评法

亲师互评法指教师与家长相互配合、相互交流来对学生的发展情况进行评价。教师通过多种方式(如家长会、家访、家长手册等)与家长定期沟通,相互交换对学生的看法,形成较为一致的看法,以便共同帮助学生解决其所面临的困难。

(4)卷宗评价法

卷宗评价法是根据卷宗对学生进行整体评价的方法。教师为每个学生建立卷宗,并将学生的兴趣爱好、风格特点、优点不足及学习进步情况等记入卷宗,进行追踪记载和评析。在此基础上,教师可以整体把握学生发展的全过程,并及时调整教学计划和进度安排。

(5)契约评价法

契约评价法是通过师生之间的约定来进行评价的一种方法。契约评价法的具体操作过程如下:①教师提供几种学习任务,简单陈述学习内容,并对学习进行引导和鼓励。②学生主动选择其中一项任务,然后签约进行学习。③经过一段时间的学习后,教师根据先前的契约进行评定。

在签订契约的过程中,学生必须事先对自己进行分析和评价。然后根据自身特点选择学习任务、制定学习目标,并考虑实现口标的途径和方法。由于合同是学生自愿签订的,学生在自主决定学习任务的同时,也为自己的学习承担了责任。这就最大限度地减少了对分数的焦虑和学生之间的学习竞争,增强了学生的自信心与积极性。

第二节 ESL 和 EFL 教学与实践

一、ESL 和 EFL 教学

(一)ESL 与 EFL 的定义

关于 ESL 在《牛津高阶英汉双解词典》中的解释如下:作为第二语言的英语(教学)(教学对象所在国英语为第一或第二语言)。EFL 解释为:非母语的英语教学,作为外语的英语教学。

(二)ESL 与 EFL 的差异

1. 教学对象不同

从 ESL 的定义我们可知,在 ESL 的教学对象所在国,英语为第一或第二语言,其教学对象大致上也可以分为两大类:一是移民到英语为第一语言的国家(如英国、美国)的外国移民后裔,英语与其日常生活息息相关;二是英语不是该国或该地区的第一语言但是其官方语言的国家(如新加坡、印度)的居民,英语是其政府、司法、新闻媒体、教育和医疗等系统的正式用语。

而 EFL 教学对象所在的国家或地区,英语既非其第一语言,也非其官方语言,其教学对象大致上可以分为两大类:一是英语既不是其第一语言也不是其官方语言的国家(如中国、日本)的居民;二是官方语言是第一语言和英语之外的另一语言的国家(如莫桑比克、纳米比亚)的居民,他们的第一语言为当地语。对这些国家的英语学习者来说,缺乏沉浸式的英语学习环境。英语水平的高低对其生活质量并无特别明显的直接影响,因而其重要性较低。

2. 教学条件不同

HFL 以课堂教学为主要信息输入源,学生在课堂外除了复习功课和参加英语角等第二课堂活动之外,很少接触英语。ESL 学习者除课堂教学外,在生活中就沉浸在良好的英语环境中,如日常生活中接触到的广播、电视、报刊、对话等都使用英语。而 EFL 学习者从教育的某一阶段开始,才以自己的第一语言为媒介来学习英语,如在我国大部分地区,学习者从小学高年级才开始以汉语为媒介来学习英语。

3. EFL 与 ESL 学习者的学习动机不同

学习母语以外的语言的动机大致上可以分为工具型学习动机和融入型学习动机。所谓工具性学习动机,是指学习者学习某一语言,是把该语言当成一种工具,去达到某一目的,满足某种需要。而 ESL 学习者的学习动机属于融入型。所谓融入型学习动机,是指某一语言的学习者学习该语言的动机是为了融入当地社会。这一类学习者要想融入当地生活,必须理解当地人的生活方式及语言表达方式,能够在不同场合下恰当地运用目标语言。

(三)EFL 环境下高校英语教学存在的问题

随着高校英语教学改革的发展,很多教师已尽可能多地给学生提供语言活动机会,教学内容也扩展到文化、交际等领域。但是,由于学生在中学的学习过程中形成的固有观念,他们对大学的教学内容的领会容易出现偏差,有些同学甚至感慨"高中授课内容比大学多得多","不讲语法,语法都忘光了"等。

另外,在相当长的一段时间里,通用英语教学在我国的高校英语教学中占主体地位,很多学校为了响应培养复合型人才的号召简单地开设了几门专业英语课。这些课程大多数在教法上雷同于精读课,重点放在句子的语法分析上。久而久之,就会使部分学生产生"专业英语很难很无聊"的心理。目前,高等院校英语教师在讲授专业英语时面临的最大挑战是缺乏教学所涉及的专业知识。

(四)EFL 与 ESL 的教学效果

EFL 教学的目的当然是尽可能使学习者达到尽可能高的英语水平,但不可否认的是,EFL 学习者不可能达到英语母语使用者的水平。并且可以很肯定地说,ESL 学习者的英语水平要比 EFL 学习者高得多,ESL 学习者可以达到的水平更接近于以英语为母语的人的英语水平。从掌握的词汇数量到运用熟练程度、语法规则(基本结构)、俗(俚)语、语体的运用等各方面都可以很清楚地显现出差异来。首先,从基本语言知识(词汇与结构)上来看两者的差异。中上程度 EFL 学习者已掌握了一定数量的常用词汇和基本结构,但对于词汇与语法结构的掌握大多还只限于基本意义。

ESL 学习者掌握的词汇数量要大很多,对词义的把握也更全面,在语法结构方面虽然有时也犯一些错误,但总体上看运用已很熟练。举几个词来作为例子,Base 可以表示"基础""碱";fry 可以表示"坚""鱼苗";rape 可以表示"强奸""油菜"。大多数的 EFL 学习者大多只能掌握上述各词的第一项词义,而 ESL 学习者则基本上都能掌握第二项词义。对于近义词,EFL 学习者往往很难区别开,对 ESL 学习者来说则不在话下。比如 lest 与 examination,前者表 7K 平时测验,后者表 75 正规的考试;rob 与 loot,前者表示(单独的趁人不注意的)抢劫,后者表示(公开的众多人同时在公共场所进行的)洗劫。这两组词对 EFL 学习者来说不容易区分开,而对 ESL 学习者来说是很容易区分的。此外,EFL 学习者很少能运用成语、俗语,也很难根据场合来正确使用正式或非正式语体。从总体上来看,两者在语言的四个基本技能方面的水平差异也很明显。EFL 学习者的被动技能(阅读、听力)要大大强于主动技能(说和写),其中阅读最强,听力其次,说和写的能力最差;

而ESL学习者的四项基本技能的训练和发展则比较均衡,其阅读能力在四项基本技能中并不显得特别强,但写作能力仍是相对最弱的。

(五)ESL和EFL教学对高校英语教学的启示

1. 转变教学侧重点

高校英语是以外语教学理论为指导,以英语语言知识与应用技能跨文化交际和学习策略为主要内容,并集多种教学模式和教学手段为一体的教学体系。因此,我们在高校英语教学中培养学生的语言应用能力,可以从以下两个方面着手:一是,培养学生的英语综合应用能力特别是听说能力,落实到外语教学活动的各个环节并指导实践教学;二是,设计高校英语课程时也应当充分考虑对学生文化素质的培养。

2. 改变教学方法

高校英语教师除根据教学内容和要求精心设计任务,给学生一个多向思考的空间之外,还可以充分利用各种实训实验室,增强学生的动手能力。在课堂活动中,通过鼓励学生发挥主动学习的精神,为学生创设语境练习和自发交际的环境,使学生成为课堂教学的中心。

3. 加强对教师的培养

多数教师在国内学习英语多年,没有机会体验地道的语言表达,非"双师型教师"也缺乏企业实践经验,不利于营造过真的交际环境。因此,进一步提高教师的业务水平和素质是很有必要的。其有效途径之一就是加强教师的培训与进修。

二、基于英语口语ESL和EFL的实践

(一)教学准备

课前准备是教学活动是否能走向"成功"的第一步,而教学目标的分析、教学主体的分析和教学材料的选择及展示是课前准备的三要素。

1. 目标分析

人们认为教学目标的定义有狭义和广义之分,狭义的教学目标指的是学校根据国家所定的教学目的及其学生自身现有的生理、心理和认知发展水平而制定的教学计划,它与学校和课堂相关联。而广义的教学目标指教学的目的或是教学计划,实质上就是把社会的需求转变为教育的要求。总而言之,教学目标指的就是师生通过教学活动预期达到的结果或标准,是对学习者通过教学以后将能做什么的一种明确的、具体的表述,主要描述学习者通过学习后预期产生的行为变化。那如何对教学目标进行分析?我们主要从以下几个方面进行分析。

(1)目标关键词化

目标关键词化指的是教师在制定某学科的课时目标时,使用具有具体、明确、有针对性特征的词进行表述,以使得目标更加的明确化,可操作化、可检验化。根据布卢姆的教学目标分类,我们把课堂教学目标分为认知、情感和心理运用,这三个方面构成课堂教学活动所要实现的整体FI标。因此,教师应把教学目标视为一个整体,每一个教学目标的分类都应从简单到高级的梯度对目标水平进行描述,每一梯度都是建立在原有水平的基础上的。对我们而言,最大的困难就在于如何去区分相邻分类的关键词,尤其是当我们面

对的是不清楚、不明确的教学目标或是在陈述教学目标时,表述不清楚、不明确时,如何来解决这个问题?教师应多多参加集体备课或是多听课,在备课中或听课后互相讨论,分享彼此的观点。

(2)目标行为化

行为目标以显性的、具体的、可操作性的行为描述形式来展示课程目标。科学的时代要求准确性和具体性,由此而言,课程目标必须具体化、标准化,具有某种程度的客观性,并试图为确定课程目标提供一套操作程序。

2. 选择教学材料

(1)教学材料选择的生活化

教学材料选择的生活化,指的是教师在教学的准备过程中,设法把学生所要学习的知识和现实生活相互衔接。这样极易激起学生学习的热情和积极性,从而更好地帮助他们理解和内化知识。

(2)教学材料选择的结构化

每门学科都有各自的结构。结构指的是系统的诸要素之间相对稳定的联结方式或组织方式。布鲁纳在《教育过程》中指出,不管我们选择什么样的学科,必须使学生理解这门学科的基本结构,学习结构就是学习各事物之间相互联系的方式。教师只有组织有结构的教学材料,才有利于学生对知识的迁移和理解。

(3)教学材料选择的情境化

教师可以利用能利用的情境来更有效地实现教学目的,在没有可利用的情境,也可以通过各种方式借助各种教学仪器创设情境,其目的是把学生引入一种特定的环境中,激发他们原有的兴趣,积极地参与问题的讨论,通过自己的发现去习得知识。比如,谈论到"How to get the job you want",教师可以事先设置主题,告诉学生,即面试情境,在课堂上,学生以小组为单位,自行确定各小组中人物角色的定位,然后运用所学的知识和大脑中对面试情节已有的认知,进行"role play",而后进行小组汇报。教师可以在旁进行指导,而后点评各小组,在评价过程中把新课的内容不断地渗入其中。总之,教师应尽可能地结合教学材料提出各种问题,创设各种适合教学内容的情境,达到有效的教学。

3. 教学方法的选择

对于口语学习而言,以发挥学生主体性的小组活动形式是不可或缺,源于语言本就是交流的工具,离开了人际交流我们便无法学好它。在进行小组教学时,教师应尽可能根据学生的水平、能力巡行分组,这样在交流过程中不至于使得组里成员因为某些组员水平太差或是水平高而感到扫兴或是沮丧;形成的组员应该具有一定的稳定性,不宜常更改,为的是让学生能在一个熟悉的团体中更大限度地自由发挥。为了更好地组织好小组活动,每个小组应该有组长,小组长可以由学生推选或教师指定,其职责在于代表学生的意见,协助教师来进行课堂教学,是教师和学生进行交流的桥梁。进行小组活动时,教师角色不再是课堂的主宰者,而是一位协助者、指导者,在巡视过程中,指导学生的小组讨论的方向,参与学生的探讨,随时给予学生的帮助,提供咨询,同时尽可能地让学生使用英语讨论,最后倾听小组选派出来的代表发言并对他们的发言进行总结。

通过小组讨论,学生的语言运用能力得到了加强。在共同讨论中,通过进行不断地思想、情感交流,扩大了学生的知识面,同时也促进了学生创造性思维的发展,帮助学生更容易发现自己的不足,认识到问题所在,在练习中能够不断地提高自己的口语水平。在集体合作中,学生更能意识到集体合作的重要性,增强团队的精神。这时语言的学习不再是词汇的叠加,而是语言加文化在交际中的灵活使用。

(二)教学过程

教学过程可以选择互动教学法。互动教学法是指在教学过程中充分发挥教师和学生双方的主观能动性,形成师生之间相互对话、相互讨论、相互观摩、相互交流和相互促进的一种教学方法,它不同于传统的以教师为中心的"满堂灌"教学法,也不同于放任学生自发学习的"放羊"式教学方法,而是现在被大家一致认可和接受的方法,被广泛地运用于ESL&EFL的国家和地区的语言课堂教学中。

在进行互动教学时,必须注意以下几点:一是,教师应确定明确的目的,进行充分的准备。例如,在学生提问前,教师应明确地向他们讲明提问的主题、内容和要求,以免学生的提问脱离主题,产生混乱的状态,不至于学生上完一堂课后,却不知道所学为何物。在学生向老师提问时,有关于一些涉及教师隐私的问题,因地域国籍等而产生的文化差别,如工资、年龄等,这时候我们应及时地传授给学生有关中外文化差异的知识,这样才能使得课堂能够自然有效地进行。二是,在互动教学中,教师既要起示范的作用,也要参与到对话中。如教师可以和一名学生编对话,然后向全班学生示范;对于学生所提的问题,教师可以参与到学生中去一起问答与谈论。要做到这点,要求教师在口语课堂中,不仅仅视学生为课堂的主体,对他们在课堂中所展示的聪明才智给予鼓励和赞许之情,而且也要具备较强的课堂掌控能力,当学生的积极性被调动起来后,课堂上往往会出现一些问题,这就要求教师具有较强的课堂应变能力,发挥他们的指导作用,迅速地让学生回到原有的轨道,按教学目标有序地进行。

1. 问答

此"问答"非彼"问答",传统的"问答"采取的是教师问,学生答,学生处于被动的位置。当代的口语教学中的"问答"更加注重的是以学生为主体,大力提倡的是学生问,学生答,教师点评,或是学生问,教师答,更加有力地调动学生学习的积极性,而这种交流方式也拉近了师生之间的距离,促进了师生间、学生间的相互了解,有利于建立平等的师生关系和伙伴型的学生关系。

2. 讨论

以新加坡S学院的语言研修班为例,整个教学过程分为二个阶段,准备阶段由教师指定教学主题和内容,而后把全班学生分为数个三至五人的小组,分配给每个小组所需完成的任务。自学、讨论和表述阶段,学生各自研读相关的教学内容后,再进行小组详细讨论,此为教学中的关键环节,期间要求学生通过组内外讨论、师生间互相请教,正确理解所学内容的基础上,再结合自身的实际情况或是经历做好发言准备。综述、评估和总结阶段,由教师对汇报讨论情况做出点评、总结和打分。在讨论式教学中,学生的语言运用能力不仅能得到提高,而且其团体合作的精神也能在此得以充分的体现和培养。在教学中,团体合作备受新加坡政府重视,在课堂活动中,教师常把学生分成数个小组,以小组为单位合作解决问题,每个小组,互相分享彼此所知,学习彼此所缺,讨论如何完成任务。

模拟和角色扮演一样都属于语言课堂上的活动,两者都以游戏的形式借助语言来反映社会的现实生活,但模拟却比角色扮演更为复杂,步骤更为繁杂。他要求教师做许多的工作。在模拟教学活动前,教师要向学生介绍模拟的背景及其具体场景,介绍小组个人需要模拟的对象,说明其特征,明确各组的任务要求。在模拟活动中,教师身兼数职,既是组织者、观察者又是指导者和鼓励者。在模拟练习中,仔细观察学生的语言表现和行为;由于在模拟活动中,放手让学生去做,必定会出现一些语言错误,教师应及时恰当地运用二语言习得研究中关于"分析错误"理论纠正学生的错误,鼓励学生继续活动;在模拟活动中,指导学生在已有的知识基础上主动学习语言知识,充分发挥学生的创造性。最后,教师要对整个活动的效果及其每个参与者进行评价和总结。

　　实践证明,角色扮演和模拟活动的价值就在于为学生提供了一个运用目标语进行实践的机会和环境。让他们在这个舞台上运用目标语进行交流,在生生之间的互动中不断地习得语言,促使其日语水平的提高,在学校的剧场中表现"表演"和"观看"的本能,在生生之间的互动中学会合作、交往和责任。在角色扮演中,展现自己的个性和创造力。

　　对上述正流行或是仍在英语教学课堂上发挥作用的各个教学法进行总结和分析,不难看出各教学法并不是一个独立体,各自独立于其他教学法之外,而是彼此互有交集,如交际法和任务教学法。任务教学法的出现并不被视为一种新兴的教学法。就某种程度而言,它被当作是一种实现课堂教学中交际教学的途径和方法。教师在课堂教学中所采用的教学方法也不只是某一种方法,而是多种方法的综合。

　　在台湾地区,英语口语教学可以借助于通过线上家教、语言测验系统、学习单元、虚拟情境、语言游戏、探索式学习等得以施行。CALL教学强调的是师生、生生间的交互学习,而不是单纯的教师传授。学生在教师的指导下利用手边的信息资源发展他们的自主学习能力,从而习得语言。以某一口语课堂为例,教师先向学生介绍一些常见的练习,几种口语沟通类型的步骤,再请学生以两人一组或多人一组的方式进行对话练习,教师可以利用网络双向沟通工具实行,在课堂教学中,教师帮助学生培养良好的门语沟通习惯。

　　虽然网络对于语言学习所起的作用不可忽视,尽管我们也在不断地运用多媒体于语言教学中取得了一定的成果,但问题却显而易见。比如,我们身边的可使用的教学程序、教学软件的质量问题,能与教师及其学习者的需要相匹配的计算机辅助语言教学的软件并不多。一线工作的教师因其丰富的实战经验使得他们在研发教学软件上更具有发言权。但是事实上,大多数教师缺乏一定的培训也或者说没有足够的时间去制作或研发简单的教学软件,更不用说是复杂的。这一任务不得不交予商业研发商,但他们的成果却往往未依据教学原则而得以生成。此外,对于现在的科技而言,人机互动与人们之间的互动比较而言还是后者更为得有效而且更为"亲密无间"点。虽说如此,电脑网络就像其他运用于教学中的工具一样,它本质上并不能给学习带来促进力。因此,教师的责任就在于最大化计算机辅助语言教学的潜力以提高学生的语言认知水平。

(三)教学评价

1. 学生学习评价

　　语音评分标准:①0.0~0.4重音不准,经常性的语音、语调错误致使说者难以被听者理解。②0.5~1.4重音不准,经常性的语音、语调错误致使说者偶尔以被听者理解。③

1.5~2.4 重音不准,一些持续的语音、语调错误,但是说者能被听懂。④2.5~3.0 偶尔的发音错误,但是说者能完全被听懂。

总体可理解度的评分标准:①0.0~0.4 即使是在最简单类型的表达中,但总体可理解度仍很低。②0.5~1.4 错误的发音,有限的词汇储备及其缺失的语言知识,频繁的停顿和/或反复的叙述,导致一般性不理解。③1.5~2.4 一些发音、语法和词汇选择上的错误或者由于停顿或是偶尔的叙述,导致一般性理解。④2.5~3.0 在一般的表达、演讲中完全能被理解,偶尔出现语法和发音的错误。

流利程度评分标准:①0.0~0.4 语言表达过程中的停顿、断断续续或不依据目标语国家表达的顺序,以至于完全不能被理解。②0.5~1.4 语言表达过程中的大量的停顿和/或不依据目标语国家表达的顺序影响彼此的理解。③1.5~2.4 语言表达过程中的一些停顿,但是依据目标语国家表达的顺序,并不影响彼此间的理解。④2.5~3.0 语言表达流畅近似于目标语国家的人。

当然,评价的标准随着评价理念的变化而变化,随着评价内容的不同而关注点不同。但是无论如何,我们都不能以"能否与本族人说得一样"作为标准,因为即使是目标语国家的人,也存在语音、语法、流畅度等方面的差异。就好比中国的普通话,因为夹杂着各地的方言而有所不一样。

2. 教师教学评价

(1)从师生及其交互活动来进行评价

第一,作为教学活动的主体——教师,对其在课堂教学过程的评价主要通过四个维度来进行。一是组织能力。看教学内容是否清晰,结构是否严谨富有逻辑性,教学语言是否明了,教学活动的组织是否张弛有度。二是调控能力。看教师是否能根据课堂的教学情况及其出现的问题,能够采取有效的措施,调整教学环节以保证课堂教学任务的顺利进行。三是教学机制。

第二,一堂课质量的优劣,应以学生的发展来衡量,新课程改革明确地提出需凸显学生的主体地位,多关注学生在课堂上的学习状态。一是参与状态。观察学生在课堂上是否能全员参与,参与的面有多大二是交往状态。观察课堂教学中,是否有多边的信息联系和信息反馈,课堂中师生之间、学生之间的交往方式是否多样化,在交往过程中学生个体或是学生间的合作技能如何。三是思维状态。观察在课堂教学、课堂互动中,学生是否敢于发表见解,提出的问题是否具有可探究性、创造性,探究问题时是否主动、积极,在解决问题中,能够综合地运用语言和技能,进而获得信息,完成任务。四是情绪状态。观察在课堂中,学生是否能调控自我学习情绪的能力。

(2)从课堂教学要素来进行评价

评价一堂课是否成功,除了关注学生的学习状态,还需要关注的是教师的教学行为及其教师的教学技能。以下从六个方面进行简明阐述:一是教学目标。看教师指定的教学目标是否全面,能否把知识、技能、情感三个方面内在统一,是否具体、量化,是否符合学生的认知发展水平。二是教学内容。是否突出重点、难点,抓住关键。三是教学过程。看教学思路的设计,是否符合教学内容,是否符合学生的认知水平,在课堂教学展示中,观察教学的编排组合、衔接过渡是否紧凑合理。看教学思路的层次是否清晰。在教学环节中,时间的分配和衔接是否合理,前后时间的松紧度,教师和学生活动时间的配合,学生活动时间中个体活动和集体活动的时间计算以及时间分配是否合理。看课堂教学中教师运用教学思路的效果。四是教学方法和手段。看教学方法是否多样化,教学方法的选择是否建立在适当化、实际化的基础上,只有量体裁衣、优选活用,才能激发学生潜在的能力,促进其认知水平的发展,使得课堂教学常教常新。看教师是否适时、适当使用电脑、投影仪等现代化教学手段。

第三节 ESP 教学与实践

一、ESP 教学

(一)ESP 的定义与特点

ESP 即专门用途英语,这一概念兴起 20 世纪 60 年代后期,也被学者称为特殊用途英语或专业英语。ESP 是基于学习者需求的一种语言学习方法或途径,ESP 的关键是分析和满足不同学习者的不同需要。专门用途英语往往为某一职业的特点和要求服务,一般指为实用目的而采取的英语教学。

在国内,学者对 ESP 定义研究的发展始于 20 世纪 70 年代,ESP 教学的教学目标、教学方法、教材方面都有特定性。ESP 教学应该是为了适应学生的某个明确的实用目的而进行的英语教学。ESP 是 EGP 的延续或扩展,国外 ESP 的现状就是未来中国 ESP 教学的发展方向。

综上所述,国内外学者对 ESP 定义可以概括出以下特点:①ESP 是一种为某一专业领域服务的英语教学。②ESP 教学与 EGP 不同,应该依托在特定专业和或职业领域上进行教学。③需求分析是 ESP 教学的关键。

(二)ESP 的分类

1. 罗宾逊两分法

罗宾逊以学习者的学习经历为标准,将专门用途英语分成职业用途英语和学术用途英语两类。罗宾逊的分类可以使专门用途英语教学明确每个阶段的教学任务,避免专门用途英语教学的混乱与盲目,因而对于专门用途英语教学的课程设置极具指导意义。

2. 达德利艾梵和圣约翰两分法

达德利艾梵和圣约翰以职业领域为标准,将专门用途英语划分为学术用途英语与职业用途英语两种类型。按照这种分类方法,学术用途英语和职业用途英语很大程度上是相互联系的。以广告英语为例,它既可以用于广告学专业学生的学术研究,又可以适应广告设计人员的职业需要。

3. 大卫·卡特三分法

大卫·卡特把专门用途英语划分为受限英语、学术和职业英语、特定主题英语。具体来说,受限英语常常只适用于某一个特定行业或职业,离开了具体环境,受限英语将无法进行正常有效的交流。学术用途英语和职业用途英语之间没有绝对的界限,二者在一定时候是可以相互转化。而特定主题英语则与未来的某项需求相关。

4.哈钦森和沃特斯三分法

哈钦森和沃特斯以学科类别为标准,将专门用途英语划分为科学技术英语、商务贸易英语、社会科学英语三个类别。上面的五种分类是从不同角度展开的,因此很难判断哪一种分类好,哪一种分类不好。但是,无论是哪一种分类都将学术用途英语与职业用途英语列为必选项,认为这两者是专门用途英语教学不可缺少的部分。这种共识极大地促进了专门用途英语教学的研究。

(三)ESP需求分析

基于需求的教学原则尤其体现在特殊用途英语教学和职业导向的程序教学当中。语言大纲应该考虑到学习者最终对目的语的使用,而且学习者认为使用含有信息的内容且与自己有关时可以提高学习动机,进而能够促进语言的学习。ESP教学是一种"以特定目标为导向的"英语教学,必须建立在"需求分析"的基础上。ESP需求分析的实施包括掌握学习者目前的外语水平和学习目的。总的来说,ESP需求分析就是"以特定目标为导向的"对语言学习者的目标情境和学习情境的需求进行分析。国内外学者普遍认为,需求分析对ESP教学至关重要,是ESP教学的基础和中心。

(四)课堂教学的原则

1.教学内容与教学形式要与其自身特点相结合

专门用途英语并非一种专门教授英语变体的教学。事实上,为特定目的而使用的语言并不意味着它本身是与其他形式不同的、特殊的语言形式。尽管专门用途英语的学习范围广泛,但没有理由认为专门用途英语的学习过程和一般用途英语的学习过程有什么不同。

通过上述言论,我们可以得出两个结论:①专门用途英语的教学内容虽然特殊,但这并不意味着它是一种特殊的语言形式。事实上,它和一般用途英语在本质上是一致的。②专门用途英语和一般用途英语互相区别,这种区别主要体现在教学目标上。由于学习者的组成和所处学习阶段的不同,专门用途英语和一般用途英语对学习者的培养重点和要求均有所不同。一般用途英语强调学生在日常生活中的听、说、读、写、译技能;专门用途英语则重点培养学生在专业领域中的听、说、读、写、译能力,使学习者最终能够达到运用英语获取所需专业信息的目标。由此可见,一般用途英语是专门用途英语的基础,而专门用途英语则是一般用途英语的延展和拔高,二者在教学上各有特点。

2.与双语教学区分开来

专门用途英语和双语教学看似相近,实则有着本质的区别:二者的教学目标不同。专门用途英语教学的根本目的在于提高学生的英语交际能力,而双语教学的根本目的在于传授学生以专业知识。以市场营销英语为例,其本身和用英语讲授市场营销专业课有着本质的不同。市场营销英语重点在于讲授市场营销领域中的英语特点、句法规律和表达方式,其本质是一种英语教学,其课程也应该被置于英语专业中;而用英语教授市场营销的重点在于传授系统、完整的专业知识,英语只是一种教学语言而已。其本质是市场营销教学,其课程应该被置于市场营销专业中。

3.以学习者为中心和遵从语言教学的相关要求

专门用途英语是一种以学习者为中心的语言教学方式。专门用途英语教学必须关注学生的需求,突出学生的课堂主体地位,一切教学活动都应以学生为中心,这一点是由其含义所决定的。

4.处理好与其他教学要素之间的关系

专门用途英语与一般用途英语、教学法、教材、教师都有着莫大的联系。对这种联系把握得是否到位以及处理得是否得当都直接影响着课堂教学的效果。

二、基于ESP需求分析跨境电商方向《商务英语》课堂教学设计

(一)课堂教学内容的设计

教学内容的设计是以教学目标为基础,基于ESP需求分析对教学的具体内容、范围、深度进行设计,力求保证最优化的教学效果。教学内容的设计是课堂教学设计中重要的组成元素做好教学内容的设计,应该做到以下几点:

1.阶段性需求分析,挑选难度适中的教学内容

需求分析是一个动态可变的过程,学生对不同单元、不同专题的了解程度、学习兴趣、可以接受的难易程度都是不一样的。因此,除了《商务英语》的总体教学设计需要需求分析外,每一单元或专题的教学内容设计也应该做好需求分析。教师可以通过阶段性的需求分析,对于所学章节学生的学习动机、原有知识技能水平、学习需求及目标需求等信息进行调查,力求设计符合学生需求的难度适中的教学内容。

2.以跨境电商知识为依托的教学内容设计

《商务英语》教材的教学内容主要围绕传统国际贸易业务流程及外贸业务中所涉及的主要工作任务。当前教材以商务英语专业的学生在未来的工作中可能会遇到的工作场景或任务设置教学内容,但对于跨境电商这一领域而言,并没有特定章节专门介绍跨境电商工作所使用的ESP商务英语。因此,为了《商务英语》的教学内容更加符合学生的学习需求和社会需求,教师应该对教材内容做出适当的调整、取舍与补充。

3.注重教学内容的拓展延伸,培养学生跨文化交际能力

在《商务英语》教学内容设计中,教师不能仅围绕教材内容进行设计,还需要针对学生ESP需求分析结果,在教学内容设计上注意延伸与扩展。大部分学生表示除教材学习外,还希望学到各国风俗人情、国际礼仪、不同语种的简单表达等知识。另外,企业在访谈中表示希望学校在对跨境电商方向学生培养过程中应该注意对学生跨文化意识的培养。综合学生的学习需求和企业的人才培养需求,《商务英语》不仅要提高单纯的英文水平,还应该培养学生的跨文化交际能力。跨境电商的客户群来自世界各地,涉及不同国家文化背景。跨越文化障碍,避免文化冲突,是保障跨境电商贸易顺利开展的重要因素。为此,商务英语教师应该在教学内容设计上,加入不同语种的称呼语、介绍和辞别等简单表达以及不同国家的饮食喜好、社会风俗、消费习惯等内容,丰富学生的跨文化知识,提高学生的跨文化交际能力。

(二)课堂教学策略的设计

教学策略的设计是课堂教学设计的中心环节。教学策略是指以一定的教育思想为指导,在特定的教学情境中,为实现教学目标的制定,并在实施过程中不断调适、优化以使教

学效果趋于最佳的系统决策与设计。

1. 落实 EGP 教学基础上,重点开展 ESP 教学

由于 EGP 和 ESP 具有很大交叉性和重合性,一般英语教学和商务英语教学无法完全分离。进一步说,ESP 商务英语课程应该建立在 EGP 一般英语课程的基础上开展。扎实的英语基础知识是学好 ESP 商务英语的关键。然而,通过对学生英语水平的调查发现,技工学校跨境电商方向学生英语基础普遍比较薄弱,属中等偏下水平。针对技工学校跨境电商学生的实际情况,《商务英语》教师不应该直接跳过相应章节的 EGP 教学内容,仅围绕 ESP 商务英语进行教学,这样会让本身英语水平不高的学生认为内容太难吃不消。反之,教师应该让学生注重基础知识积累,提高学生听、说、读、写、译综合英语能力。在落实 EGP 教学为基础上,重点开展 ESP 英语教学。

与一般英语不同,商务英语是涉及各种商务活动的 ESP 专门用途英语,在词汇、句型、语篇特征上具有明显的专业性的特点。因此,ESP 教学也要体现专业性这一特点。例如,在商务英语词汇方面,学生在实际工作场景经常使用缩略语、专业名词、正式用语及使用新词等。跨境电商人员在实际工作经常用 QS(质量标准)、IM(进口)、BIZ(贸易)、WK(星期)、NU(新的)等缩略词。另外,在跨境电商贸易过程中,如果涉及商务电函沟通,电函应行文简洁、具体、准确且表达委婉,并且经常使用套语。《商务英语》教师应该以跨境电商行业为依托,引入真实的教学材料,在落实 EGP 教学基础上,重点开展 ESP 专业教学。

2. 采用多样化教学方法

(1)合作学习

合作学习,通俗来说,可以理解为分组教学法。合作学习将单个的学习个体通过自由组合或者教师干预组合的方式结合成一个个两人以上的学习小组。合作学习是互助互爱、互教互学的互补学习过程。合作学习的过程中,团队成员面对荣耀或挫折时候共同进退,同甘共荣。合作学习让学生在团队归属感的带动下增加自我效能感,提高自己的学习能力和协调能力,对促进学生全面发展起着重大作用。例如,技工学校的学生普遍自主学习的意识较差,有时甚至出现迟到、缺课的现象,部分同学由于担心自己的表现导致团队其他成员扣分,因此不缺课、不迟到,所以说合作学习对学生起到一定的鼓励和约束作用。

(2)情境教学法

情境教学法是商务英语教学中较常用,也是被学生喜欢的一种教学方法。情境教学法是指教师根据教学目的和教学内容,为激发学生的学习兴趣、唤起学生的学习激情,有目的地创设形象、生动、有趣的学习场景,设置系列教学活动的过程。通过情境教学,使学生能够更具体、直观地体会商务工作场景,更好地将已有知识与新授知识在实践中融合,大大激发了学生的求知热情和学习兴趣。在实际教学过程中,教师应该针对教学内容选择符合学生实际情况的情境创设方式。常用情境创设的方式有以下几种:①以实物或者实际工作场景为依托的实体情境。实体情境有助于学生实在地感知真实环境,加深学生对于新授知识的印象。②模拟情境。通过角色扮演、多媒体视频播放、跨境电商平台操作等方式模拟真实工作场景,让学生代入买家、电商客服、网页优化师等身份参与到真实贸易流程,提高学生的实际工作能力。③教师情境。让学生担任教师这一角色,根据教学目

标对教学内容进行备课、讲解,从课程准备到课堂讲解的过程有助于学生对知识的梳理,便于掌握。总之,教师在使用情境教学法的时候,应该结合学生需求分析和教学内容实际综合考虑,科学合理安排教学,力求得到最优化的课堂教学效果。

3. 提倡联合授课的教学模式

跨境电商方向的学生除了《商务英语》这门专业核心课外,还开设《网店推广技巧项目》等专业课。《商务英语》的教学教材内容与其他中文专业课部分章节内容有许多共同点,在某一程度上,可以理解为对应章节的英文版介绍书籍。为了学生能够更好地把商务英语知识与跨境电商专业知识相结合应用于真实工作场景中,应该提倡专业教师与商英教师联合授课的教学模式。这样一来,学生可以通过一线课堂将商务英语与专业跨境电商知识融为一体,减少了中间"消化再转化"的环节,有利于学生更直观、更真实地掌握教学内容。

联合授课的教学模式,是指商务英语任课教师根据教学内容需要,选择相应的跨境电商专业教师共同完成课堂教学的过程。联合授课前,《商务英语》任课教师应该与相应专业教师联系,共同备课并确定主讲教师和辅助教师的工作分工。这样,学生用相同的课堂时间,却达到双重的学习效果。除此,联合授课的教学模式在促进学生高效学习的同时,更有利于教师之间实现优势互补,提升师资水平。综合以上原因,在跨境电商方向学生的教学过程中,应该提倡联合授课的教学模式。

(三)课堂教学环节的设计

课堂教学环节设计是指教师在课堂教学过程中,具体对于各个教学环节的设计与处理。课堂教学环节设计得好坏,直接影响着课堂教学效果。根据 ESP 需求分析调查显示,学生对《商务英语》课堂教学环节满意程度不高,超过七成的学生认为目前的课堂教学环节有必要改进。因此,《商务英语》任课教师应该重视教学环节的设计,力求在有限的教学时间内提高课堂教学的成效。综合分析调查结果对课堂教学环节设计提出几点建议:

1. 根据实际情况,适当调节教学环节

当前《商务英语》课堂教学环节主要"以传递—接受"为主,主要分为"课程导入、知识新授、探究学习、巩固展示、总结拓展"五大部分。由于教学时间、教学内容、教学方法及课型(新授课、复习课、练习课、综合课)的不同,课堂教学环节也是灵活可变的。教师应该根据实际教学情况,对实际教学环节进行适当调整。例如,在练习课上,由于练习课一般内容比较枯燥,根据技工学校学生的特点,教师可以增加"课前热身"和"课后拓展"环节。这里所说的"课前热身"可以是列入学生综合评价的延续性的教学环节。

2. 以学生为中心,精心设计每个环节

以学生为中心,精心设计、合理安排每一个教学环节是课堂教学是否成功的关键。那么,教师应该怎样精心设计每个教学环节呢?在教学环节设计之前,教师应该根据学生的 ESP 需求分析确定好每堂课的教学目标,再根据拟定的教学目标,剖析教材,从而生成课堂教学内容。教学目标和教学内容的确定应该以学生为中心,以适用为度。首先是"课程导入"环节,巧妙地"导入"可以激发学生新的学习兴趣,是课堂教学的效果保障。"课程导入"的方法灵活多变,可以选择音乐、画面、视频、实物、游戏、问题导入等方式。接

着,从"课程导入"到"知识新授"环节,教师应该注意教学环节的过度与衔接。在"知识新授"环节中,教师应该尽量避免"一言堂""满堂灌"的教学方式。教师应该以学生为中心,根据教学内容设计相应的教学活动。例如,可以通过对教学内容中知识点的提炼形成商务情境剧本,让学生通过情景剧排练而达到学习目标;也可以将教学内容细化成一个个小任务,采取情境教学法,让学生以团队方式自选任务代入教师角色,对相应知识进行讲解。

3. 充分利用教学媒体,活化教学环节

教学媒体是指在教学过程中所涉及的、需要的各种工具。教学媒体可以分为传统教学媒体和现代教学媒体两种。其中,传统的教学媒体是指教科书、黑板、粉笔、挂图、标本、模型、实验演示装置等;现代教学媒体包括幻灯、投影、广播、录音、录像、电影、电视、计算机等。随着"互联网+"时代的到来,众多新型的教学媒体应运而生。对于教学的充分利用教学媒体,在课堂教学环节的设计上起到添砖加瓦的作用。

(四)课堂教学评价的设计

课堂教学评价指课堂教学过程中对学生的学习行为、学习效果、目标达成等方面进行的评价。科学、合理课堂教学评价方式是促进课堂教学目标达成的重要保障,也是激活学生思维的有力措施和方法。从对《商务英语》教学评价的调查中可知,任课教师主要采取期末测验成绩这一终结性评价方式来评价学生的商务英语水平,大部分学生表示这种教学评价方式过于单一,需要改进。为此,根据实际情况分析,《商务英语》课堂教学评价需要注意以下方面:

1. 形成性评价与总结性评价结合

大部分学生认为《商务英语》任课教师主要以期末测验成绩作为评价学生商务英语水平的重要依据。以期末测验成绩作为评价依据属于总结性评价,总结性评价主要反映学生的学习成果,难以体现商务英语应用的综合水平。《商务英语》课堂教学评价采用以形成性评价和总结性评价相结合,以形成性评价为主的教学评价模式,既关注学生的知识技能的掌握情况,也要关注学生在语言实践活动中表现合作精神、情感态度、自主学习能力等方面。形成性评价是对学习过程的评价,学生在平时学习过程中的表现、所取得的成绩和在此过程中情感、态度等方面的体验和发展,其表现形式有课堂口头评价、教师观察评价、小组活动评价、项目实训评价等。总结性评价指的是对学生某一阶段学习的语言知识、语言技能的学习结果进行评价,其表现形式有期末考试、期中测验等。简单来说,形成性评价是学习过程评价,而总结性评价是学习结果评价。

2. 教师评价与学生评价相结合

为了教学评价结果更加全面准确,《商务英语》教师可以采用教师评价与学生评价相结合对学生的学习情况进行科学评价。教师评价的方法有很多种,例如课堂口头评价、观察记录、测验、考试等。在课堂教学过程中,教师应该根据学生实际情况选择相应评价方法对学生的学习情况进行科学评价,旨在通过课堂教学评价改善课堂教学和学生学习现状。由于技工学校生源结构的特殊性,学生普遍的英语水平较低,因此教师评价应以激励手段为主,通过语言表扬、动作示意、加分奖励等方式给予学生一定的鼓励,提高学生自主学习的积极性。另外,教师对课堂教学评价结果及时反馈,随时发现问题,随时解决问题。

社会建构主义理论支持教学评价的主体除了教师,还有学生本身,学生应对自己的学习过程和学习成果进行合理的评价。学生自己参与教学评价增强了学生主体意识,发挥学生的主观能动性,有助于学生及时反思自己的学习行为,进而自我完善,避免了传统教学评价中教师单方面评价的片面性。除此之外,教师还可以设计同伴互评、小组互评等方式,让学生以不同身份参与评价,鼓励学生互相评议,互相补充,互相监督。

参考文献

[1] 温建平.商务英语教学与研究论丛商务英语教学与研究第9辑[M].上海:上海外语教育出版社,2023.
[2] 王怡.高校英语教学改革与复合型英语人才培养研究[M].北京:北京工业大学出版社,2023.
[3] 王双,熊潇潇,李俊.跨文化视角下的大学英语教学创新研究[M].北京:中国华侨出版社,2023.
[4] 孟佳莹.当代英语教学发展与教师职业素养培养的研究[M].北京:北京工业大学出版社,2023.
[5] 张菡.互联网时代英语教学与信息技术的融合应用[M].北京:中国书籍出版社,2023.
[6] 束定芳.英语教育与教学研究第6辑[M].上海:上海外语教育出版社,2023.
[7] 彭莉.大学英语课堂教学与优化策略研究[M].北京:北京工业大学出版社,2023.
[8] 陈亚轩.高校英语写作教学理论与实践研究[M].长春:吉林大学出版社,2023.
[9] 李传馨.高校公共英语的课堂教学改革研究[M].北京:北京工业大学出版社,2023.
[10] 陆春霞.英语写作教学反馈理论与实践研究[M].长春:吉林大学出版社,2023.
[11] 徐中锋.高校英语课堂教学改革研究[M].北京:北京工业大学出版社,2023.
[12] 刘丹.跨文化交际语境下英语翻译教学策略探究[M].北京:北京工业大学出版社,2023.
[13] 李慧.2023教学高铁丛书高中新教材书香课堂英语必修人教版[M].武汉:湖北教育出版社,2023.
[14] 刘庆收,崔丽丽.快捷英语活页英语时文阅读理解八年级No.24[M].北京:中国电力出版社,2023.
[15] 邵葵.英语教学思维进阶研究[M].郑州:黄河水利出版社,2022.
[16] 谭丁.英语教学与就业能力培养[M].延吉:延边大学出版社,2022.
[17] 周志培,赵蔚.语篇分析的理论与英语教学应用[M].上海:华东理工大学出版社,2022.
[18] 周雪.多元视阈下的大学英语教学研究[M].北京:中国商业出版社,2022.
[19] 王景文.跨文化交际与高校英语教学研究[M].长春:吉林出版集团股份有限公司,2022.
[20] 苏一凡.多模态英语教学理论与实践[M].北京:中华工商联合出版社,2022.
[21] 鲁巧巧.大学英语教学变革与赋能[M].长春:吉林出版集团股份有限公司,2022.
[22] 高芳,李敏.信息化环境下的英语教学研究[M].北京:中国商务出版社,2022.
[23] 孙婕.高校英语教学理论及实务研究[M].长春:吉林人民出版社,2022.
[24] 侯丽梅.自主学习能力培养下的大学英语教学改革[M].北京:中国书籍出版社,2022.
[25] 赵红卫.大学英语教学模式与跨文化翻译研究[M].延吉:延边大学出版社,2022.
[26] 高旭峰.跨文化交际与大学英语教学理论与实践研究[M].延吉:延边大学出版社,2022.
[27] 李志坤,龚明星.英语教学与思维培养研究[M].武汉:华中师范大学出版社,2022.
[28] 孙志永.新时代大学英语教学改革与英语教师专业发展[M].开封:河南大学出版社,2022.
[29] 李菊.语言学视角下的英语教学多维解读[M].长春:吉林大学出版社,2022.
[30] 杨雪萍.语言学理论指导下英语教学多维度研究[M].北京:中国书籍出版社,2022.
[31] 毛佳玳.信息化背景下高校英语教学创新研究[M].杭州:浙江工商大学出版社,2022.
[32] 刘欣.多模态视角下的大学英语教学模式研究[M].北京:中国纺织出版社,2022.
[33] 贾芳,王禄芳,刘静.跨文化视域下的大学英语教学探究[M].长春:吉林人民出版社,2022.

[34]夏珺.高校英语教学设计优化与模式创新研究[M].长春:吉林人民出版社,2022.
[35]张鹏,杨璐.多元背景下英语教学与跨文化交际研究[M].长春:吉林大学出版社,2022.
[36]郝玲玲,张晶晶,张保峰.自主学习能力培养视域下的大学英语教学研究[M].长春:吉林人民出版社,2022.